本成果受到中国人民大学 2019 年度"中央高校建设世界一流大学（学科）和特色发展引导专项资金"支持。

Supported by 2019 fund for building world-class universities (disciplines) of Renmin University of China.

人大哲学文丛

第二辑

The Spiritual World of Chinese Ancient Eurasian Immigrants and Their Descendants

有客西来 东渐华风
中国古代欧亚大陆移民及其后代的精神世界

张雪松 / 著

中国社会科学出版社

图书在版编目(CIP)数据

有客西来 东渐华风：中国古代欧亚大陆移民及其后代的精神世界 / 张雪松著. —北京：中国社会科学出版社，2020.8
（人大哲学文丛）
ISBN 978-7-5203-6740-0

Ⅰ.①有… Ⅱ.①张… Ⅲ.①宗教文化—文化传播—研究—中国—古代　Ⅳ.①B929.2

中国版本图书馆 CIP 数据核字（2020）第 113984 号

出 版 人	赵剑英
责任编辑	朱华彬
责任校对	张爱华
责任印制	张雪娇

出　　版	中国社会科学出版社
社　　址	北京鼓楼西大街甲 158 号
邮　　编	100720
网　　址	http://www.csspw.cn
发 行 部	010-84083685
门 市 部	010-84029450
经　　销	新华书店及其他书店

印刷装订	北京市十月印刷有限公司
版　　次	2020 年 8 月第 1 版
印　　次	2020 年 8 月第 1 次印刷

开　　本	660×960　1/16
印　　张	18.75
插　　页	2
字　　数	261 千字
定　　价	118.00 元

凡购买中国社会科学出版社图书,如有质量问题请与本社营销中心联系调换
电话：010-84083683
版权所有　侵权必究

中国人民大学哲学文丛编委会

编委会主任：郝立新
编委会顾问：陈先达　张立文　刘大椿　郭　湛
编委会成员（以姓氏笔画为序）：
　　　　　　　马俊峰　王宇洁　王伯鲁　牛宏宝
　　　　　　　刘晓力　刘敬鲁　李秋零　李　萍
　　　　　　　张文喜　张风雷　张志伟　罗安宪
　　　　　　　段忠桥　姚新中　徐　飞　曹　刚
　　　　　　　曹　峰　焦国成　雷思温　臧峰宇

总　序

　　中国人民大学哲学院创办于 1956 年，它的前身可追溯至 1937 年创建的陕北公学的哲学教育。1950 年中国人民大学命名组建了马列主义基础教研室哲学组，被誉为新中国哲学教育的"工作母机"。中国人民大学哲学院是国内哲学院系中规模最大、学科配备齐全、人才培养体系完善的哲学院系，是国家文科基础学科（哲学）人才培养和科学研究的重要基地，也是中国人民大学"双一流"建设的重点单位。人大哲学院为新中国哲学发展和哲学思想研究的进步作出了不可磨灭的贡献，始终站在哲学发展的前沿。

　　人大哲学院拥有年龄梯队完整、学科齐全、实力出众的学术共同体。在人大哲学院的发展历程中，一代代学者兢兢业业，勤勉求实，贡献了一大批精品学术著作和科研成果，它们不但在学术界赢得了极高的声誉，同时也获得了积极的社会反响，成绩有目共睹。

　　近年来，随着哲学院人才队伍的充实完善与学科建设水平的逐步提升，优秀的学术新著不断涌现，并期待着与学界和读者见面。为展现人大哲学院近年来在各个专业方向中取得的丰硕成果，哲学院策划了这套《中国人民大学哲学文丛》（以下简称《文丛》），借助中国社会科学出版社这一优秀的学术出版平台，以丛书的形式陆续出版这些优秀的学术新著。

　　《文丛》所收录的著作都经过了严格的学术审查和遴选。作者们来自哲学院的各个研究方向，并以中青年学者为创作主体。

他们既有各相关领域颇具影响力的专家和学者，同时也有正在崭露头角的学界新秀。这些著作集中反映了人大哲学院的研究传统、学术实力和前沿进展。

哲学作为一门重要的人文基础学科，不但对人类永恒的经典思想问题进行着深入研究，同时也一直积极而热烈地回应着国家发展与时代变迁所提出的新问题、新挑战。当前，中国社会的发展日新月异，这既为中国学术思想的推进提供了难得的机遇，也提出了诸多新的理论问题。而与国际学术界交流与合作的日趋深入，则为中国学术的发展与进步贡献了有益的参照和经验。人大哲学院不但始终坚持对经典哲学著作和哲学问题的持续研究和推进，并积极展开与国际学术界的对话及合作，与此同时也保持着对中国社会现实的关注和思考。因此，我们一方面需要坚守已有的研究传统，同时还要对新的思想问题和社会形势贡献自己的回答。有鉴于此，《文丛》所收录的作品既有传统的哲学史研究，以及与对经典著作的整理与诠释工作，同时也有结合当前中国社会状况而进行的理论研究与前沿探索。相信《文丛》的出版不但能够全面展现人大哲学院的最新学术研究成果，同时也有助于推进中国哲学研究的发展与进步。

《文丛》的出版受到了中国人民大学中央高校建设世界一流大学（学科）和特色发展引导专项资金支持，在此深表感谢。

中国人民大学哲学文丛编委会

2019 年 3 月 1 日

目　　录

总序 …………………………………………………（1）
序言 …………………………………………………（1）

第一章　异域传闻：汉末方仙蓟子训的西方"原型" …………………………………………（1）
　第一节　蓟子训传说与耶稣故事的相似性 …………（2）
　第二节　口传福音的一个"中国化"变形 …………（6）
　第三节　蓟子训传说流传的地域和口传福音海路入华 ………………………………………（10）
　第四节　东汉末三国东吴时口传福音故事进入中国的可能性 …………………………（12）
　第五节　关于卢陵铁十字的考证 ……………………（15）
　第六节　结语 …………………………………………（23）

第二章　西来圣书：唐代敦煌景教文献的真伪问题 ………………………………………（26）
　第一节　敦煌景教文献概述 …………………………（26）
　第二节　李盛铎、羽田亨与《敦煌秘笈》 …………（30）
　第三节　富冈文书与高楠文书 ………………………（36）
　第四节　《大正藏》中的景教文献 …………………（39）
　附：《序听迷诗所经》写本录文 ……………………（40）

第三章　信仰实践：元代维吾尔族航海家亦黑迷失的"看经" …………………………（46）

第一节 《一百大寺看经记碑》的发现及现代
　　　　录文情况 …………………………………（46）
第二节 亦黑迷失其人 …………………………………（48）
第三节 "看转藏经"的含义 …………………………（52）
第四节 《一百大寺看经记碑》中的寺院地理分布 …（54）

第四章 交流互鉴：晚明的"东土西儒" ……………（58）
第一节 李贽之死及其相关问题考证 …………………（60）
第二节 "妖书案"与京师社会风气的变迁 …………（68）

第五章 神秘主义新思潮：明清之际的汉译
　　　　《研真经》…………………………………（81）
第一节 《研真经》的汉译及在华传播的相关
　　　　问题考证 …………………………………（82）
第二节 舍蕴善及其性命之学 …………………………（85）
第三节 明清文献对《研真经》的征引 ………………（90）
第四节 《研真经》研究的重要价值 …………………（93）

第六章 小聚居与处境化：从《冈志》看清代北京
　　　　牛街地区的回民历史与传说 ……………（97）
第一节 《冈志》作者及相关问题 ……………………（99）
第二节 《冈志》的写作时间、流传情况以及现代白话
　　　　翻译的编写说明 …………………………（105）
第三节 《冈志》所记北京牛街的回民人物与
　　　　职业生活 …………………………………（110）
第四节 《冈志》中的思想内容 ………………………（119）
第五节 《冈志》涉及内容大事记 ……………………（128）
附：《冈志》白话翻译 …………………………………（136）

第七章 兴学与启蒙：民国回民新式教育管窥 …（195）
第一节 晚清、北洋政府时期张子文在北京的教育
　　　　实践活动 …………………………………（197）
第二节 张子文在东北地区的教育活动 ………………（215）

第八章　吐故纳新：上海犹太富商哈同夫妇办学风波 ……（222）
　　第一节　哈同夫人资助黄宗仰、月霞法师创办华严大学的历史钩沉 ……（224）
　　第二节　黄宗仰与姬觉弥在哈同花园办学中的交替 …（231）
第九章　国际化与多元性：玉观彬的多重身份 …（244）
　　第一节　玉观彬的声明及其相关考证 ……（245）
　　第二节　玉观彬生平及在华活动丛考 ……（250）
　　附：玉观彬（慧观）简谱 ……（271）

跋语 ……（274）

主要参考文献 ……（276）

序　言
——异邦文献及其处境化：口传、译文、著述与教学

自古"一带一路"及其周边地区的民众，就源源不断地迁徙至中国境内。由于佛教在两汉之际传入中国并产生巨大影响，南亚次大陆的外来移民及其信仰很早就进入了研究者的视野；但同时不可忽略的是，从欧洲、中东、内亚，同样"有客西来"。孔子曰："有朋自远方来，不亦说乎。"这些"西来客"，有些是匆匆过客，但也有些长久地定居下来、繁衍生息，同中国境内固有民众长期交往，可谓"渐慕华风"。

"渐慕华风"一词，出自《旧唐书·吐蕃传》。"华"字比"夏"字晚出，前者不过是后者的同音同义的异写。[①] 在"渐慕华风"之前，《晋书·慕容廆载记》中亦有"渐慕诸夏之风"的说法。先贤早已指出，"夏"字有一古义为"西"，《尚书》中"有夏""区夏"与"西土"同意。[②] 华夏本来即是西土，那么有客"西"来，自然要渐慕"华"风，这种"宾至如归"当然是一种有趣的巧合，但也恰恰说明中西交通在中华文明的形成与

[①] 参见顾颉刚、王树民《"夏"和"中国"：祖国古代的称号》，载史念海《中国历史地理论丛》第 1 辑，陕西人民出版社 1981 年版；刘起釪《由夏族原居地纵论夏文化始于晋南》，载刘起釪《古史续辨》，中国社会科学出版社 1991 年版。

[②] 这方面综述式的概述与讨论，可参见胡鸿《能夏则大与渐慕华风：政治体视角下的华夏与华夏化》，北京师范大学出版社 2017 年版，第 28—32 页。

发展史上的重要意义。

中国自古以来就是不断吸收外来元素的、统一的多民族国家。1912年以来"五族共和"开始彻底打破封建王朝的夷夏之分。实际上"五族"的概念在清代就已经产生。1759年乾隆皇帝在南疆取得军事胜利后，在《御制西域同文志序》中写道：

> 今以汉语指天，则曰天；以国语指天，则曰阿卜喀；以蒙古语、准语指天，则曰腾格里；以西番语指天，则曰那木喀；以回语指天，则曰阿思满。令回人指天以告汉人，曰此阿思满，汉人必以为非；汉人指天以告回人，曰此天，则回人亦必以为非。此亦一非也，彼亦一非也，庸讵知孰之为是乎？然仰首以望，昭昭之在上者，汉人以为天而敬之，回人以为阿思满而敬之，是即其大同也。实既同名，亦无不同焉。[①]

引文中的"国语"指满语，"回语"指维吾尔语。乾隆皇帝选择汉、满、蒙、藏、维五族，是因为这五个民族有完整的文字系统。也就是说乾隆皇帝将文字视为文明的核心标志。但非常值得关注的是，异域文明来到中国，都基本放弃了自己原先使用的语言文字，而选择汉语文字作为日常交流的语言、书写的文字。最为典型的就是大量佛教经典的汉译，形成了汉语系佛教，中国的佛教徒，乃至日本、朝鲜半岛、越南等地的佛教徒都使用汉文经典。自欧亚大陆从西向东而来的其他移民，也莫不如此。

陈寅恪先生曾经指出中国古代"曹冲称象"的故事来自印度佛经，季羡林先生也讨论过《列子》与佛典的关系。与此类

[①] 傅恒等编，吴丰培整理：《（钦定）西域同文志》，中央民族学院出版社1984年版，第2页。这段文字及其相关问题的讨论可以参见米尔沃德（米华健）《嘉峪关外：1759—1864年新疆的经济、民族和清帝国》第六章清朝的民族政策和内地商"普天之下的五族，高宗对帝国的想象"，贾建飞译，香港：香港中文大学出版社2017年版。

似，本书第一章则提出来自西方的口传福音、神话故事，可能汇入了用汉语传播的汉代神仙传记传说。在论述完口传之后，本书第二章则涉及译文，即敦煌唐代汉译景教文献的真伪问题。

中国古代传说仓颉造字"天雨粟，鬼夜哭"，中国的汉字一般被古人视为一种具有超自然的神秘力量。外来文献入华，从口传到汉字，也被认为具有了某种神秘力量。不仅口诵其文、心知其意，甚至花钱请人代为诵读转经，也会带来莫大的功德。本书第三章就是依据福建泉州元代《一百大寺看经记碑》来讨论元代维吾尔族航海家亦黑迷失的"看经"实践。亦黑迷失祖籍内亚，但在元帝国却多次远航印度洋，征爪哇，在斯里兰卡迎取佛钵，亦是中外文化交流史上的一段佳话。

到了明代，中外交流更加频繁，亦出现许多值得关注的变化，尤其是一则古代阿拉伯、波斯等地移民的后裔在明代形成了"回族"；一则欧洲传教士来华。《礼记·曲礼上》："礼闻来学，不闻往教。"以利玛窦为首的西方"传教士"来华，似不合古礼，但利玛窦用中文撰述《天主实义》则以泰西儒士自居，并为当时对晚明佛教复兴不满的儒家原教旨主义者提供了另一种"托古改制"的可能路径，本书第四章将对此加以讨论。本书第五章则以明清之际神秘主义苏菲思潮为背景，探讨伊斯兰教文献《研真经》汉译的相关问题。相比而言，明末天主教来华，利玛窦等西方传教士宣扬"天学"，虽然取得了相当大的成绩，但后继者欲与"敬天法祖"的中国传统宗法"分庭抗礼"，中土士人还是难以普遍接受的，最终遭到清廷查禁。中国传统哲学的本体论并不发达，而在认识论、心性论方面却达到了很高水平，明清回儒以苏菲之道切入，与中国传统文化的心性论对话，找到了实现伊斯兰教的本土化、处境化的一条很好的路径。

明代回族形成，在我国出现了"大杂居，小聚居"的局面。回民聚居区的历史是我国地方区域史的重要组成部分。以往我们对回族史的研究，较多侧重于回民起义，对于清真寺的研究也较多关注三掌教等回族教内的民间自组织形式；相对来说，回民、清真寺如何与中央政府部门及地方各级政府打交道，回民、中国伊斯兰教如何被纳入中央王朝的管理体系当中，这些研究还相对薄弱。本书第六章即以北京清真官寺牛街礼拜寺所在的回民聚居区"冈儿上"地区的地方志《冈志》为基础，力图勾勒出清代中前期的当地风土人情及官民互动。

近代以来，中国遭遇三千年未有之大变局。原本已经入华多年、早已适应传统中国生活的外来族群，又面临着如何跟上近代中国急速发展转型步伐的问题。本书第七章主要以民国档案为基础，以张子文为例探讨近代北方回民教育及其启蒙价值。第八、九章则将读者的视角拉到南方，特别是有"东方巴黎"之誉的上海。随着近年来"上海学"的兴起，近代以来的上海成为学界研究的热点。不可否认，近代上海在诸多方面都得风气之先。本书第八章主要论述了清末民初犹太富商哈同夫妇及其管家姬觉弥在哈同花园出资印刷《频伽藏》、创办华严大学时，同革命僧人黄宗仰等人的各种纠葛。本书第九章则指出原本以民国年间佛学领袖太虚法师的重要居士护法闻名的韩裔沪商玉观彬，其实原本是祖籍我国云南的穆斯林，玉观彬的多重身份向我们展示了中国古代欧亚移民后裔在近代表现出的国际性与多元性。

来自异域民族及其后代的口传、译文、著述，产生了大量的文本，本书主要以这些文献文本为基础，希望通过这些不断"华化"的文献呈现出他们怎样的精神家园，以及书写诵读、办学传承乃至启蒙创造，他们是怎样实践、应用这些文献，不断与时俱进地同不断发展变化中的中国"相适应"。西来之客，渐得华风者，谓之预流。

第一章　异域传闻：汉末方仙蓟子训的西方"原型"

基督教入华，有据可考的年代是在贞观九年（公元635年），记载于《大秦景教流行中国碑颂》。"太宗文皇帝光华启运，明圣临人。大秦国有上德曰阿罗本，占青云而载真经，望风律以驰艰险。贞观九祀，至于长安。帝使宰臣房公玄龄总仗西郊，宾迎入内。翻经书殿，问道禁闱。深知正真。特令传授。"①给予外来宗教以如此高的待遇，势必因为它在国内已经产生了一定的影响，有了一定的势力。获得如此高的政治待遇，至少景教在传入之前，已经进行了大量的游说和准备活动。不管是出于何种考虑，高规格礼遇景教的前提，必须是李唐王朝对景教的重要性有一定的认识，景教在商人、国内民众（特别是少数族群）或技术移民中有十分重要的影响。在这个意义上，应该说景教在受到李唐王朝礼遇之前，当在中国有了一定的根基和影响力。

贞观九年（635年）景教入唐之前，基督教是否已经进入中国，这一直是社会各界十分关注的问题。笔者认为，如果在唐代之前基督教果真传入中国，则在中国浩如烟海的历史文献记录中，很可能会留下蛛丝马迹。在中印文化交流史上，已有这方面的先例，陈寅恪、季羡林等前辈学人的研究给我们做出了很好的榜样。"魏晋以来，逐译释典，天竺故事亦流传世间，文人喜其

---

① 翁绍军校勘并注释：《汉语景教文典诠释》，生活·读书·新知三联书店1996年版，第53页。

颖异，于有意或无意中用之，遂蜕化为国有，如晋人荀氏作《灵鬼志》，亦记道人入笼子中时，尚云来自外国，至吴均记，乃为中国之书生。"① 中印文化交流有如此情形，中西文化当时若有交往，同样有可能出现这种情况。一些西方学者探讨了基督教通过大乘佛教对唐代以前的中国社会产生的影响，他们甚至认为大乘佛教在中亚形成过程中受到了基督教，及其伪经、诺斯替文献的影响。本章意在中西宗教文化交流问题上做一番探讨，而非是要在中国古籍中寻章摘句"为主耶稣作见证"②。

第一节 蓟子训传说与耶稣故事的相似性

晋代干宝《搜神记》卷一中有这样一个传说："蓟子训，不知所从来。东汉时，到洛阳，见公卿数十处，皆持斗酒片脯候之，曰：'远来无所有，示致微意。'坐上数百人，饮啖终日不尽。去后皆见白云起，从旦至暮。时有百岁公说：'小儿时，见训卖药会稽市，颜色如此。'训不乐住洛，遂遁去。正始中，有人于长安东霸城，见与一老公共摩娑铜人，相谓曰：'适见铸此，已近五百岁矣。'见者呼之曰：'蓟先生小住。'并行应之。视若迟徐，而走马不及。"

这篇故事中，主要记叙蓟子训两件奇异之事，一是用不多的饮食"斗酒片脯"，让"数百人，饮啖终日不尽"；二是长生不死。《搜神记》的作者干宝（？—336年），是两晋之际的史学家，著有《晋纪》，时称"良史"。他在《搜神记》序言中，自称作此书的目的是"发明神道之不诬"；该书的材料来源一是"承于前载"，二是"采访近世之事"。由此可见，《搜神记》中

---

① 鲁迅：《中国小说史略》（民国学术经典文库26），东方出版社1996年版，第35页。

② 李圣华、刘楚堂：《耶稣基督在中国古籍中之发现》，香港：春秋杂志出版社1960年版。

所载蓟子训两件奇异之事，应是当时民间比较流行的传言，而非文人的艺术创造。

《后汉书》卷八十二下，"方术列传"第七十二下，也对蓟子训的事迹有所记载："蓟子训者，不知所由来也。建安中，客在济阴宛句。有神异之道。尝抱邻家婴儿，故失手堕地而死，其父母惊号怨痛，不可忍闻，而子训唯谢以过误，终无它说，遂埋藏之。后月余，子训乃抱儿归焉。父母大恐，曰：'死生异路，虽思我儿，乞不用复见也。'儿识父母，轩渠笑悦，欲往就之，母不觉揽取，乃实儿也。虽大喜庆，心犹有疑，乃窃发视死儿，但见衣被，方乃信焉。于是子训流名京师，士大夫皆承风向慕之。后乃驾驴车，与诸生俱诣许下。道过荥阳，止主人舍，而所驾之驴忽然卒僵，蛆虫流出，主遽白之。子训曰：'乃尔乎？'方安坐饭，食毕，徐出，以杖扣之，驴应声奋起，行步如初，即复进道。其追逐观者常有千数。既到京师，公卿以下候之者，坐上恒数百人，皆为设酒脯，终日不匮。后因遁去，遂不知所止。初去之日，唯见白云腾起，从旦至暮，如是数十处。时有百岁翁，自说童儿时见子训卖药于会稽市，颜色不异于今。后人复于长安东霸城见之，与一老公共摩挲铜人，相谓曰：'适见铸此，已近五百岁矣。'顾视见人而去，犹驾昔所乘驴车也。见者呼之曰：'蓟先生小住。'并行应之，视若迟徐，而走马不及，于是而绝。"

《后汉书》中弱化了蓟子训用不多的饮食，让数百人饮食终日不尽的事迹，而只是笼统地说，"坐上恒数百人，皆为设酒脯，终日不匮。"但长生不老的事迹与《搜神记》中的记载一致；另外，《后汉书》中还多出蓟子训能让死者复生的事迹。蓟子训让一个小孩复活，让他的坐骑一头驴复活。

《后汉书》的编撰者是南朝刘宋之人范晔（389—445年），比干宝晚了近百年，应该说干宝的记录史料价值更高一些。范晔出身悲苦，一生愤世嫉俗，最终被诬而死；他生平斥佛老，非图谶，"常谓死者神灭，欲着《无鬼论》"（《宋书·范晔传》）。范晔在《后汉书·方术列传序》中对方术图谶颇有微词,认为这是上下交相欺的骗术,使人拘而多忌。范晔可能因对怪力乱神的反感,而淡化了蓟子训用不多的饮食,让数百人饮食终日不尽的事迹;但蓟子训的事迹,经范晔的手笔记录进入正史,其在民间流行之广,也可窥一斑了。

与干宝同时的著名道教学者葛洪(283—343年)在《神仙传》卷七中更为详细地记载了蓟子训的事迹,其中提到蓟子训是齐国人,并加入了许多神奇的故事,特别是提到蓟子训预言自己的死亡并死后复活:

> 子训至陈公家,言曰:"吾明日中时当去。"陈公问远近行乎,曰:"不复更还也。"陈公以葛布单衣送之。至时,子训乃死,尸僵,手足交胸上,不可得伸,状如屈铁,尸作五香之芳气,达于巷陌,其气甚异。乃殡之棺中。未得出,棺中吸然作雷霆之音,光照宅宇。坐人顿伏良久,视其棺盖,乃分裂飞于空中,棺中无人,但遗一只履而已。须臾,闻陌上有人马萧鼓之声,径东而去,乃不复见。子训去后,陌上数十里,芳香百余日不歇也。

两晋时流行的蓟子训的传说,我们可以从中发现许多与耶稣基督事迹相似的内容:

(1)蓟子训"斗酒片脯"让"数百人,饮啖终日不尽",与福音书中耶稣用五饼二鱼让数千人吃饱的故事(太14:13—21,15:32—38;可6:32—44,8:1—10;路9:10—17;约6:1—13)[①]题材十分接近。

(2)福音书中耶稣是"骑驴进耶路撒冷"(太21:1—10,可11:1—10,路19:28—38,约12:12—15),蓟子训也是骑驴

[①] 本章引用之圣经皆用《圣经新译本(简体·神字)》,香港:环球圣经公会,2002年。

第一章　异域传闻：汉末方仙蓟子训的西方"原型" / 5

入京师（《神仙传》中记载是骑骡）。①

（3）蓟子训和耶稣（太9：23—26，可5：35—43，路8：41—48；路7：11—17）也都让一个小孩复活，此事之后，"于是子训流名京师，士大夫皆承风向慕之"，而耶稣使女孩复活"这消息传遍了那一带"（太9：26），"于是这话传遍了犹太和周围各地"（路7：17）。

（4）蓟子训和耶稣也都曾预言自己的死亡（太16：21—28，17：22—23，20：17—19；可8：31—9：1，9：30—32，10：32—34；路9：22—27，9：43—45，18：31—34），并且死后都复活，后尸体不见（太：28：1—10，可16：1—10，路24：1—12，约20：1—10）。

（5）"蓟子训"的发音与耶稣的发音，有相近之处。

（6）《搜神记》和《后汉书》都没有说明蓟子训的籍贯出身。干宝《搜神记》："蓟子训，不知所从来。"《后汉书》："蓟子训者，不知所由来也。"《顺天府志》记载："汉蓟子训母不夫而孕，生子于蓟，遂以蓟为姓（《蓟州府志》按《通志》'氏族略'云蓟氏邑名在燕地，《神仙传》有蓟子训）。"②《蓟县志》："蓟子训母不夫而孕，生子于蓟，遂以蓟为姓"③。而这与福音书中童贞女马利亚圣灵感孕生子的情节（太1：18—25，路2：1—7）有类似之处。

（7）干宝《搜神记》：蓟子训"东汉时，到洛阳。"《后汉书》："建安中，客在济阴宛句。"而且蓟子训事迹，公元前业已流行的《列仙传》不载，现存记录说蓟子训是东汉末年之人，年代上并不早于公元前，时间也与耶稣生平时间相符。

由此可见，蓟子训与耶稣，流传事迹有很多相似之处。

---

① 总体来看，蓟子训骑驴流传的更为广泛。陈子昂《洪崖子鸾鸟诗序》中也提到蓟子训传说与驴有关。
② 苏晋仁等选辑：《历代释道人物志》，巴蜀书社，1998年版，第4—5页。
③ 《历代释道人物志》，第73页。

第二节　口传福音的一个"中国化"变形

《四库全书》"《神仙传》提要"中指出葛洪《神仙传》:"疑其亦据旧文,不尽伪传,又流传既久,遂为故实。"《神仙传》中的记录,不少传记仅寥寥数语,但蓟子训的传说,情节丰富,篇幅很长,"据旧文"的推测是十分合理的。蓟子训传说,很可能是基督教口传福音的一个变形。

如果三国时期甚或更早,中国人就已经接触到了基督教,那不大可能是有组织的传教。况且当时的新约正典还没有形成,因此如果中国人在那时的通商贸易中,通过(基督教化的)犹太人或基督徒接触到的福音,必然是口传福音,在流传中,不免有一些添加或遗漏。而且当时除了列入正典的四福音外,尚有一批福音书在流传。中国与西方没有固定的交通往来,中国人最初接触口传福音可能就是作为神话传说接受的(西方商旅人员可能不少有了解福音内容但又不是基督徒的人的存在,因而本来就是将口传福音作为神话来讲的,再加之翻译理解的问题),并在口口相传中逐渐演变,最后被文人知识分子记录时,故事情节已经有了不少的改变。①

如此一来,蓟子训的传说,是否是以口传福音(甚至是没有纳入正典的某些已失传的福音书)为底本,并在此基础上用中国的背景进行加工而形成的一种民间传说呢?特别是类似"五饼二鱼"这样的神话,在中国并不太多见;一般的神话多是偷梁换柱,移用他人(恶人)的饮食来使另一部分人(好人)饱食,这样有惩恶扬善的含义。

---

① 如《水经注》中提到的蓟子训,就已经很中国化了,"蓟子训有异术,魏正史中有人于长安东霸城见与一老公摩挲铜人,相谓曰:'适见铸此,已近五百岁矣。'见者呼曰:'蓟先生少住。'并应之视若迟徐,而走马不及。"这类记述在汉代方仙中极为普遍。

第一章　异域传闻：汉末方仙蓟子训的西方"原型" / 7

《圣经·旧约·列王纪上》第十七章，记录了上帝耶和华在先知以利亚身上行"面和油用不尽的神迹"和"使寡妇的儿子复活"；《列王纪下》第四章，记录上帝向以利沙行"使死去的孩子复活"和"二十个饼给一百人吃饱"，紧接着的第五章又记叙了"神借以利沙治好乃缦"。特别是《列王纪上》第十七章讲到寡妇的孩子停止呼吸，"于是妇人对以利亚说：'神人哪，我跟你有什么关系呢？你竟到我这里来，使耶和华想起我的罪孽，杀死我的儿子。'以利亚对她说：'把你的儿子交给我吧！'以利亚就从她的怀中把孩子接过来，抱他上到自己所住的楼上去，放在自己的床上。"（王上 17：18—19）以上内容与《后汉书》中部分对蓟子训的描述很近似。（详后）

《列王纪》形成和流传都很早，它与"撒母耳记"在"七十子译本"中，合称《列王记》。"七十子译本"是希腊化犹太人的通用本，大约译于公元前 3 世纪到公元前 1 世纪的埃及亚历山大里亚。[①] 而耶稣按照现在的福音书记载，幼年是在埃及度过的（太 2：14），耶稣及其门徒和早期教会，使用的就是"七十子译本"（《但以理书》除外），《新约》中 300 多次引用《旧约》经文，大部分引自"七十子译本"。当时的埃及亚历山大港口，是犹太人的重要聚居地区，海外贸易繁荣，口传福音在形成和传播过程中，通过商路，同古老的东方传说进行过交互作用的可能是存在的。

因此，蓟子训传说的部分内容，是由海外传入，与基督教口传福音有关是可能的，这是比较文学值得关注的一个课题。

民间口头故事的流入，更当在文人写就之前。干宝的《搜神记》"颇言神仙五行，又偶有释氏说"，受到海外传言的影响是有的。蓟子训的故事的部分内容，确实有从海外传入的可能，

[①] "七十子译本"与《旧约》内容并不完全相同。整本《旧约》是在公元后 100 年，经雅麦尼亚（Jamnia）会议，最终确定。耶路撒冷在 70 年被毁后，雅麦尼亚（在雅法 Jaffa 南 13 英里）就成为犹太人的中心。

而且可能在魏晋时已流传过一段时间，逐渐中国化了。《博物志》卷五提到魏武帝"招引四方之术士"其中便有"蓟子训"。道教学者葛洪则给蓟子训加了（或认定了）一个中国出身，"蓟子训者，齐人也。少尝仕州郡，举孝廉，除郎中。又从军，除驸马都尉。"但干宝、范晔这些比较严谨的史学家，并没有记录这一点，不知道蓟子训的"所从来""所由来"，《博物志》《神仙传》中记载应为后人附会。那么蓟子训本所从来的身份，是否会是口传福音中的耶稣故事呢？笔者认为存在这种可能性的，下面试将两者进行对比考量：

（一）口传福音虽然逐渐中国化，但它还保留了许多与中国固有神话传说不同的特点。即福音书和蓟子训传说中都有的情节，但在中国其他方士传说中极其罕见。

（1）蓟子训并不服黄白丹药。

在口传福音的流传中，耶稣行神迹治病的情节，由耶稣善于给他人治病逐渐演变为蓟子训自己的长生不老。但与一般道教传说长生须服药的传统不同的是，蓟子训并不服药，葛洪《神仙传》："好事者追随之，不见其所常服药物也。"上文提到"五饼二鱼"这样题材故事在中国的罕见，加之蓟子训不服药，与当时道教传统外丹信仰不同，都暗示出，蓟子训的传说与一般的中国传统神话传说的差异。

（2）蓟子训"母不夫而孕"，失手摔死孩子等情节，与中国传统文化习俗违背。

原始口传福音的情况，我们现在已经不得而知了，如果在最初的口传福音中，耶稣事迹受到了《旧约》的影响，附会了一些类似诸如以利沙先知的事迹，那么我们就可以从中看到一些蓟子训故事衍变的端倪。寡妇因自己儿子的死，埋怨先知，先知又抱那孩子上楼；于是在中国这个故事便有可能演绎为孩子被方仙失手摔死，"尝抱邻家婴儿，故失手墋地而死，其父母惊号怨痛，不可忍闻。"（《后汉书》）但这样似乎有损方仙形象，葛洪《神仙传》就作："邻家素尊敬子训，不敢有悲哀之色，乃埋瘗之。"而干宝《搜神记》中则略去此事不提。男子与寡妇接触，在中国文化传统中不容易被接受，可能因此，改成了邻居。当然这个失手摔死小孩的情节，也可能是在中东地区就已经衍变形成，后传入中国的，所以中国人要想办法"遮掩"过去。或许没有进入正典的某一口传福音，含有此情节，流传入中国。但毕竟这个情节有损耶稣形象，特别是正典确立后，这个情节就逐渐失传不为人知了。

而口传福音中童贞女生子等情节，可能也因不合于中国伦理规范，在流传中被忽略成为"不知所从来""不知所由来"；不过在地方志中，还写有"母不夫而孕"，保留了一些圣灵感孕，贞童女生子情节的印记。

（二）蓟子训传说中有，而福音中完全没有的情节。即同中国传统方士传记完全雷同，应是后世流传时掺入。

（1）为表现蓟子训长生不老的事迹，百岁老翁儿时曾见蓟子训，以及"摩娑铜人"的故事，同《史记》的《孝武本纪》中记叙的方士李少君的传说如出一辙。"（李）少君资好方，善为巧发奇中。常从武安侯饮，坐中有年九十余老人，少君乃言与其大父游射处，老人为儿时从其大父行，识其处，一坐皆惊。少君见上，上有故铜器，问少君，少君曰：'此器齐桓公十年陈于柏寝。'已而案其刻，果齐桓公器。一宫尽骇，以少君神，数百岁人也。"蓟子训长生不老的故事，恐为后人掺入其他方士故事的产物。这种情节是蓟子训传说中国化的结果，并得到中国人比较广泛的认同和接受，后人诗歌中多有引用，不胜详举。

（2）蓟子训棺材中"但遗一只履而已"，恐也是受汉魏流行的"乘履"方技①影响而后加入。西汉流行的《列仙传》中，仙人羽化后，在棺材中留下鞋子的情节很多。

（三）可能由口传福音与中国方技传说相互影响而产生出的

---

① 《抱朴子》《后汉书·方术传》"王乔传"，曹植诗歌《桂之树行》《升天行》，对此方技都有提及。

情节。

（1）口传福音中"五饼二鱼"的故事，在中国逐渐被改造，部分脱去了神异色彩，和中国方技传说中的"分身术"相结合，成为各家"主人并为设酒食之具，以饷子训，皆各家尽礼饮食之。"想是海外来的耶稣（蓟子训）本不会中国的方技，《神仙传》特意加上一段师承，"（李）少君晚又授子训、无常子大幻化之术，按事施行，皆效"。这可能也是李少君故事大量掺入蓟子训传说的一个由头。

（2）由此，《神仙传》中的蓟子训又多了一项分身的神异。"子训曰：'吾千里不倦，岂惜寸步乎？欲见者，语之令各绝宾客，吾明日当各诣宅。'生如言告诸贵人，各自绝客洒扫，至时子训果来。凡二十三家，各有一子训。诸朝士各谓子训先到其家，明日至朝，各问子训何时到宅，二十三人所见皆同时，所服饰颜貌无异，唯所言语，随主人意答，乃不同也。京师大惊异，其神变如此。"《艺文类聚》卷一《天部上》也征引《搜神记》提到这件事，"《搜神记》曰：蓟子训到洛，见公卿数十处，后数十处皆有云起（事具神仙部）"。唐《罗隐诗集》卷五《期徐道者不至》："只应蓟子训，醉后懒分身"，也提到蓟子训分身见众人的事情。许多人"欲见"蓟子训（又觉得不大可能见得着），蓟子训可以同时分身见很多人，这很像是从四福音结尾以及使徒行传开头记叙的耶稣死后门徒多不相信能再见基督耶稣，却又希望再次见到基督耶稣，以及基督耶稣向众人显现这些情节的演绎。

第三节　蓟子训传说流传的地域和口传福音海路入华

《后汉书》提到："时有百岁翁，自说童儿时见子训卖药于会稽市，颜色不异于今。"在我国绍兴地区（古称会稽）相传有一处"蓟子训卖药处"。在会稽郡城都亭桥有大市，越人于此为市，相传即"蓟子训卖药处"。会稽自古商业繁荣，战国时，会

第一章　异域传闻：汉末方仙蓟子训的西方"原型"

稽属越国，当时的商业贸易就很繁荣，范蠡经商"积贮之理"。《后汉书》记载，会稽上虞人朱俊"母尝贩缯（丝绸）为业"，"抱布贸丝"遍及城乡。秦汉时，会稽就已有海外贸易，"会稽海外有东（日本）人……时至会稽市"。

绍兴地区与吴地本为一郡，关系十分密切。三国时期，绍兴归吴国管辖。吴赤乌八年（245）八月，孙权"遣校尉陈勋将屯田及作士三万人，凿句容中道，自小其至云阳西城，通会（稽）市，作邸阁。"其时，会稽郡为全国最重要的铜镜、青瓷交易中心，越布、丝绸在海外也很有名气。《三国志》云："亶洲在海中"，"有数万家，其上人民，时有至会稽货布。"到晋室南迁之后，"今之会稽，昔之关中"，会稽成为两浙绢米交易的中心。

"蓟子训卖药处"的传说"遗址"出现在会稽郡都亭桥，说明有关蓟子训的传说可能是由商路传播的。都亭桥在绍兴城区都昌坊口。宋嘉泰《会稽志》："桥在城东礼逊坊，旁有废井，传云蓟子训卖药之所也。"而且会稽（绍兴）地区是一个尤其值得关注的焦点。

三国时吴地的海上贸易已经相当繁荣。根据《南史·夷貊传》和《梁书·诸夷传》记载，孙权黄龙五年（226年），有大秦商人秦论来到吴国，交趾太守吴邈还将秦论引见给孙权。"汉桓帝延熹九年，大秦王安敦遣使自日南徼外来献，汉世唯一通焉。其国人行贾，往往至扶南、日南、交趾，其南徼诸国人少有到大秦者。孙权黄武五年，有大秦贾人字秦论来到交趾，交趾太守吴邈遣送诣权，权问方土谣俗，论具以事对。时诸葛恪讨丹阳，获黝歙短人，论见之曰：'大秦希见此人。'权以男女各十人，差吏会稽刘咸送论，咸于道物故，论乃经还本国。"

就在大秦商人秦论到吴地经商往来（黄龙五年，226年），孙权又"以男女各十人，差吏会稽刘咸送（秦）论"；之后不久，孙权"通会（稽）市"（赤乌八年，245年）；会稽又有"蓟子训卖药处"。这一系列巧合，就让人很难不想到，蓟子训的传说或许与大秦商人秦论（一行人）来到中国有关；而且这一系列巧合又都与会稽有关,且孙吴时关于秦始皇时海外求仙药的徐福留亶洲不归的传闻也与会稽有关。(详后)可能蓟子训的传说最初在会稽地区得到流传,并由此传播出去。当初可能由秦论等人带来的"蓟子训"的传说,就是基督教的口传福音,而当时给中国人留下最深印象的可能就是基督耶稣给人行神迹治病。按照中国文化背景,行神迹治病逐渐变成了卖仙丹妙药,《搜神记》:"时有百岁翁,自说童儿时见子训卖药于会稽市,颜色不异于今。"《后汉书》:"时有百岁公说:小儿时,见训卖药会稽市,颜色如此。"绍兴地区所谓的"卖药处",便是一个明证。

第四节　东汉末三国东吴时口传福音故事进入中国的可能性

一　从当时的海运交通状况来看

在东汉末三国东吴时,中国和罗马帝国之间保持着交通往来。当时中国和罗马之间除旱路贸易以外,"大秦的商船,一般是通过埃及的亚历山大港航抵天竺,同天竺和中国进行贸易。海船返航时,并将中国和天竺的商货从亚历山大城运入大秦都城。当时的亚历山大城,已成为东方货物的转运中心"[①]。

实际上,罗马帝国为了打破安息人对华贸易的垄断,积极在海上开辟同中国贸易的航线,早在166年大秦王安敦遣使抵达汉朝,就说明了海路航线开通取得了成功。关于我国东南沿海的海路通商道路,我国史籍是有明确记载的,如《梁书·诸夷传》:"后汉桓帝世,大秦、天竺皆由此通遣使贡献。及吴孙权时,遣宣化从事朱应、中郎康泰通焉。其所经及传闻,则有百数十国。"《南史·夷貊传》也有相同的记载。

三国时吴地,从海路上,西亚人、罗马人同中国人有海上贸

[①] 李康华、夏秀瑞、顾若增编著:《中国对外贸易史简论》,对外贸易出版社1981年版,第31页。

第一章 异域传闻：汉末方仙蓟子训的西方"原型" / 13

易往来的事实是存在的；而中国人所接触到的外国商人、船员中，有可能存在了解一些基督教口传福音的人。

二 从当时罗马帝国基督教的发展来看

"260年罗马皇帝加利伊纳斯发布敕令停止迫害基督教，此后四十多年，教会享受到实际的安宁……到300年时，基督教实际上已推进到帝国各个部分。"① 公元2世纪末到3世纪末，在罗马皇帝奥里略和戴克里先两次迫教之间，基督教没有受到大的迫害，甚至一度成为合法宗教。

这段时间，基督教得到迅速发展。虽然早期基督徒所占人口数量比例一直都很难估计，但一般认为在小亚细亚等地基督徒人口可能有半数左右，而且基督徒一般都集中在城市中，社会影响力比较大。基督徒也从事商业活动，当时人们攻击教会的主要一点，就是教职人员放高利贷，从事商业贸易盘剥。二三世纪的早期基督徒，多生活在城市，也从事贸易，这就为基督教向罗马帝国四周传播提供了可能。而福音中，也多次提到耶稣"平静风浪"（太8：23—27，可4：35—41，路8：22—25），让船只安全航行，由此似乎也可推测，早期基督教徒在海上航行，求主保佑的情形，可能还是比较多的。总之，在从2世纪开始，基督教在罗马帝国及其境外已经开始长足发展。

三 从三国时的政治环境来看

孙权统治时期对方士采取了放任的态度，孙权本人就迷信方仙，而且当时人们也比较关注这些海外逸闻。《三国志·孙权传》载，孙权听长老传说，秦始皇所遣海外求仙药的徐福及数千童男童女，止于亶洲不还，其子孙时来会稽市买，于是在黄龙二年（230年）派大将卫温、诸葛直率甲士数万人，浮海求夷洲

---

① ［美］沃尔克：《基督教会史》，孙善玲等译，中国社会科学出版社1991年版，第121页。

及亶洲。由此可见，三国时吴地也确实存在关于海外神异事件的传闻。而且当时孙权在黄龙二年（230年），赤乌五年（242年）等时间，多次遣使海外宣化。

根据《高僧传》"康僧会"条等文献记载，佛教就在此时经孙权首肯而传入吴国。孙权对于外来宗教还是持一种开放态度的。至此我们是否可以推测，孙权黄龙五年（226年），大秦商人名为秦论的到来，并与孙权的会面，使得中国人接触到了基督教。

至少，大秦商人秦论不可能一个人从海上来到中国，应该有自己的商（船）队，从他可以联络上太守，并见到吴主孙权、大将诸葛恪等政治上层人物来看，其规模财力和社会影响力都不应太小。此时，有犹太人或基督徒来到中国，完全有可能。孙权本就对海外神异事件有兴趣，"权问方土谣俗，（秦）论具以事对"，口传福音在这个时期，随着海外通商传入三国时的吴地，是有可能的。

四　从基督宗教本身的传播来看

在公元前后，埃及是犹太人一个重要的居住地。特别是亚历山大城是当时世界上最为重要的贸易港口之一，因商贸范围广阔，又与巴勒斯坦毗邻，很容易受到基督教的影响；亚历山大教会，也成为基督教早期最重要的教会之一。另外叙利亚也是同巴勒斯坦最为接近的罗马行省。由叙利亚沿商路，基督教在3世纪向东传播，特别是由于一些波斯君主的宽松政策，基督教在这些地区的传教活动取得了相当大的成绩。[①]

与中国有密切贸易往来的地区，如亚历山大港、两河流域等，都是犹太人的传统聚居地区，基督教在公元最初几世纪中得到广泛传播。安息、印度等地在二世纪出现基督教团体，中国人

---

① 可参考［美］莫菲特（Samuel H. Moffett）：《亚洲基督教会史》，中国神学研究院中国文化研究中心编译，香港：基督教文艺出版社2000年版，95—107页。

通过商路了解到基督教的可能性很大。

总之,基督教在三国吴时由水路传入中国是有可能的,而若此说成立,则正好呼应了下文将要提及的几条旁证。

第五节　关于卢陵铁十字的考证

基督教早期入华的传说颇多,但多不可信;虽然也有一些中外文献记载基督教在汉代业已传入中国,然都属孤证,只言片语,语多不详。唯三到六世纪中国已经出现十字架,似属实物证据,且事例颇多,值得重视,故本节对此进行重点考察。

明末以来,关于汉代中国已经出现十字架的说法,历代不绝;其中一些业已证明是讹传,有些则是元代等唐朝以后的产物。不过直至近代仍有不少学者坚持汉魏时期中国已存在十字架,如著名考古学家卫聚贤先生在《中国古史中的上帝观》中认为:"在公历三世纪初山东省已经出现一个石十字架,现保存在山东省立图书馆,洛阳有公历三世纪中叶的石十字架。南京栖霞山和镇江一带,六朝的帝王陵墓上竖立着很大很完整用石雕刻成的十字架。"① 该书附录中,又补充"河南省河北省石柱上无'十'字形作旁证",通过对比突出南京等地十字之特殊,认为有十字石柱的贵族墓要么在沿海地区,要么在首都地区,其他地区则没有发现,"这是基督教初传入中国尚未普遍的缘故"②。另有"形似嫫嫫俑作补证"③。卫先生所论④,尚可言之成理,聊备一说。然而即便存在十字架,也未必与基督教直接相关。本节主要讨论一个相传与蓟子训年代相近的铁十字,该铁十字在明清乃至民国天主教界、学界都曾引起关注,至今仍被坊间许多中国

---

① 卫聚贤:《中国古史中的上帝观》,香港:基督教文艺出版社1971年版,前言第3页。
② 《中国古史中的上帝观》,第101页。
③ 卫聚贤:《十字架在中国》,台北:石室出版社1975年版,第13页。
④ 可参见其五条结论,见《十字架在中国》,第97—98页。

宗教史、基督教史著作提及，然大都语焉不详（基本都引自王治心的《中国基督教史纲》），甚至有谬误，故笔者进行重点讨论。

民国时著名学者王治心在《中国基督教史纲》中提道："明朝刘子高《诗集》，与李九功《慎思录》，均载明洪武年间，江西庐陵地方，掘得大铁十字架一座，上铸赤乌年月，按赤乌是孙吴年号，子高因作《十字歌》，以咏其奇。又铁十字上铸有对联一副云：'四海庆安澜，铁柱宝光留十字；万民怀大泽，金炉香篆霭千秋'。下联'万民怀大泽'不是指耶稣受难救世而何？这也是汉末已有基督教的一个说明。"①

李九功是明代天主教重要人物，他在《慎思录》中写道：

或谓天主降生，为普拯人群。何以我中土，悉之证据耶？……据三国时，庐陵有铁铸十字，记孙吴赤乌年号，明初刘子高（名嵩）歌其事，则去降生之世未远也。（一证）迨万历四十七年有石刻十字架，从闽泉郡武荣山中开现。（二证）又天启三年，关中掘地，得唐景教碑额镌十字架碑文，详瞻有体，悉符诸西士所传。今摹印真迹，现存省直各堂中。（三证）又泉李坑乡有熊岭庵柏树下于崇祯八年四月末旬，夜发火光。乡民掘得石板中画一十字，不识为何代神物。艾西师闻之，乃亲往瞻仰，恭奉置公所。（四证）②

《慎思录》的宣教气息还是很浓的，不过所据四例中，如例三景教碑已经得到公认，例二、四属"刺桐十字架"，为元代泉州景教遗物，例四中"艾西师"参与发现十字架一节，也并非

---

① 王治心：《中国基督教史纲》，上海古籍出版社2004年版，第23页。
② 钟鸣旦（Nicolas Standaert）、杜鼎克（Adrian Dudink）编：《耶稣会罗马档案馆明清天主教文献》第9册，台北利氏学社2002年版，第168—170页。

凭空捏造①。因此李九功所举例证一，也值得重视。

赵壁础博士在《景星》杂志 1992 年 7 月号上发表过《汉代基督教确存中华考：论证刘子高〈十字歌〉之十字确为基督教文物》一文。赵博士首先分析了铁十字上"四海庆安澜"一联所包含的基督教含义，并详细论证了铁十字与佛、道二教无牵，而且基督教使用十字架年代很早。

经赵博士论证，若三国赤乌年间真有上书对联的十字架存在，其为基督教用物的可能性就相当大了。但经查刘诗，原文并没有提到对联，且对赤乌年号进行了否定。刘子高《铁十字歌》收录于《槎翁诗集》卷四：

> 庐陵江边铁十字，不知何代何岁年，何人作之孰置此，何名何用何宛然。形模交横出四角，三尺嵯牙偃锥架，雨淋日炙黑色滑，土中鲇鳞见斑驳。人言南唐竹木场所都，铸此胄碪桄与桴，一沉江中一路隅，是耶非耶焉得虞。或云此古厌胜法，水怪奔衡赖排厌，雌雄相顾走光芒，神物护呵谁奋锸。所以往代鼓铸虔州城，此物千载为精英，异铁过之铜乃成，精化气感理莫明。世人往往疑根植，下触每愁风雨殛，近时暴卒破盲惑，掘地出之夸胆力，终然弃之不敢匿。我时见之考其式，赤乌之年乃妄饰。吾闻天生五行中，惟金可革亦可从，何不为刀为错通商工，为耜为鎛利九农，斩犀刺虎为剑锋。不然行雨极变、化为蛟龙，胡独汨没在泥滓，断甓遗株等沦弃。铜仙不来秦鑛废，坐阅兴亡一流涕。②

我们从刘子高诗文中可以获得的信息是，在虔州（今江西

---

① 参见林金文《艾儒略与泉州十字架石的发现》，载《泉州港与海上丝绸之路》（二），中国社会科学出版社 2003 年版，第 502—513 页。

② 《四库明人文集丛刊·林登州集（外四种）》，上海古籍出版社 1991 年版，第 347 页下。

赣州、信丰以东，兴国、宁都以南地区）庐陵江边，有年代不明的铁十字架，刘子高亲自见过铁十字，"我时见之考其式"。铁十字外形"形模交横出四角，三尺嵯牙偃锥槊"；由于多年风雨冲刷，铁十字表面已经斑驳，"雨淋日炙黑色滑，土中鮀鳞见斑驳"。（可能铁十字当时已经很破败，刘诗末尾似借题发挥，有些怀才不遇的感觉。）关于铁十字，当地有两种传说，一说是南唐所铸，用于泊船；一说是用于震慑水怪之用。从"赤乌之年乃妄饰"一句来看，似乎铁十字上有赤乌年号的装饰，但刘子高不认同这一点。不过刘子高也不能确定铁十字的年代，"不知何代何岁年，何人作之孰置此，何名何用何宛然"，而且铁十字似年代甚古，"此物千载为精英"，从明初上推"千载"，说是赤乌之年似乎也无不可，刘诗在断定铁十字年代上，前后看法似有不一致处。另外值得注意的是，可能存在两个十字，"一沉江中一路隅"，一个在江中，一个在江边。

现有署名徐光启的《铁十字歌讲义》（又名《铁十字歌着》），该文主要针对刘子高（刘嵩）的《铁十字歌》，赞同了其"赤乌之年应妄饰"，认为该铁十字为唐代景教遗物，该文主要批驳的是"或云此古厌胜法，水怪奔衡赖排厌"，《铁十字歌讲义》认为："俗传蛟龙畏铁，作此厌胜，或当有之；然入桑干豫章铁柱，各长数丈，又皆深入水土中，疑昔人厌胜之术乃尔。今此槎牙三尺耳！体之大小，亦必称是；又非根植而在涯际，与前术异矣。"此段文字有一定说服力，但昔人厌胜之术，是否只"桑干豫章铁柱"一种类型，尚不能定论。且按刘子高《十字歌》，本有路上水下两铁十字厌胜，"雌雄相顾走光芒，神物护呵谁畚锸"，若此说成立，则庐陵该法针对雌雄两种，恐与一般一处铁柱者不同，不可概而论之。方豪先生所写的《庐陵铁X索引》[①]文中认为："X（十字架）之数：仅刘嵩称：人言有二，一沉江中，一在路隅。"实则《吉安府志》等材料亦提到有两处

[①] 《圣教杂志》1936年第8期（民国二十五年，第二十五卷）。

第一章　异域传闻：汉末方仙蓟子训的西方"原型" / 19

十字架，《庐陵铁 X 索引》一文业已提及了《吉安府志》，并非"仅刘嵩称"。笔者认为刘诗提到两处十字架，不仅不能帮助刘诗作伪，反倒帮助亲临其境，是可信的。

方豪先生怀疑《铁十字歌讲义》是后人伪造，并向徐光启十二世孙求证（其答复为"求正于相老，相老以为就文笔言之，实出文定之手云"）。笔者也倾向于方先生的观点，该文过分针对刘诗，似借徐光启的声名来为自己观点造势；通行《徐文定公集》亦无此文。又方豪先生提到，陈垣先生甚至认为刘诗亦"不可据"，陈垣先生似并未就此撰文，方豪先生是听人转述"徐景贤先生函述陈先生面谈语"。方豪受陈垣的影响很深，通信二十余年，方豪先生引陈垣语应该十分可信。不过笔者以为，刘诗并未宣扬或反对天主教，主要抒发怀才不遇之感慨，《十字歌》似不是伪托，且刘子高对于一般人来讲亦非十分出名的人物，若要伪托似应找个更大的人物。然未见陈先生具体论述，不敢妄下结论。

另查《大明一统志》卷五六《吉安府·古迹》中有"铁十字"条：

> 在府南栅门外岸上，有铁铸一十字，题云："保大二年五月日置，重一千三百斤。"下有潭水，或时清浅，亦见一十字。世传南唐造战舰，以此系缆。或云：当时有水，商船于此编筏，官为经纪，故置此以系筏云。①

将此段文字与刘诗比较，它们所描述的铁十字应为同一事物：记录时间均为明代、地点均在江西庐陵水边，都传言是南唐系舟之用，以及岸上、水中两个十字。由此我们可以得出结论，在明代江西吉安水边确实有一个年代久远的铁十字，其年代很可能是南唐保大二年（943 年），或许上面另"饰"为赤乌年间

---

① 《大明一统志》第七册，台北：国风出版社 1977 年版，第 3496 页。

铸，然时人多不信之，此外临近水中可能还存在另一铁十字。

《粤西诗载》（《四库全书》本）之《粤西丛载》卷三引田汝成《桂林行》，载其嘉靖年间见闻："壬寅，早发吉水，过螺山，谒文丞相祠；午过庐陵会通判汪尧卿舟所铁十字一枚，题曰：保大二年五月置，重一千三百斤。相传南唐造战舰以此系缆者。"可见保大二年所造系舟舰所用的铁十字，明末尚存，且当时人都认为是"南唐造战舰以此系缆者"。又查《嘉庆重修一统志》卷328，《吉安府·古迹》中已无"铁十字"，估计清代铁十字已经不存于原地。至于王治心所说对联一事，应该是出自《燕京开教略》：

江西省、吉安府、庐陵县，掘获之铁十字，上镌三国孙吴年号，即降生后二百三十年也。江西王主教，于光绪十二年，降生后一千八百八十六年，洋历正月十五，与北京传教士等寄信云："余现于吉安府，获一大铁十字，形状甚奇，即所谓圣安德肋宗徒之十字也。细观之，绝非寻常金石之物。前代多年往往有文人词客赋诗作颂赞其神奇，至今民间尚有敬礼者。或焚香而拜，或杀鸡而祀，呼为十字菩萨、十字之庙，与他庙之格局，亦迥然不同。盖专为供奉十字而建者也。十字之龛，置于正中，龛上镌有诗赋，其中有'万民''四海'字样。细玩其义，并非泛无定指之言，实乃吾天主教人，所言之万民四海即普天下也。庙前悬有匾额，书'大王庙'三字，即知系先代奉教之流传以明天主耶稣，实乃万王之王、万君之君……则以为天主圣教之遗迹，岂尽荒谬耶。近年发捻作乱，焚毁其庙，二十年来铁十字暴露泥中。……近日重修其庙，额上仍书大王庙三字。惜懂事者，令于庙之正中塑一观音之像，将铁十字，与供奉十字之大木龛，置于像旁以帐幔掩之，不令人见。余欲誊录其上之姓名年月……铁十字计高四尺五寸，枝宽四寸，中宽六寸五分。十字上有二孔相距

第一章 异域传闻：汉末方仙蓟子训的西方"原型"

一尺一寸，左右两枝相距两尺八寸。通厚四寸，中高一尺八寸五分。"王主教又寄书云："余本属之铎德中，有范公者系中国人。大王庙既焚之后，曾多次经过铁十字处，亲见孙吴之年号，他字较小，又因年远磨蚀，不易勘视。十字系大明洪武年间掘出。龛上有对联云：四海庆安澜，铁柱宝光留十字；万民怀大泽，金炉香篆霭千秋。"①

从铁十字所在地点"江西省、吉安府、庐陵县"、发现时间"十字系大明洪武年间掘"以及上有"孙吴之年号""前代多年往往有文人词客赋诗作颂赞其神奇"来看，王主教信中记载之铁十字，应就是明刘子高《铁十字歌》中所颂之十字。从王主教、范铎德的考察来看，他们都只说是孙吴之年号，并没有明确说是"赤乌"，且"上镌三国孙吴年号，即降生后二百三十年也"。公元230年是黄龙二年。方豪先生所写的《庐陵铁X索引》文中引用许多西人文字谓湖南、河南、福建等地多发现石质十字架，上均有二三世纪年号，为汉代有基督信仰的证据，"上述诸文，其史料来源俱同为卜弥格神父（P. Boym Michel）之一拉丁手札而无其他佐证。卜神父，波兰籍，1612年生，1629年入耶稣会，1650年来华，1659年卒。故外人发现此十字，必在顺治七年至十六年间"。据卜神父手札，庐陵铁十字上有公元239年号。若照此推算，则相传铁十字上的赤乌年号，应为赤乌二年，此前中外学者一直称赤乌年号，而无具体年份（《索引》一文也未点出），由此则可推出赤乌二年。卜弥格年代更早，赤乌二年之说似更可信；"上镌三国孙吴年号，即降生后二百三十年也"似一个大略的推算说法（2世纪30年代）。

王主教、范铎德是在铁十字外大木龛上看到"四海庆安澜"

---

① 《中国天主教史籍汇编（天主教传行中国考、燕京开教略、正教奉褒）》，台北：辅仁大学出版社2003年版，第309—310页。

一联的；原书示意图①中，对联也是写在十字架旁边，而非直接写在十字架上。十字架上本很难有合适位置书写对联，况且三国时本无对联。自清人赵翼以来，一般认为五代时期的"新年纳余庆，嘉节号长春"，是我国最早的一副对联。不过谭蝉雪在《我国最早的楹联》②中引用敦煌文献（斯坦因0610卷），证明唐代已有对联。即便如此，三国距唐代数百年，就算铁十字是三国时物，上面也不可能有对联出现。

"四海庆安澜"这副具有普世意味的对联，可能是明以后的作品。明代发现的"福建三碑"，都被放入教堂之中。③铁十字可能也被江西天主教信徒放入教堂安置。（江西在明清都是天主教传教重镇，天主教徒李九功既然已经知道铁十字，江西当地天主教徒很可能也知道此事。）"四海庆安澜"一联，或是那时写于木龛之上，出于天主教徒之手。后因战乱等原因，教堂废弃，逐渐变为民间信仰之十字庙。

前述方豪先生撰写《庐陵铁X索引》一文，当时方先生未找到李九功的《慎思录》，不过他利用了其他方面的丰富材料进行考证，也认为庐陵铁十字架上原本没有对联等文字，而且方先生基本上认为该物与基督信仰无关，这从他题目用"铁X"而非"铁十字"亦可看出。唯《索引》引文中提到：铁十字最终放置于"大王"庙，中国所信仰诸佛并无大王之名，大王应为"万王之王"，是教廷未确定"天主"之前的一种异译——方先生后文对此说未与反驳。但此说是不成立的，大王在正统的三教中虽不多见，但在中国许多地方的民间信仰中，却是一个再普通

---

① 《中国天主教史籍汇编（天主教传行中国考、燕京开教略、正教奉褒）》，台北：辅仁大学出版社2003年版，第290页。

② 《文史知识》1994年4期；另外，近年来在地方志中还有一些唐代对联发现。对联起源还有魏晋说，汉代说和商周说，不过都属推测。

③ 阳玛诺：《景教流行中国碑颂正诠》，收入吴湘湘主编《天主教东传文献续编》（二），台湾：学生书局1966年版，第655、752、753、754页。

不过的称呼了,① 并非基督宗教中对上帝"万王之王（King of Kings）"的特指。

综上所述，王治心所说"铁十字"，确为明代发现之古迹，至清末犹存。其上似确有孙吴年号，但真伪如何，现已难判断；至于铁十字上有基督教色彩的对联一事，当属误传。

第六节　结　　语

历史上中国人与基督信仰传说第一次接触，有可能发生在东汉末年，三国孙吴时期，口传福音作为神话传说，在此时通过海上商路，进入我国东南沿海。若中国人与基督徒接触至迟在汉末三国时期，则口传福音作为神话传说，当于魏晋时在中国就已流传过一段时间，逐渐中国化，最终形成作为神仙方士的蓟子训传说。

另外，本章还对明代发现所谓三国孙吴赤乌年间铁十字架进行了深入探讨。笔者的结论是，明代诗人刘子高《铁十字歌》与《大明一统志》两者所描述的铁十字应为同一物。在明代庐陵水边确实有年代久远的铁十字，但其具体年代也难考证。清代该铁十字架被置于中国地方信仰庙宇大王庙中供奉。至于所谓有基督教色彩的对联，非铁十字上原物，不可作为基督教早期入华的证据。

蓟子训传说与基督教福音的这一系列的相似巧合，可能暗示出：由三国吴地传入的口传基督教福音，耶稣基督的神迹，如行医、五饼二鱼、死人复活等内容，100多年后还在中国东部地区广为流传，但逐渐掺入中国方士常见情节，后被东晋干宝、葛洪等人，以"蓟子训"的名义记录下来，又在100多年后被写入

---

① 笔者曾在江西地区考察，发现乡间，被称为某某大王的民间神明甚多，大王庙即同土地庙一样遍布乡间。当时恰与江西赣州博物馆老馆长刘劲峰先生同行，我请教过刘先生，吉安（即庐陵）情况是否如此，他亦明确表示同意。

正史《后汉书》。若本章观点成立，则在近代基督宗教入华之前，基督宗教当有明末清初时的天主教、蒙元时的也里可温教、唐时的景教，以及三国两晋时的口传福音，四次短暂传入。三国两晋时口传福音的海路传入，对于中外思想交流史，以及口传福音的形成和传播史，都有重大意义；而且它最终被纳入道教方士传记，对于宗教传播研究也很有启发，可与佛教初入华时也同样被视为神仙方技进行对比研究。

但总的来说，三国两晋时基督教福音的传入，也属昙花一现。归其原因，除了中国本土固有文化根深蒂固外，同其传播途径和当时世界历史形势发展关系更大。海路交通虽然便捷，但不稳定，不能为稳定、扎实的传教工作创造条件，不能让中国人持续不断地接受基督教福音，因此日久年深，这些福音在流传过程中也就逐渐"中国化"了，同其本旨大异其趣。（佛教最终入华并扎根，由西域陆路持续传入是一个重要原因。）另外，此后不久，虽然基督教成为罗马帝国国教，但帝国马上就遭遇到了蛮族入侵，西罗马帝国灭亡，经济、文化都遭受了巨大的打击，进入了长达数世纪的"黑暗时期"。基督教在外部遭受到巨大的冲击和压力，而内部神学争论不断，各大教会持续争夺领导权。以上这些情况，都影响到了基督教的对外传播。等到9世纪卡罗林王朝复兴（但不久又立刻遭受到北欧海盗的百年入侵）和12世纪以后中世纪的真正繁荣期，已经是基督宗教入华的"景教"（唐代）和"也里可温教"（元代）时期了，也正是等到了元时，罗马教皇才与中国皇帝有了第一次正式通信交往。

本章仅是通过一些"蛛丝马迹"进行讨论推测，尚不敢对基督宗教入华时间这一重大问题下断然的结论。但仅就汉末方仙蓟子训的传记与耶稣生平记载有许多相合之处，清末天主教徒从民间信仰大王庙中寻找自己的圣物"铁十字"，相近乃至相同的神话传说、圣物，在不同的时空背景下，在具体的宗教实践活动中，有着完全不同的作用，这些事情本身便是基督宗教与道教、中国民间信仰比较、对话的好题目。

笔者在中国乡间考察时，经常可以听到童真生子、死后复生这类的民间传说，但在中国的民间信仰土壤中，对这些传说的信仰及产生的宗教崇拜，与西方的基督宗教可谓有天壤之别。同样或近似的神话传说，在西方被奉为"福音"，逐渐形成了"三位一体"的一神教；而在中国，虽然民众同样对童贞生子、死后复生这类神迹信以为真，但这只不过让中国的"万神殿"中又多了一个方仙、一个地方神明而已——这在神学、哲学，乃至宗教学上都是一个值得反思的现象。学界流行的传统宗教学理论，大都认为宗教与"神圣"观念相关联，中国大陆流行的吕大吉先生的"四要素说"，也是以宗教观念为核心依次扩展到宗教体验、宗教行为和宗教组织制度。蓟子训与耶稣，同为民众的信仰对象（"神圣"），关于他们类似的生平事迹、神话传说也应列入"宗教观念"的范畴，但由此"产生推衍"出的具体宗教信仰崇拜却如此迥异，这就不得不让人反思这些"神圣"的神话、宗教观念是否是形成具体宗教最为核心或者"本质"的内容。笔者当然无意否定宗教观念的重要性，但具体宗教形态的形成，离不开具体的时空环境背景，是在历史中特定的民众、族群中，在具体的实践（practice）中形成的，决非仅仅靠一些抽象的宗教或神学观念便可以完成其"绝对精神的自我显现"。

第二章　西来圣书：唐代敦煌景教文献的真伪问题

随着 2006 年洛阳唐代景教经幢与幢文《大秦景教宣元至本经》的问世，以及李盛铎旧藏敦煌文书整体在日本以《敦煌秘笈》的形式影印刊布，原本扑朔迷离的唐代景教敦煌文献大体已经可以梳理清楚。敦煌卷子（伯希和所得）P.3847 包括的《三威蒙度赞》《尊经》为唐代敦煌文献本无疑议；李盛铎旧藏敦煌写本，来源比较清楚，且《敦煌秘笈》的面世，也显示 432 件李盛铎旧藏一直整体保存没有被打散，故其中《志玄安乐经》《宣元本经》等敦煌景教文献的可信程度非常高；而曾被宣称为李氏旧藏的"小岛文书"二种（《大圣通真归法赞》《宣元至本经》），绝非李氏藏品，内容也与洛阳景教经幢幢文不符，应该可以判定为伪书。而《一神论》（富冈文书）与《序听迷诗所经》（高楠文书）近年来始有学者怀疑其真实性，但所提两类证据都不足以肯定其为伪作；而且即便两写本为伪作，也应是有以敦煌真本景教文献为依据的精抄本，故其文本内容依然值得研究。本章最后对现存最早的唐代景教汉文文献，也是唯一入佛教藏经的唐代景教典籍《序听迷诗所经》重新做了录文，以飨读者。

第一节　敦煌景教文献概述

唐代景教汉文文献，除了明代天启年间（1621—1627 年）

第二章　西来圣书：唐代敦煌景教文献的真伪问题 / 27

在西安发现的《大秦景教流行中国碑颂》（唐建中二年即 781 年）以及 2006 年因盗墓在洛阳出土的唐代景教经幢（唐元和九年即 814 年，幢文上勒唐景净所撰《大秦景教宣元至本经》）①等石刻材料；最为重要的就是 20 世纪上半叶在敦煌发现的景教文献抄本。

敦煌景教文献是研究唐代景教（基督教）的重要文献，现已公布的敦煌唐代景教文献有《序听迷诗所经》（约贞观九年至十二年即 635—638 年）、《一神论》（贞观十六年即 642 年）、《宣元（至）本经》（不晚于 781 年）、《大圣通真归法赞》（疑伪造敦煌文书）、《三威蒙度赞》（唐德宗时期即 780—805 年景净译作）、《尊经》（唐德宗时期即 780—805 年景净译作）、《志玄安乐经》（晚唐）。

这些敦煌文献大体可以分为两种情况：

一是由西人携回欧洲，收藏在博物馆中，此类文献源流情况比较清楚，现又可见到原件，真伪并无疑问，即 1908 年伯希和所得，现藏于巴黎国家图书馆的敦煌卷子 P.3847，包括《三威蒙度赞》《尊经》两部写经以及跟《尊经》关系较为密切的 4 行按语（按语约 10—11 世纪）。

二是私人收藏，经书商转手，原件最终大都落入日本收藏者手中，此类文献身世往往成谜，原件现藏何处有时亦难搞清楚，因此近年来学术界对此类敦煌文献的真伪常常提出疑问。

（1）原为天津大藏书家李盛铎藏敦煌景教文献：《志玄安乐经》《宣元（至）本经》与存疑的《大圣通真归法赞》。

《志玄安乐经》卷末题记，现有"丙辰秋日，于君归自肃州，以此见诒，盛铎记"②字样，若这种说法成立，则可以推

---

① 参见葛承雍主编《景教遗珍：洛阳新出唐代景教经幢研究》，文物出版社 2009 年版。
② 见《羽田博士史学论文集》下卷，京都，1958 年，《志玄安乐经》卷末照片。

测，敦煌藏经洞部分景教文献在甘肃社会流传，1916年经于某之手，最后被李盛铎收藏。李盛铎收藏敦煌文献的情况比较复杂，我们下一节将有较为详细的讨论。

李盛铎所藏敦煌景教文献，学术界关注很早，1919年7月7日王国维给罗振玉写信提道："李氏藏书，诚为千载秘籍，闻之神往……景教经二种不识，但说教理，抑兼有事实，此诚世界宝籍，不能以书籍论矣。"① 1928年10月7日，日本京都大学羽田亨教授，在天津英租界黄家园拜会了李盛铎，抄录了《志玄安乐经》，并于次年在日本《东洋学报》刊布，1929年羽田亨教授的研究被钱稻孙译介到中国。②

1935年，李盛铎将所藏敦煌写本，"以八万金，售诸异国"。《中央时事周报》于1935年12月15日和21日刊登过李氏所售敦煌文献的目录《德化李氏敦煌写本目录》，《志玄安乐经》列在其中第13件。《志玄安乐经》被日本人购得（后详）；1958年《羽田博士史学论文集》首次公布了《志玄安乐经》写本卷首、卷末等照片，说明该写本应被带回日本。

---

① 王国维：《观堂书札》，《中国历史文献研究集刊》第1集，湖南人民出版社1980年版，第37页。

② 羽田亨：《景教經典經志玄安樂經に就いて》，《东洋学报》18—1，1929年8月；钱稻孙节译本，载《清华周刊》第32卷第10期，1929年。钱稻孙对日本学者的景教研究十分关注，多有译介。[钱稻孙后因日伪时期做过北大校长，被认为附逆，晚景悲凉，惨死于"文化大革命"初。钱稻孙系出名门，祖父常被误认为大学士翁心存的女婿、翁同龢的姐夫钱振伦；实则，钱振伦是钱稻孙祖父钱振常之兄。钱振常即五四运动中标志性人物钱玄同的父亲，钱三强的祖父；蔡元培是钱振常在绍兴龙门书院时的学生。钱玄同是钱稻孙的本家叔叔，比钱稻孙的父亲钱恂小33岁，关系如同父子。钱恂早年在薛福成、张之洞幕下，后任湖北留日学生监督，是晚清著名外交人物，与维新派、革命派多有联系；1898年，钱恂在京中尝谓中国必分裂，"如江浙吴楚得为日本所割，为日本臣妾，此大幸也"，为此张之洞不得不为其出面圆场。钱稻孙与鲁迅、周作人亦颇有渊源，钱稻孙祖父钱振常与鲁迅兄弟的祖父周福清是同治十年（1871年）的同榜进士；中华人民共和国成立后钱稻孙尤与周作人友善，成为难兄难弟，坊间流传的周作人晚年各种形状常提及钱稻孙。钱氏在20世纪日本文化界颇有影响。]

第二章 西来圣书：唐代敦煌景教文献的真伪问题 / 29

1935年8月6日，陈垣写信给胡适："李氏藏敦煌卷，据来目，除大部分佛经外，可取者不过三二十卷……李氏藏有世界仅存之景教《宣元本经》，此目并未列入，恐尚有其他佳卷。"① 李盛铎1937年2月4日去世，当时的民国政府教育部为防止李氏藏书外流，特派北图馆长袁同礼洽谈购买李氏藏书，胡适、傅增湘、徐森玉、赵万里等著名学者都曾参与此事，但不久抗日战争爆发，此事搁浅。

据佐伯好郎称：1943年2月和11月，日本人小岛靖从李氏遗产继承人那里购得《大圣通真归法赞》与《宣元至本经》，同年年末将两件敦煌景教文献的照片邮寄给日本学者佐伯好郎博士，佐伯好郎遂将这两件文献命名为"小岛文书A""小岛文书B"，据称"小岛文书B"后带回日本，而"小岛文书A"在1945年9月从天津撤离时遗失被盗，下落不明。②

实则，李盛铎所藏景教文献只有《志玄安乐经》与《宣元本经》，且皆未流入小岛靖之手；李氏所藏敦煌卷子今存于日本，《敦煌秘笈》陆续公布后历历可查；2006年景教经幢发现后，《宣元至本经》的情况也已基本清楚，小岛文书应属伪造，我们下节再述。

（2）富冈谦藏《一神论》与高楠顺次郎藏《序听迷诗所经》。

1918年1月，羽田亨教授在日本《艺文》杂志上，首次公布了《一神论》录文，并称这一文献出自敦煌藏经洞，富冈讲师从书商之手得到该文本及数十卷典籍。③ 1926年羽田亨教授在《内藤博士还历记念支那学论丛》，首次公布了《序听迷诗所经》的录文，并云此写本是东京帝国大学高楠教授见示，为敦煌文

---

① 《陈垣往来书信集》，上海古籍出版社1990年版，第177页。
② 参见佐伯好郎《清朝基督教的研究》一书的附录，东京：春秋社1949年版。
③ 羽田亨：《景教经典一神论解说》，《艺文》第9卷第1号，1918年1月，收入《羽田博士史学论文集》下卷。

献，先藏中土某氏，近乃归高楠教授。①

1931年10月，羽田亨教授将上述两件写本题为《一神论卷第三，序听迷诗所经一卷》影印刊布②，并在前言中说明，《一神论》是1917年归藏于富冈桃花氏（即富冈谦）。而后佐伯好朗在1937年、1943年传文提到《序听迷诗所经》时先后称：高楠教授是1922年购买此写本于一中国人；1923年关东大地震刚过之后，高楠教授得到该写经。高楠顺次郎（1866—1945年）当时尚健在，佐伯之言或有所据。

《一神论》与《序听迷诗所经》为唐代景教文献，中外学界原无异议，我国著名学者陈垣还盛赞两件写经的字体优美；然近年来有学者认为这两件文献是有所据的"精抄赝品"，本章第三节将对此略加叙述。

第二节　李盛铎、羽田亨与《敦煌秘笈》

李盛铎（1858—1937年），1889年殿试一甲第二名（即"榜眼"），授翰林院编修，曾任京师大学堂总办等职。李盛铎原本与康有为一起为公车上书的领军人物，后倒戈荣禄；1898年署理使日钦差大臣，回国后曾任考察宪政大臣等诸职。1905年李盛铎出任比利时钦差大臣，获英国剑桥、牛津两所大学的名誉博士学位；1909年回国，后被袁世凯聘为总统府顾问，担任参议院议长等职。1920年退隐。

李家累世藏书，而李盛铎获得大量敦煌文献，民国初年社会上就有颇多传闻：李盛铎是晚清甘督何彦升的儿女亲家，斯坦因、伯希和等外国人劫余的敦煌写卷，因罗振玉上奏学部，被封

---

① 羽田亨：《景教經典序聽迷詩所經に就いて》，《内藤博士还历祝贺支那学论丛》，1926年5月；钱稻孙译本：《北平北海图书馆月刊》第1卷第6号，1929年。

② 羽田亨编修：《一神论卷第三，序听迷诗所经一卷》（影印版），京都：东方文化院京都研究所，1931年。

第二章　西来圣书：唐代敦煌景教文献的真伪问题 / 31

存送抵京城，到京后先运抵何彦升之子何鬯威家中；李盛铎是何鬯威的岳丈，故两人截取大量敦煌写卷佳品。徐珂的《清稗类钞》"鉴赏类"伯希和得敦煌石室古物条、罗振玉《姚秦写本僧肇维摩诘经解残卷校记序》，以及饶宗颐《京都藤井有邻馆藏敦煌残卷纪略》所记"友人张虹闻故京老辈云"，都是讲述了类似的传闻。但据荣新江教授考证："在1910年敦煌经卷从甘肃运抵北京后不久，日本京都大学派遣了内藤虎次郎等五名教员，前往北京调查敦煌文献，在清学部看到约七百卷写经。他们回国后做了一些报道，把一些写本全卷或部分的照片提供给松本文三郎氏研究。松本文三郎《敦煌石室古写经之研究》一文中列举了这些写经的名称和有年代写本的题跋，值得特别注意的是，他所提示的写经都是后来著录于《李木斋氏鉴藏敦煌写本目录》的李盛铎藏卷。既然京大教员在学部看到的经卷后来到了李盛铎的手中，可知李氏等人实际上是在经卷入学部后才攫取到手的。"[①] 当时李盛铎从欧洲回国，正在学部任职，监守自盗是有可能的，而且从罗继祖所得吴昌绶《松邻书札》中致张祖廉一札的内容来看，当时清廷还在追查此事，但不久清廷覆灭，此事亦不了了之了。由此可见，前文提到《志玄安乐经》卷末题记"丙辰秋日，于君归自肃州，以此见诒，盛铎记"，有可能就是李盛铎为掩人耳目，隐匿《志玄安乐经》可能属其从学部盗出敦煌卷子的事实，故意为之了。

早在1919年，李盛铎就曾有意将其所藏敦煌经卷出售，当年7月2日罗振玉致王国维的信中提道："李木斋藏有敦煌古籍，多至四五百卷，皆盗自学部八千卷中者，已展转与商，允我照印，此可喜可骇之事。弟当设印局印之，此刻且勿宣为荷。"后罗振玉亲见了李盛铎欲出手的敦煌写本，并于9月17日致信王

[①] 荣新江：《李盛铎藏卷的真与伪》，《敦煌学辑刊》1997年第2期（总第32期），第2页。并参见高田时雄《明治四十三年（1911）京都文科大学清国派遣员北京访书始末》，《敦煌吐鲁番研究》第7卷，2004年，第13—27页。

国维:"弟前日往看李木斋藏书,敦煌卷轴中书籍……其可补史书之缺者,有敦煌太守且渠唐光之建始二年写《大般涅槃经》,其《华严经》有《志立(玄)安乐经》及《宣元本经》(其名见《三藏(威)蒙度赞》中),以上诸书乃木斋所藏。渠言潜楼藏本有《刘子》。以上诸书颇可宝贵,恨不得与公共一览之也。"①

由上述两份罗振玉的书信以及前文所引王国维的回信,我们可以知道,李盛铎的敦煌藏卷中确有《志玄安乐经》与《宣元本经》的存在。李盛铎的敦煌藏卷在1919年并没有脱手,20年代还曾经向陈垣、羽田亨等人展示过。如上文提到的1928年羽田亨抄录过《志玄安乐经》,当时羽田亨还追问过李氏所藏《宣元本经》的下落,李盛铎说《宣元本经》放在上海,故此不能向羽田亨展示,其所藏《宣元本经》不过二三十行文字,其后有常常空白,但已经画好细线,多半是抄至中途作废了。②陈垣先生也曾收录过李盛铎藏的《宣元本经》,共十行文字,并提供给佐伯好郎研究,佐伯好郎在1934年的《辅仁学志》中刊布了原文英译及说明。③

1935年,李盛铎再次要出手其所藏敦煌文献(李盛铎晚年家势衰落,当时其妾张淑贞又状告其遗弃罪,天津法院判其5万元罚金)。当时胡适曾有意购买,征询过陈垣的意见,1935年8月6日陈垣回信认为:"李氏所藏敦煌卷,据来目,除大部分佛经外,可取者不过三二十卷。普通写经,精者市价不过百元,次者更不值钱,来目索价太昂,购买殊不相宜。鄙意只可抵押,抵押之数,可以到贰万元。"④陈垣不同意购买,只建议胡适用2

---

① 王庆祥、萧文立校注:《罗振玉王国维往来书信》,东方出版社2000年版,第459、470页。

② 参见《羽田博士史学论文集》下卷,第272页。

③ P. Y. Saeki, "the Ta–Ch'in Luminous Religion Sutra on the Origin of origins", *Bulletin of the Catholic University of Peking*, 9, 1934, pp. 133–135.

④ 《陈垣往来书信集》,第177页。

第二章　西来圣书：唐代敦煌景教文献的真伪问题　/　33

万元接受李氏藏品的抵押；前文已经提到，当时陈垣发现《宣元本经》不在这批出售的李氏藏品中，建议追查。1935 年 12 月 15 日、21 日《中央时事周报》报道了李氏出售敦煌藏品的消息，并刊布了目录（即《德化李氏敦煌写本目录》）；① 而李家出售时曾由李盛铎之子李滂（李少微）② 抄有售出藏品目录（即《李木斋氏鉴藏敦煌写本目录》），现藏北京大学图书馆善本部，该目录"十三　景教志玄安乐经""四百三一宣元至本经　首全"。③《宣元本经》可能确如李盛铎对羽田亨所言，被放到上海，估计即其子李滂处；故羽田亨当时未能得见，胡适提供给陈垣的目录上也没有《宣元本经》；但《宣元本经》确为李氏藏品，最终李氏所藏敦煌写经均由李滂售出，故《宣元本经》就赫然在目了。

以上可以清楚：《志玄安乐经》《宣元（至）本经》与李氏众多敦煌藏品一同被用八万元的价格卖给了日本人；此后状况一

---

①　参见《中央时事周报·学觚》第 4 卷第 48 期，1935 年 12 月 15 日，第 49—52 页；第 4 卷第 49 期，1935 年 12 月 21 日，第 43—46 页。

②　李滂（李少微），北京民国大学的目录学教授、著名的考古学家，光绪三十三年（1907 年）生于比利时，李盛铎第十子，北大藏李盛铎藏书即是李滂 1939 年以 40 万元的价格卖出。（李盛铎作为考察宪政大臣，与载泽、尚其亨一路出使日本、英国、法国、比利时等国；在考察日本时，在东京下榻明治天皇的芝离宫，李盛铎与日本女接待人员横沟菊子较好，后在比利时布鲁塞尔结婚，生下李滂。李滂 3 岁即与母亲失散，其母 1914 年在日本逝世，李滂在 1935 年通过艺术家朋友白坚多方打听，并在东京各大报纸招贴寻人启事，才得知此消息，遂著有《李母横沟宜人传略》。据最近孔夫子旧书网拍卖的一本李少微的手稿，有其 1948 年以后写的履历表，日伪时期历任伪天津县长、伪河北省公署参事、伪燕京道尹、第二战区长官部少将参议、伪津海道尹、伪河北省建设厅长、第二战区中将参议、伪真定道尹、伪真定行政区行政长，真定保安司令及任第二战区正太护路司令（自称是：1937 年"任第二战区平津地下校工作员，旋奉林故主席电令'力护遗书不择手段'，于是不得已而潜入奸群"），1946 年 4 月 17 日在太原被捕，1948 年 10 月出狱，中华人民共和国成立后情况不详）。

③　李氏所藏敦煌卷子目录，目前已经至少有六个目录，具体情况可参考陈涛《日本杏雨书屋〈敦煌秘笈〉目录与〈李（木斋）氏鉴藏敦煌写本目录〉之比较》，《史学史研究》2010 年第 2 期。

直晦暗不明。1991年，荣新江教授在京都大学羽田亨纪念馆，发现933张羽田亨生前研究敦煌的文献资料照片上，相当多的李氏收藏印，并与北京大学李氏旧藏目录吻合。1996年，荣新江教授在《海外敦煌吐鲁番文献知见录》一书中公布了这一发现，引起学术界极大关注；同时日本学者落合俊典从京都大学牧田谛亮那里得到了羽田亨的手稿《敦煌秘笈目录》，该目录共著录敦煌文献432号，在与北大李氏旧藏目录对比后，可以印证荣新江教授的基本判断无误，而其公布的首二页的羽田亨《敦煌秘笈目录》手稿，亦清晰可见"十三，景教志玄安乐经"①。

落合俊典在2000年6月于北京师范大学召开的纪念敦煌藏经洞发现一百周年国际学术研讨会上还披露1938年到1940年间，日本企业家西尾新平在羽田亨（1938年起，任京都大学校长）的帮助下，购得了李盛铎旧藏的432件敦煌经卷。"二战"后期，1945年为了躲避空袭，这些敦煌文献曾被运到兵库县多纪郡大山村西尾新平宅第的地窖中秘藏；战后又被运回日本武田科学振兴财团所属杏雨书屋（财团附属的研究机关）中存放至今。② 所幸的是日本武田科学振兴财团杏雨书屋，现在已经决定公布李盛铎的敦煌旧藏，目前已经出版解题目录，并陆续影印推出所有文献的多卷图版《敦煌秘笈：杏雨书屋藏影片册》。随着《敦煌秘笈》的公布，李盛铎旧藏《志玄安乐经》《宣元本经》等敦煌景教文献的真相，将会更多地浮现出来。

李盛铎旧藏敦煌写本，来源比较清楚，且《敦煌秘笈》的揭示，也显示432件李盛铎旧藏一直整体保存没有被打散，故其

---

① 参见落合俊典《羽田亨稿〈敦煌秘笈目录〉简介》，《敦煌文献论集：纪念敦煌藏经洞发现一百周年国际学术研讨会论文集》，辽宁人民出版社2001年版，第100页。另可参见落合俊典《李盛鐸と敦煌秘笈》，《印度学仏教学研究》通号104，2004年3月。

② 参见落合俊典《李盛鐸と敦煌秘笈》，《印度学仏教学研究》通号104，2004年3月。高田时雄：《李滂と白坚——李盛铎旧藏敦煌写本日本流入の背景》，《敦煌写本研究年报》创刊号（2007年3月），第1—26页。

第二章 西来圣书：唐代敦煌景教文献的真伪问题

中《志玄安乐经》《宣元本经》等敦煌景教文献的可信程度非常高；而上节提到的所谓李氏旧藏"小岛文书"二种，随着《敦煌秘笈》的解密，以及 2006 年洛阳景教经幢的发现，应该可以判定为伪书。首先，李氏藏品中并无《大圣通真归法赞》（"小岛文书 A"）与《宣元至本经》（"小岛文书 B"），否则李氏藏敦煌写经各目录上不可能均不载。各目录所载"宣元本经"，是卷首 10 行 190 字的《宣元本经》，而非"小岛文书 B"《宣元至本经》卷末 26 行 465 字，两者显然是不同的写本，书写体例也不同，不可能如佐伯好郎认为的那样可以"合二为一"。第二，2006 年 7 月河南洛阳出土的经幢《大秦景教宣元至本经》，从盗墓者手中追回时只得半块，存经文 19 行 431 字，与李氏所藏存经首 10 行的《宣元本经》合校，除极个别文字有所出入外，故可判定李氏所藏《宣元本经》为真品。而且通过经幢《大秦景教宣元至本经》我们可以大体了解《宣元至本经》后半部分的大体情况，这与"小岛文书 B"《宣元至本经》卷末 26 行 465 字，完全不一致，故可以判断"小岛文书 B"为伪造。

"小岛文书"出现于 1940 年代初，而此时天津恰好出现了一批伪造的李盛铎敦煌藏品，"1941 年辛巳，在天津出现了一批颇像从敦煌出来的草书帖、书籍（如《论语》）、文书等等，往往还有李木斋的收藏印"。当时大藏书家周叔弢、赵万里都判定为假，"伪造敦煌藏品还不是唯一的例子。当时天津有一陈某，听说是李木斋（盛铎）的外甥，见过李氏所藏的敦煌卷子。他精于书法，所以造了不少假东西卖钱。我曾见过一卷近一丈长的仿隋人写经，若不仔细看，几可乱真……现在流传到海外的所谓索紞写本《道德经》，从字迹上看来，也很可能出自此君之手"[①]。这里的陈某指陈益安。[②] 1939 年李滂将李盛铎藏书以 40

[①] 参见《周珏良文集》，外语教学与研究出版社 1994 年版，第 298—299、303 页。

[②] 《天津文史资料选辑》第 52 辑，1990 年，第 67 页。

万元卖与北京大学,但北京大学当时并未收购李盛铎的几枚藏书印章①,造成弊病。

《大圣通真归法赞》("小岛文书A")与《宣元至本经》("小岛文书B"),不像其他景教文献20世纪一二十年代就问世,而是迟至40年代初才出现;佐伯好郎一直致力于景教研究,1941年通过了景教研究的博士论文(《新近中国发现之景教经典研究》),此后不久有人向其展示或兜售新发现的景教文献,很可能是为牟利。随着洛阳景教经幢的发现,已经可以证明《宣元至本经》("小岛文书B")为伪;与其同出的《大圣通真归法赞》("小岛文书A")亦甚为可疑,不仅现在原件"遗失",而且就内容来说,亦无贡献唐代景教的特别信息(伪造亦不难),故唐代景教文献研究,除非新出有力证据,否则最好暂将小岛文书二种排除。

第三节　富冈文书与高楠文书

通过上文的讨论,我们知道原本七件敦煌景教文献,由于洛阳经幢的发现,以及《敦煌秘笈》的陆续公布,可以断定小岛文书为伪作,《大圣通真归法赞》可以排除,李氏旧藏《志玄安乐经》《宣元(至)本经》则是真品;而伯希和P.3847所包括《三威蒙度赞》《尊经》也无异议。那么就剩下《一神论》(富冈文书)与《序听迷诗所经》(高楠文书)需要讨论了。

《一神论》与《序听迷诗所经》的情况,我们在第一节已经有所介绍,因为它们出现的时间较早,20世纪20年代,就得到中外学术界的公认,原本并无异议。直到20世纪90年代初,林悟殊教授"曾到巴黎读敦煌卷子,并请益旅法的吴其昱博士。

---

① 参见陈涛《日本杏雨书屋藏〈敦煌秘笈〉中李盛铎藏书印管见》,《北京师范大学学报》(社会科学版)2010年第4期。

第二章 西来圣书：唐代敦煌景教文献的真伪问题

吴博士命笔者，云富冈文书和高楠文书并非敦煌真品，但论证甚难"①。后林悟殊教授与荣新江教授专门探讨了这一问题，并认为：

> 富冈文书并非敦煌本真迹，而是20世纪初叶时人所抄写；但其并非凭空赝作，而是有古本可依。这古本，当然不排除明季清初耶稣会士的作品；但更有可能是，在当年问世的敦煌遗书中，除了众所周知的景教写本外，还有类似《一神论》之类的内容的一些景教写经，落入古董商人之手，但过于残烂，在当时难以鬻得好价，遂由高手重新加以誊写制作。富冈文书就是该等高手的杰作之一，如业师蔡鸿生先生所提命，是件"精抄赝品"。②

对于高楠文书，林教授也大体持"精抄赝品"的看法。笔者认为林教授"精抄赝品"之说当然是存在这种可能性的；但就目前的证据来看，也不能完全肯定就是如此。

林悟殊教授认为富冈文书和高楠文书为"精抄赝品"，主要的理由有两类，其一是富冈文书和高楠文书的文字书写极其精美，应是有较高中文水平者所为；而文字内容又多粗疏，应为汉语水平较低下者或对景教内容颇不熟悉者所为，内容与形式两者颇为矛盾。笔者以为，以往两者矛盾，必须有一个前提，即文字创造者与文字书写者为同一人，但敦煌文献是佣人抄录的情况甚多，不排斥景教中人出钱请书法较好者抄录其经文，但由于景教经文翻译者本身汉语水平较低，经文没有得到很好的"润文"，加之被雇来抄写的人不熟悉景教内容，从而造成了前述的矛盾，

---

① 林悟殊：《唐代景教再研究》，中国社会科学出版社2003年版，第193—194页。

② 《唐代景教再研究》，第206页。另可参见林悟殊《景教富冈高楠文书辨伪补说》，见林悟殊《中古三夷教辨证》，中华书局2005年版。

这种情况是可能存在的。

第二类理由是从写本本身入手,认为写本字体虽然与许多敦煌唐写本雷同,但却发现并非出自古人之手,林教授举了一个最明显的例子:肉字唐人流行写作"宍",而《一神论》写本"宍""肉"两存。① 但从《晋书·索紞传》来看,敦煌地区早已有"肉"的写法,"宋桷梦内中有一人著赤衣,桷手把两杖,极打之。紞曰:'内中有人,肉字也。肉色,赤也。两杖,箸象也。极打之,饱肉食也。'俄而亦验焉。"索紞是敦煌人,尤其擅长以字解义,是当时敦煌乃至北朝影响很大的占梦家。② 就现有敦煌写本来看,肉、宍两种写法都是存在的,③ 而且就笔者参与中国人民大学张风雷教授、张文良副教授主持《敦煌秘笈》271 阅读会的经验,同一写本中同一字有两种乃至数种写法的情况并不罕见。

即便林悟殊教授"精抄赝品"的观点成立,也没有否定富冈文书与高楠文书文字内容的研究价值;最先怀疑富冈文书与高楠文书的吴其昱先生,也只是怀疑卷子本身的真伪,而不否定其内容:"外观等虽可被鉴别出非原写本,但基督教的教义、经文内容和人名、叙利亚文之汉译、音译,要如此系统的伪制,其实相当困难。"④ 因此,笔者以为,在没有其他写本出现之前,富冈文书与高楠文书对唐代景教的研究是有相当意义的。下面笔者就以《序听迷诗所经》为例,略作探讨。

---

① 《唐代景教再研究》,第 206—207 页。

② 秦汉之后占梦在官方体制中已经淡出,但在晋唐间依旧盛行。刘文英教授认为:"在两汉史书中,占梦者的活动,星星点点,始终未见其名,可能影响不大。但从魏晋以至隋唐,其间有一批世俗的占梦家,在历史舞台上相当活跃。其中周宣和索紞最为著名,《魏志》和《晋书》都有他们的传记。"(刘文英:《梦的迷信与梦的探索》,中国社会科学出版社 2000 年版,第 46 页)前文提到 20 世纪 40 年代出现的伪造敦煌文献写本《道德经》就是书名索紞。

③ 参见黄征《敦煌俗字典》,上海教育出版社 2005 年版,第 340—341 页。

④ 吴其昱:《唐代景教之法王与尊经考》,《敦煌吐鲁番研究》第 5 卷,2001 年,第 32 页。

第四节 《大正藏》中的景教文献

《序听迷诗所经》在 20 世纪 20 年代初即为高楠顺次郎收藏。高楠顺次郎（1866—1945 年）是日本著名佛教学者，1899 年就已成为东京帝国大学教授，在日本国内外拥有众多学术头衔。1922 年起开始主编著名的《大正藏》一百卷，其后又主编六十五卷《南传大藏经》。《序听迷诗所经》即被收入《大正藏》第 54 卷第 1286 页上至 1288 页上，经号为 2142。

高楠顺次郎学术地位尊崇，以佛教研究闻名于世；若有人伪造小岛文书给撰写景教研究博士论文的佐伯好郎尚可信，而专门伪造景教文献给著名佛教学者，则不甚可信。而且从《序听迷诗所经》被收入《大正藏》的经历来看，很可能《序听迷诗所经》的卖家和买家都曾一度将其误认为是佛教典籍；由此可见，即便《序听迷诗所经》写本为伪作，也必然是依敦煌真本为原始依据而抄录的，因为不可能连伪造者（卖家）也不知道其为景教文献而非佛教典籍。

《序听迷诗所经》是现存最早的唐代景教汉文文献，也是唯一入佛教藏经的唐代景教典籍，由此亦可知其在语言形式上与佛教文献颇多相似之处。近年来，海外学者亦多从道教视角对其进行解读，甚至称《序听迷诗所经》为"重新发现道教基督教的遗失古卷"（Rediscovering the Lost Scrolls of Taoist Christianity），[①] 虽然其中许多解释有过度诠释之嫌，但这一唐代景教文献中的道教因素影响也是确实存在的。故此《序听迷诗所经》便是一个十分值得探究的文本。

《序听迷诗所经》写本，含标题在内共 170 行，2845 字；除

---

① C. f. Martin Palmer, *The Jesus Sutras*: *Rediscovering the Lost Scrolls of Taoist Christianity* NY: Wellspring/Ballantine, 2001. 序听常被释为耶稣的一个音译名称，迷诗所（诃）为弥赛亚，故《序听迷诗所经》被翻译为《耶稣经》（*The Jesus Sutras*）。

了《大正藏》第54卷的录文，常见的写本还有江文汉先生在《中国古代基督教及开封犹太人》中的现代简体字标点录文，[①] 以及1995年和1996年翁绍军先生分别在香港和大陆以繁体字和简体字出版的《汉语景教文典诠释》中的现代标点录文。[②] 高楠文书字体比较清晰，录文并非十分困难，但上述各家录文都存在个别问题，故本章最后依据高楠文书，将《序听迷诗所经》写本，进行现代标点录文，校勘采用脚注形式。因为高楠文书有可能是现代精抄本，故其文书形式、字体、用词的语言学意义不是太大，笔者的录文和标点主要旨在融通大意，以便今后进一步的文意梳理研究。

附：《序听迷诗所经》写本录文

序听迷诗所经一卷

尒[③]时，弥师诃说天尊序娑法云：异见多少，谁能说经义难息事，谁能说天尊在后显何在？停正[④]在处其何？诸佛及非人、平章天、阿罗漠谁见天尊；在于众生，无人得见天尊。何人有威得见天尊？为此天尊颜容似风，何人能得见风？天尊不盈少时，巡历世间居编[⑤]。为此人人居带天尊气，始得存活，然始得在家安，至心意到。日出日没，已来居见，想心去处皆到。身在明乐静度，安居在天，皆诸佛为此风，[⑥] 流转世间，风流无处不到。天尊常在静度快乐之处，果报无处不到。世间人等，谁知风动？

---

① 江文汉：《中国古代基督教及开封犹太人》，知识出版社1982年版，第73—78页。

② 翁绍军：《汉语景教文典诠释》，生活·读书·新知三联书店版，第85—96页。

③ 即"尔"。

④ 羽田亨录入《大正藏》本、江文汉本、翁绍军注释本等他本皆为"止"，但从高楠文书上看，当为"正"字。

⑤ 按文意当为"徧"，遍之意。

⑥ 此处"风流"似宜句读开，"风"为灵，"流"为动词，流转世界之意。

第二章 西来圣书：唐代敦煌景教文献的真伪问题

唯只闻声愿①。一不见形，无人识得颜容端正。若为非黄非白非碧，亦无人知。风居强之处，天尊自有神威。住在一处，所住之无人捉得，亦无死生，亦无丽娑相值所。造天地已求②，不曾在世间，无神威力，每受长乐仙缘。人急之时，每称佛名。多有无知之人，唤神比天尊之类，亦才③作旨尊旨乐。人人乡俗语舌，吾别天尊，多常在，每信每居，天尊与人意知不少。谁报佛慈恩？计合思量。明知罪恶，不习天通，为神力畜养，人身到大，亦合众生等思量。所在人身命器息，惣④是天尊使其然。众生皆有流转，关身住在地洛，为此变造微尘。所有众生皆发善心，自纪思量。生者⑤皆死，众生悉委。众生身命为风，无活临命之时，风离众生。心意无风，为风存活。风离众生，有去留之时。人何因不见风去？风颜色若为？若绯若绿及别色，据此不见风若为。众生即道：天尊在何处；众生优道：何因不见天尊。何因众生在于罪中，自于见天尊。天尊不同人身，复谁能见？众生无人敢近天尊；善福善缘众生，然始得见天尊。世间元不见天尊，若为得识众生自不见天。为自修福，然不堕恶道地狱，即得天得⑥。如有恶业，众堕落恶道，不见明果，亦不得天道。众生等好自思量，天地上大大诸恶众生事养者，勤心为国，多得赐官职，并赐杂菜，无量无量。如有众生，不事天大诸恶，及不取进正⑦，不得官职，亦无赐偿，即配徒流，即配处死。此即不是⑧天大诸恶自由至，为先身缘业，种果团圆。犯有众生先须想自身

---

① 他文皆释为"颠"。
② 高楠文书原文为"求"，从文意似为"来"方通。
③ 他本皆误为"唤"，从高楠文书来看，应为"才"，才字意亦通。
④ 即"总"。
⑤ 江文汉本丢"者"字。
⑥ 翁绍军注释本误为"道"，但从下文"不得天道"来看，此处确应为"得天道"
⑦ 他本皆为"止"，但从高楠文书上看，当为"正"字。
⑧ 高楠文书原文为"是"，从文意应为"事"。"不事天大诸恶"大意为因不事天即不敬上帝而有的诸多大罪恶。

果报，天尊受许辛苦，始立众生。众生理佛不远，立人身自专。善有善福，恶有恶缘。无知众生，遂埿①木驼象牛驴马等众生及獐鹿，虽造形容，不能与命。众生有智②自量，缘果所有具见，亦复自知，并即是实。为此今世有多有众生，遂自作众众作士。此事等皆天尊，遂不能与命俱。众生自被诳惑，乃将金造象、银神像及铜像，并埿神像及木神像。更作众众诸畜产，造人似人，造马似马，造牛似牛，造驴似驴。唯不能行动，亦不语话。亦不吃食息，无肉无皮，无器无骨。令③一切由绪，不为具说。一切绪内略，说少见多。为诸人说，遭知好恶。遂将饮食，多中尝少，即知何食，有气味无气味。但事天尊之人，为说经义，并作此经。一切事由，大有叹处多，有事节由绪少。但事天尊人，及说天义。有人怕天尊法，自行善心，及自作好，并谏人好，此人即是受天尊教，受天尊戒。人常作恶，及教他人恶，此人不受天尊教，突堕恶道，命属阎罗王。有人受天尊教，常道我受戒，教人受戒。人合怕天尊，每日谏悮④。一切众生皆各怕天尊，并绾摄诸众生死活，管带绾摄浑神。众生若怕天尊，亦合怕惧圣上。圣上前身福私⑤，天尊补任，亦无自乃天尊耶。属自作圣上，一切众生皆取圣上进正⑥。如有人不取　圣上驱使不伏，其人在于众生，即是返逆。偿若有人受　圣上进正⑦，即成人中解事，并伏驱使，及好之人，并谏他人作好，及自不作恶，此人即成受戒之所。如有人受戒，及不怕天尊，此人及一依佛法，不成受戒之所，即是返逆之人。第三须怕父母，只承父母，将比天尊及　圣

---

① 翁绍军注释本释为"造"，从高楠文书原文看应释为"泥"，即泥胎偶像之意。下文与"木神像"相对，亦应为"泥神像"而非"造"神像。
② 大正藏本误为"知"。
③ 大正藏本误为"合"。
④ 即"悮"。
⑤ 应为"弘"之误。
⑥ 他本皆为"止"，但从高楠文书上看，当为"正"字。
⑦ 同上。

第二章 西来圣书：唐代敦煌景教文献的真伪问题

帝。以若人先事天尊及圣上，及事父母不阙，此人于天尊得福不①多。此三事：一种先事天尊，第二事　圣上，第三事父母。为此普天在地，并是②父母行。据此圣上皆是神生今世，虽有父母见存，众生有智计，合怕天尊及。

圣上，并怕父母，好受天尊法教，不合破戒。天尊所受，及受尊教，先遣众生礼诸天佛，为佛受苦。置立天地，只为清净威力因缘。

圣上唯须勤伽习俊，圣上宫殿，于诸佛求得。圣上身惣是自由。天尊说云③：所有众生返诸恶等，返逆于尊，亦不是孝；第二愿者，若孝父母，并恭给所有，众生孝养父母，恭承不阙，临命终之时，乃得天道为舍宅；为事父母，如众生无父母，何人处生；第四愿者，如有受戒人，向一切众生皆发善心，莫怀睢恶；第五愿者，众生自莫煞④生，亦莫谏他煞，所以众生命共人命不殊；第六愿者，莫奸他人妻，子自莫宛⑤；第七愿者，莫作贼；第八，众生钱财，见他富贵，并有田宅奴婢，天睢娠；第九愿者，有好妻子并好金屋，作文证加谋他人；第十愿者，受他寄物，并将费用天尊。⑥ 并处分事极多。见弱莫欺他人，如见贫儿，实莫回面。及宛家饥饿，多与饮，割舍宛事。如见男努力，与努力，与须浆。见人无衣，即与衣著。作⑦儿财物不至一日莫留。所以作儿规徒多⑧少不避寒冻。庸力见若莫骂，诸神有威力，加骂定得灾部。贫儿如要须钱，有即须与，无钱可与，以理发遣，无中布施。见他人宿疹病，实莫笑他。此人不是自由如此

---

① 高楠文书原文为"不"，从文意应为"必"方通。
② 似应为"事"。
③ 以下天尊说十愿，每愿用分号隔开。
④ 大正藏本煞皆改为"杀"。
⑤ 应通"冤"。
⑥ 讲完重要的"十愿"，下文开始讲"分事"。
⑦ 此处"作儿"之作，与下文"作儿"之作，写法不同，似为"佐"字亦通。
⑧ 江文汉本丢"多"字。

疹病。贫儿无衣破碎，实莫笑。① 莫欺他人取物，莫枉他人。有人披诉，应事实莫屈断。有茕独男女及寡女妇中诉，莫作怨屈，莫遣使有怨。实莫高心，莫夸张。莫传口合舌，使人两相斗打。一世已求，莫经州县官告，无知答。受戒人，一下莫他恶，向一切众生，皆常发善心，自恶莫愿恶。所以多中料少，每常造好，向一切众生。如有人见愿，知受戒人写，谁能依此经，即是受戒人。如有众生不能依，不成受戒人。处分皆是天尊，向诸长老，及向大小，迎相谏好，此为第一天尊处分。众生依，天尊依，莫使众生煞祭祀，亦不遣煞命。众生不依此教，自煞生祭祀，吃宍②唊美；将灛诈神。即煞羊等。众生不依此教，作好处分人等。众生背面作恶，遂背天尊。天尊见众生如此，怜悯不少，谏作好不依。天尊当使凉风，向一童女，名为末艳，凉风即入末艳腹内，依天尊教，当即末艳怀身。为以天尊使凉风，伺童女边，无男夫怀任。令一切众生，见无男夫怀任。使世间人等，见即道：天尊有威力。即遣众生，信心清净，回向善缘。末艳怀后产一男，名为移鼠。父是向凉风，有无知众生即道：若向风怀任生产，但有世间下。

圣上放敕一纸，去处一切众生甘伏。据此天尊在于天上，普署天地，当产移鼠迷师诃，所在世间，居见明果，在于天地。辛星居知在于天上，星大如车轮，明净所，天尊处，一尔前后，生于拂林园乌梨师敛城中。当生弥师诃五时，经一年后，语话说法，向众生作好。年过十二，求于净处，名述难字，即向若昏人汤谷，初时是弥师诃弟，伏圣在于硤中居住，生生已来，不吃酒肉，唯食生菜及蜜，蜜于地上。当时有众生不少向谷昏浑礼拜，及复受戒。当即谷昏遣弥师诃，入多难中洗。弥师诃入汤了后出水，即有凉风从天求③，颜容似薄阁，坐向弥师诃上，虚空中问道：弥师

---

① 大正藏本误为唤。
② 即"肉"。
③ 高楠文书原文为"求"，从文意似为"来"方通。

第二章 西来圣书：唐代敦煌景教文献的真伪问题 / 45

诃是我儿，世间所有众生，皆取弥师诃进正①，所是处分皆作好。弥师诃即似众生，天道为是天尊处分。处分世间下众生，休事属神。即有众当闻此语，休事㵽神，休作恶，遂信好业。弥师诃年十二，及只年卅二已上，求所有恶业众生，遣回向好业善道。弥师诃及有弟子十二人，遂受苦回飞者作生，瞎人得眼，形容异色者迟差，病者医疗，得损被鬼者趂②鬼，跛脚特差。所有病者求向弥师诃边，把著迦沙，并惣得差。所有作恶人，不过向善道者，不信天尊教者，及不洁净贪利之人，今世并不放却嗜酒受肉，及事㵽神文人留在著③遂诬或趂睹，遂欲煞却；为此大有众生，即信此教，为此不能煞弥师诃。于后恶业结用④扇趂睹，信心清净人即自平章，乃欲杀却弥师诃。无方可计，即向大王边，恶说恶业人平恶事。弥师诃作好，更加精进，教众生。年过卅二，其习恶人等，即向大王毗罗都思边言，告毗罗都思前即道：弥师诃合当死罪。大王即追，恶因缘共证弥师诃，向大王毗罗都思边：弥师诃计当死罪。大王即欲处分，其人当死罪，我实不闻不见，其人不合当死，此事从恶缘人自处断。大王云：我不能杀此。恶缘即云：其人不当，死我男女。大王毗罗都思，索水洗手，对恶缘等前：我实不能杀其人。恶缘人等，更重咨请，非不杀不得。弥师诃将身施与恶，为一切众生，遣世间人等，知其人命如转烛，为今世众生布施，代命受死。弥师诃将自身与，遂即受死。恶业人乃将弥师诃别处，向沐上枋枋处，名为讫句。即木上缚著，更将两箇刦⑤道人，其人比在右边。其日将弥师诃木上缚著五时，是六日斋平明缚著，及到日西，四方暗黑，地战山崩，世间所有墓门并开，所有死人并悉得活。其人见如此，亦为不信经教？死活并为弥师诃，其人大有信心人，即云……

---

① 他本皆误为"止"。
② 即"趁"。
③ 翁绍军注释本误为"都"。
④ 从文意看似为"朋"。
⑤ 即"劫"。

第三章　信仰实践：元代维吾尔族航海家亦黑迷失的"看经"

元代是我国佛教寺院发展承上启下的重要时期，元世祖至元二十八年（1291年），"宣政院上天下寺宇四万二千三百一十八区，僧、尼二十一万三千一百四十八人"①。元顺帝元统三年（1335年），鉴于"近年以来各寺里将那清规体例，增减不一"，敕令江西龙兴路百丈山大智寿圣禅寺住持德辉重编唐代《百丈清规》，并命大龙翔集庆寺笑隐大欣（1284—1344年）"为头"，"拣选有本事的和尚"详加修订，元顺帝至元二年（1336年）书成，颁行天下。②现今遗留的元代佛教寺院全国性统计资料甚少，元延三年（1316年）维吾尔族航海家亦黑迷失所立《一百大寺看经记碑》，记录了元代中叶全国一百多座重要的汉地佛教寺院的名称，对于了解元代佛教寺院的整体情况，有重要的史料意义，本章即通过《一百大寺看经记碑》来探讨元代汉地佛教寺院整体情况。

第一节　《一百大寺看经记碑》的发现及现代录文情况

《一百大寺看经记碑》是元代佛教寺院的重要史料，近代

---

① ［明］宋濂等撰：《元史》第2册，中华书局1976年版，第354页。
② 参见《大正藏》第48卷，第1110—1111页上。

首先由陈棨仁（1837—1903年）发现并录文，收录在其所著《闽中金石略》卷十一，该书由中华书局1935年整理出版；1945年原碑由吴文良先生再度发现，"碑高3.5米，广1.15米。页岩琢成。碑字镌于一方明嘉靖年间重修县学碑记的碑阴，它原是一方元代的石碑，明时被改琢为重修晋江县学碑，元刻碑记，尚完好可读，只是碑的四周都被琢短，缩小了许多，因而碑右的第一行字及碑底的一些字，都被琢削，陷入石趺中，无法看到。此碑是1935年（应为1945年——引者注）在晋江县学内发现的。抗战期间，这一方由元碑改成的明碑，被琢成三段，多成碎片，不能成材，因弃置不用。后在此地倾倒垃圾，碑遂被埋没于垃圾堆下"①。1950年该处改建，设立医院，建院舍时该碑被重新发现，但只找到该碑的两段。1954年庄为玑先生到泉州考察，"吴先生就约我去拓片，由于风大拓纸未能固定，故未拓成，只留两段的影子……吴先生约我抄原文，因第三段碑文缺而难获全豹"②。该两段拓片发表于吴文良先生1957年出版的《泉州宗教石刻》③，录文发表于庄为玑1989年出版的《古刺桐港》。④

除泉州外，《一百大寺看经记碑》在福建莆田亦有发现，"20世纪50年代，福建师范学院历史系教授朱维乾，在北京《考古通讯》发表文章，说莆田黄石镇重兴寺有《一百大寺看经记碑》。（弘礼：《吴文良编：泉州宗教石刻》，载《考古通讯》第10期，第74页，科学出版社1958年版。）1972年，笔者（吴幼雄）在莆田第八中学（校址黄石镇）涂厚基老先生的带领下，探访了重兴寺，发现寺早已改为小学。惟见许多寺的重修石

---

① 吴文良：《泉州宗教石刻》，科学出版社1957年版，第61—62页。吴文良之子吴幼雄指出该处"把重新发现该碑的1945年，误作1935年。"（吴幼雄：《古代泉州佛教五方石刻》，《面向新世纪初的福建佛教》，宗教文化出版社2003年版，第35页）

② 庄为玑：《古刺桐港》，厦门大学出版社1989年版，第256—257页。

③ 《泉州宗教石刻》，图页第59页。

④ 《古刺桐港》，第258—261页。

碑，被平放作为学生餐桌，或放置洗脸盆处，惟没有见到看经碑。询之老者，说是1958年大修水利，被凿毁作石料使用"①。

现存《一百大寺看经记碑》的录文主要有两个系统，一是陈棨仁系统，该系统的录文流传较广，不少金石录皆依据于此，尤其是郑振满、丁荷生汇撰的《福建宗教碑铭汇编（泉州府分册）》对该碑文的文字校勘、现代标点质量为高②，但亦稍有疏失；二是吴文良系统，吴文良先生在"文化大革命"中被迫害致死，生前未见其公开出版录文，庄为玑先生晚年定稿的《古刺桐港》是首次公开出版吴文良先生所发现碑文的录文，惜有不少错误。陈棨仁系统、吴文良系统主体内容一致，因《一百大寺看经记碑》已残，两系统都有少量文字为对方未录者，故两者有对勘价值。现今吴文良先生哲嗣吴幼雄先生增订的《泉州宗教石刻》综合两系统录文，进行了重新录文校对，堪称足本，③本章即依据该录文，必要时再参以他本。

第二节　亦黑迷失其人

《一百大寺看经记碑》是亦黑迷失所立。亦黑迷失是元代杰出的维吾尔族航海家，《元史》有传，"亦黑迷失，畏兀儿人也。至元二年，入备宿卫"④。从至元九年（1272年）开始二十余年间，亦黑迷失多次远航印度洋：（1）至元九年（1272年）至十一年（1274年），出使海外八罗孛国（今印度西南海岸），"偕其国人以珍宝奉表来朝"。（2）至元十二年（1275年），再使海外八罗孛国，"与其国师以名药来献"。（3）至元二十一年（1284年），出

---

① 《面向新世纪初的福建佛教》，第35页。
② ［中］郑振满、［荷］丁荷生汇撰：《福建宗教碑铭汇编（泉州府分册）》，福建人民出版社2003年版，第47—49页。
③ 吴文良原著，吴幼雄增订：《泉州宗教石刻（增订本）》，科学出版社2005年版，第593—595页。
④ 《元史》第11册，第3198页。

使海外僧迦刺国（今斯里兰卡），"观佛钵舍利"，回程时参与"征占城"，战失利，"竟全军而归"。（4）至元二十四年（1287年），"使马八儿国，取佛钵舍利，浮海阻风，行一年乃至。""又以私钱购紫檀木殿材并献之。"（5）至元二十九年（1292年），征爪哇，诏"海道事付亦黑迷失"，次年爪哇主婿土罕必阇既降，归国复叛，征战爪哇的军事行动失利，亦黑迷失受到元世祖追责，"没家赀三之一。寻复还之。以荣禄大夫、平章政事为集贤院使，兼会同馆事，告老家居。仁宗念其屡使绝域，诏封吴国公"①。

亦黑迷失多次远航的目的主要有两点：一是经济目的，促进远洋贸易，为元廷购买奢侈品；二是政治军事目的。在元代"海外诸番国，惟马八儿与俱蓝足以纲领诸国……自泉州至其国约十万里"，"凡回回国金珠宝贝尽出本国，其余回回尽来商贾"。② 马八儿是"Maabar 之对音，阿拉伯语'渡头'之意，其地望在今印度半岛南部沿海地区"；亦黑迷失出使的八罗孛国亦为"故南印度之大国，其地理位置，在今印度西海岸马拉巴尔地区"③。

"爪哇在海外，视占城益远。自泉南登舟海行者，先至占城而后至其国。"④ 亦黑迷失先后参与过元廷对占城和爪哇的征战。尤其以亦黑迷失最后一次出海的军事活动规模最大，《元史》史弼传、高兴传、爪哇传等都有比较详细的记载。"世祖抚有四夷，其出师海外诸番者，惟爪哇之役为大。"⑤ 至元二十九年（1292 年），史弼为主帅，"以亦黑迷失、高兴副之"⑥，"亦黑迷失将水军，兴将步军"⑦。史弼统率统兵五千，并与福建、江西、

---

① 《元史》第 11 册，第 3199—3200 页。
② 《元史》第 15 册，第 4669、4670 页。
③ 参见王校闓《〈元史·亦黑迷失传〉三国笺证》，《学术论坛》1986 年第 3 期，第 58、57 页。
④ 《元史》第 15 册，第 4664 页。
⑤ 同上。
⑥ 《元史》第 13 册，第 3801—3802 页。
⑦ 《元史》第 13 册，第 3805—3806 页。

湖广三省军会于泉州，凡二万人，于当年十二月从泉州后渚港出发。① 然征战不利，返回泉州时"士卒死者三千人"，史弼、亦黑迷失因错放土罕必阇归国被处分。"元贞元年（1295年），起同知枢密院事，月儿鲁奏：'弼等以五千人，渡海二十五万里，入近代未尝至之国，俘其王及谕降傍近小国，宜家矜怜。'遂诏以所籍还之，拜荣禄大夫、江西等处行中书省右丞。三年，升平章政事，加银青荣禄大夫，封鄂国公。"② 亦黑迷失与史弼皆因征爪哇失利获罪，元廷认为处罚过重，史弼于"三年"获封鄂国公，前引亦黑迷失获封吴国公，也应与此同时。但元成宗元贞年号中未有三年③，且亦黑迷失是在"元仁宗"时被封吴国公，元仁宗年号中，只有元延三年（1316年）符合条件，且这恰是亦黑迷失立《一百大寺看经记碑》的时间。

　　由此可以推断，亦黑迷失立《一百大寺看经记碑》其政治意义在于感谢元廷不计前嫌，对其加以肯定和封赏，因碑文开头和结束部分的内容残缺，无法完全还原碑文全貌，但从现存的文字，仍可以清晰地看出亦黑迷失立碑感谢皇恩的明显意图，"伏念亦黑迷失，自幼年钦奉世祖薛禅皇帝，宣唤历朝，委用至今。圣恩莫报，特发诚心，谨施净财，广宣梵典……世祖薛禅皇帝、完者都皇帝、曲律皇帝圣恩，端为祝延今上皇帝圣寿万安，皇太后、皇后齐年，太子千秋，诸王文武官僚同增禄位。风调雨顺，国泰民安"④。

　　1276年南宋首都临安陷落，亦黑迷失曾官至福建行省平章政

---

① 《元史》第15册，第4665页。
② 《元史》第13册，第3802—3803页。
③ 《元史》仓促成书，多有错漏，如赵翼《廿二史札记》"《元史》附传有得失"条："牀兀儿封句容郡王，《武宗纪》既以此事系于至大三年，《仁宗纪》延祐三年（1316年）又载此事。可见修史者不假彼此订正也。"[王树民校正：《廿二史札记校证（订补本）》下，中华书局2012年版，第662页。]
④ 《泉州宗教石刻（增订本）》，第593—594页。"元代帝后生前皆无徽称，臣下得直呼其名，盖国俗淳朴，无中国繁文也。"[《廿二史札记校证（订补本）》下，第675页]

第三章 信仰实践：元代维吾尔族航海家亦黑迷失的"看经" / 51

事，最后数次出海皆从泉州出发。征爪哇失利后，亦黑迷失晚年的情况我们所知甚少，幸 20 世纪末泉州南安丰州镇西华村董埔出土了南宋诗人盛世忠的孙女、亦黑迷失妻子盛柔善的墓志。《亦黑迷失夫人盛柔善墓志铭》，大德七年（1303 年）立，由其弟盛师度撰。盛柔善"年既笄而择对未谐。辛卯年间，有泉府司左丞亦黑迷失分司来泉，闻名而就聘，时年二十四，遂强与为婚。左丞公常语其家人曰：'夫人名族之女，知礼义，吾不可以众人待之。'是以家中无小大，皆称夫人，教子弟皆讲母礼。然夫人不以为喜，每自谓：'齐大非吾偶也。'甲午年夏，产后得风疾，至辛丑秋，病愈剧。易箦际，区处后事了了然，泣谓母曰：'人谁不死，死得其所为幸。今吾得死于父母之邦，幸矣。惜乎父母年尊，二女卑幼，为可恨耳。'先姊生于宋戊辰年十二月十三日子时，卒于大元辛丑七月十三日戌时，享年三十四岁"①。

盛柔善生于 1268（戊辰）年，卒于 1301（辛丑）年。墓志中提到 1291 年"辛丑年间，泉府司左丞亦黑迷失分司来泉"，强与盛柔善为婚；此事即发生在 1292 年亦黑迷失奉旨从泉州出征爪哇之前。亦黑迷失尊盛柔善为"夫人"，让他已有子弟遵从"母礼"，享受正妻待遇；但盛柔善对这段婚姻颇不满意。盛柔善与亦黑迷失婚后，即遭爪哇之役失利，亦黑迷失受责；且元廷对于这类婚姻，亦不鼓励，如大德七年（1303 年）十月"癸巳，御史台臣及诸道奉使言：'行省官久任，与所隶编氓联姻，害政。'诏互迁之"②。

盛柔善婚姻并不幸福，最终病逝于娘家，并葬于娘家坟地。盛柔善死前曾感叹"今吾得死于父母之邦，幸矣"，不知是指她曾随夫出海而安全返航，还是指她能够回到汉族娘家。

---

① 碑文拓片及录文，见陈丽华《畏吾儿航海家亦黑迷失与清源盛氏的婚姻：兼释元代泉州盛氏家族三方墓志》，《福建文博》2012 年第 3 期。陈丽华认为，盛柔善所说"齐大"，应是家里人对亦黑迷失的称呼。

② 《元史》第 2 册，第 455 页。

亦黑迷失在元延三年（1316年）立《一百大寺看经记碑》时，盛柔善已在娘家去世多年，故碑文中仅提到"亦黑迷失室中夫人茶茶"①。

　　元代畏兀儿人，除极少数信仰伊斯兰教和基督教聂斯托利派（景教）外，绝大多数信奉佛教。从现有资料看，亦黑迷失在元延祐初年的佛教活动非常频繁。延祐元年（1314年）雪峰寺布施，《亦黑迷失雪峰寺题名》载："荣禄大夫、福建行中书省平章政事、集贤院使、领会同馆事吴国公亦黑迷失舍梯己宝钞斋擎。时延祐元年。住山椎隐悟逸题"；延祐二年（1315年）支持福建道建宁路建阳县后山报恩寺万寿堂刊刻《毗卢藏》，卷首记载："福建道建宁路建阳县后山报恩寺万寿堂嗣教陈觉琳恭为上皇帝祝延圣寿万安，文武官僚同资禄位，募众雕刊刊刻毗卢大藏经板流通诵读者，延祐二年月日谨题。都大劝缘荣禄大夫吴国公亦黑迷失。"② 后一处提到，延祐二年（1315年），亦黑迷失的头衔中即有"吴国公"，若非日后追记，则亦黑迷失受封时间似应在延祐二年（1315年）之前，前引《元史》亦黑迷失传，明确记载"仁宗念其屡使绝域，诏封吴国公"，元仁宗在位期间为1311年至1320年，即便亦黑迷失受封吴国公的时间略早于延祐二年（1315年）亦不过太早，延祐初年是其刚刚受封不久，故多做佛事谢恩，延祐三年（1316年）亦黑迷失立《一百大寺看经记碑》亦属其系列佛事活动之一。

第三节　"看转藏经"的含义

　　今人著作，常将《一百大寺看经记碑》理解为亦黑迷失在一年之内跑遍了全国一百多座佛教寺院看经，实为错误理解；而且也不具有可行性，因为按照《一百大寺看经记碑》的记述，

---

① 《泉州宗教石刻（增订本）》，第594页。
② 以上两条，参见《福建文博》2012年第3期。

第三章　信仰实践：元代维吾尔族航海家亦黑迷失的"看经" / 53

一月"看经"的寺院分别属于大都路、河南府路、杭州路；二月"看经"的则有汝州、宁夏、杭州、福州等地寺院，其他诸月莫不如此，除非分身有术，否则在当时的交通情况下，业已暮年的亦黑迷失绝不可能完成这一任务。

从《一百大寺看经记碑》可以明显看出，"看经"又称"看大藏经"，实即"看转藏经"。那么何为"看转藏经"呢？这与轮藏信仰、大藏经崇拜有密切关系，下详细论之。

在我国古代，佛教大藏经一般有藏经阁、壁藏、轮藏等收藏方式。轮藏的主体结构是一种中间轴可以转动的八角形佛经书架，北宋李诫编修的《营造法式》载有其具体样式和制作方法。轮藏在宋代已经盛行，并传至日本。

轮藏，据佛教内部传说，源于梁代傅大士，南宋沙门宗鉴《释门正统》卷三"塔庙志"："诸方梵刹立经藏殿者，初梁朝善慧大士傅翕悯诸世人，虽于佛道颇知信向，然于赎命法宝，或有男女生来不识字者，或识字而为他缘逼迫不暇披阅者。大士为是之故特设方便，创成转轮之藏，令信心者推之一匝，则与看读同功。故其自誓曰：有登吾藏门者，生生不失人身。又能旋转不计数者，是人所获功德即与诵经无异。今称龙宫海藏者，乃约龙树入海而言。又称天宫宝藏者，乃附慈氏居处而说。"① 宋时流行的轮藏，又称"龙宫海藏"或"天宫宝藏"，轮内盛佛教经藏，转动一圈如诵读一遍，名义上是为不识字的信徒准备，同时更是寺院创收的一个手段，南宋庄绰《鸡肋编》卷中："平江府常熟县有僧文用，目不识字而有心术……作轮藏，殊极么麽。它寺每转三匝，率用钱三百六十，而此一转，亦可取金，才十之一。"②

---

① 《卍续藏经》第 75 册，第 298 页中—下。唐宋时期，此类轮藏，有的规模很大，如白居易《苏州南禅院千佛堂转轮藏石记》说："堂之中，上盖下藏。盖之间，轮九层，佛千龛，彩绘金碧以为饰。环盖悬镜六十有二。藏八面，面二门，丹漆铜错以为固。环藏敷坐六十有四。藏之内轮以轮，止以柅。经函二百五十有六，经卷五千五十有八。"（《全唐文》卷六七六）

② 庄绰撰，萧鲁阳点校：《鸡肋编》，中华书局 1983 年版，第 68 页。

其他寺院转三圈轮藏收费360文，而僧文用这里信徒若只转一圈也可，只36文，因价廉而生意大好。宋代转藏实已大小不拘，亦黑迷失"敬就都城、西京、汴梁、真定、河南、汝州、荆州、顺德府、明州补陀山、朝里宁夏路、西凉府、甘州、两淮、江浙、福建诸路一百大寺，各施中统钞壹佰定，年收息钞，轮月看转三乘圣教一藏"①。亦黑迷失多次远航海外，家资颇丰，其在全国范围内，布施百座大寺每寺一百定钞，用其年息，分工各大寺院轮月"看转藏经"，做佛教功德。《一百大寺看经记碑》中提到的真定隆兴寺等寺轮藏至今仍存。元代可以同时在全国一百座大寺中看转藏经，亦可见当时大藏经信仰的繁盛。②

第四节 《一百大寺看经记碑》中的寺院地理分布

据《一百大寺看经记碑》提到的按月看经的大寺，按《元史》地理志记载的行政区划，重新排列如下：

一 中书省：36寺

1. 大都路：大圣安寺、竹林寺、承华普庆寺、□□集寺、北崇国寺、天昊天寺、太子寺、大悯忠寺、香山永安寺、大万安寺、宝塔寺、大庆寿寺、承天祐国寺、大崇国寺、大崇寿寺、双泉寺、延寿寺、智全寺、圆明寺、潭柘寺、大都护国仁王寺、大万寿寺、西仰山寺、亦怜真觉寺、大海云寺、下生寺、大报恩

---

① 《泉州宗教石刻（增订本）》，第594页。
② 汉传大藏经信仰研究，近期较为重要的研究成果是2011年和2013年举办的两届"汉文大藏经国际会议"（the First & Second International Conference on the Chinese Buddhist Canon），第一届"佛语东渐：汉文大藏经的形成与演变"（"Spreading Buddha's Words in China: The Formation and Transformation of the Chinese Buddhist Canon"），美国亚利桑那大学东亚研究系，2011年3月26—27日；第二届"刻本时代的汉文大藏经与东亚佛教"（"The Chinese Buddhist Canon in the Age of Printing: An East Asian Perspective"），美国西来大学，2013年3月18—20日。

寺、千佛寺、崇福寺、延洪寺、大都姚法师寺、毛法师寺。——共计32寺。

2. 真定路：隆兴寺、临济寺。——共计2寺。
3. 邢①州（顺德路）：开化寺。——共计1寺。
4. 西京路（大同路）：奉恩崇德寺。——共计1寺。

二　河南江北等处行中书省：4寺

1. 汴梁路②：相国寺。——共计1寺。
2. 河南府路：白马寺。——共计1寺。
3. 汝州（南阳府）：香山寺。——共计1寺。
4. 扬③州路：天宁寺。——共计1寺。

三　江浙等处行中书省：47寺。

1. 杭州路：仙林寺、明庆寺、灵隐寺、大圣安寺、净慈寺、径山万寿寺、上天竺寺、灵芝寺。——共计8寺。
2. 平江路：承天寺。——共计1寺。
3. 镇江路：金山寺、大仰善寺、吉祥法王寺、大弘法寺、焦山寺。——共计5寺。
4. 明州（庆元路）：补陀山寺。——共计1寺。
5. 福州路：开元寺、东禅寺、鼓山寺、西禅寺、大报恩寺、西峰寺。——共计6寺。
6. 建宁路：后山万寿寺。——共计1寺。
7. 泉州路：承天寺、崇福寺、光孝寺、北藏寺、大开元寺、水陆寺、法石寺、延福寺、积善寺、西禅寺、香积寺、招福寺、

---

① 《泉州宗教石刻（增订本）》作"刑"，据《泉州宗教碑刻》本及《古桐刺港》本改为"邢"。
② 《泉州宗教石刻（增订本）》作"径"，据《泉州宗教碑刻》本及《古桐刺港》本改为"路"。
③ 《泉州宗教石刻（增订本）》作"杨"，据《泉州宗教碑刻》本改为"扬"，《古桐刺港》误为"福"。

开元寺、封崇寺、白沙妙应庵、明心寺。——共计 16 寺。

8. 兴化路：大广化寺、大华岩寺、九华寺、光孝寺、囊山寺、能仁寺、水陆寺、昭福寺、长兴寺。——共计 9 寺。

四　甘肃等处行中书省：12 寺

1. 宁夏府路：汉宗仁王寺、汉家寺、汉众大觉寺、番众承天寺、番众□□寺。——共计 5 寺。
2. 甘州路：番众冈家寺、汉众如来寺、番众设的众寺。——共计 3 寺。
3. 西凉府：畏委普照寺、番众西河大道院。——共计 2 寺。
4. 河西：毛法师寺、双加失里院使寺。——共计 2 寺。

以上近百座大寺，列比例图如下：

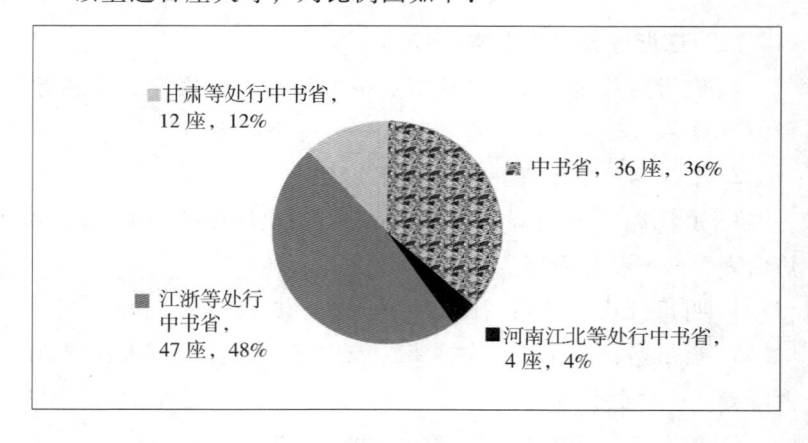

元代诸行省佛教大寺分布

如依现今习惯的地理分布，将中国地域分为华北地区、江南地区、岭南地区、西北地区，则可列图表如下：

若按照比例来看，（1）华北地区和华南地区（福建）佛教大型寺院比例极高，这与元朝都城设在北京，以及亦黑迷失在福建泉州居住有一定关系，但仍不可否认，在元代华北地区和东南沿海地区，由于政治中心、经济中心的区域优势，寺院佛教十分繁荣。两广地区，未有一座佛寺入选，说明其经济实力还不及元代

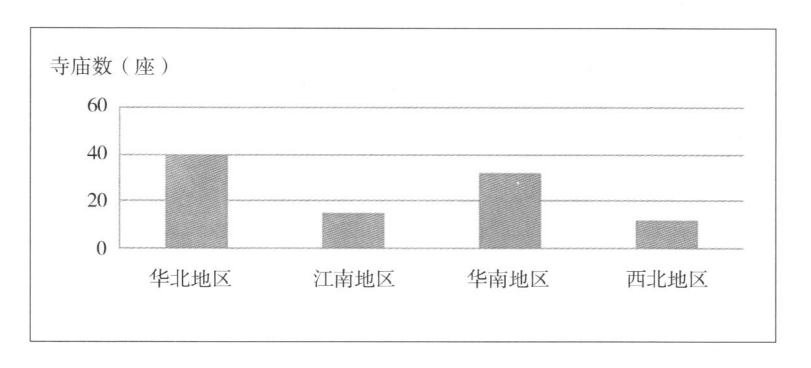

第三章　信仰实践：元代维吾尔族航海家亦黑迷失的"看经" / 57

元代百座佛教大寺地理分布

海外贸易中心福建，亦可见宋元时期福建佛教在全国的重要地位。（2）江南地区也是元代佛教的一个重镇。（3）此外值得注意的是，西北地区佛教大寺数量亦不算少，这从一个侧面也反映出当时伊斯兰教尚未在西北地区取得优势地位，佛教在西北地区仍有很大势力，当然入选的西北地区佛教大寺较多，也与亦黑迷失的维吾尔身份有一定关系。（4）东北地区无一处佛教寺院入选，当时东北尚未被汉族大规模开发。（5）西南地区也没有一座佛教大寺入选，特别值得关注的是四川地区竟然也未有一处寺院入选，这也旁证了宋元易鼎，四川社会经济遭到毁灭性打击，四川佛教亦随之衰落，四川汉地佛教对西南各省的辐射作用，亦难以显现。

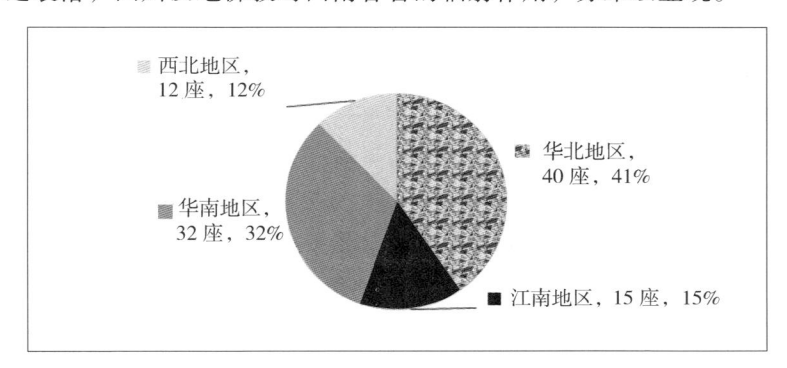

元代佛教大寺地理分布比例

第四章　交流互鉴：晚明的"东土西儒"

17世纪初，在因"国本之争"使万历皇帝反感佛教的背景下，受到天主教思想影响的部分儒家士大夫在打击佛教、扭转社会风气方面取得了阶段性胜利。李贽、紫柏真可之死，使明末排佛达到一个高潮。利玛窦等天主教早期来华传教士的身份从"天竺国僧"转变为"泰西儒士"，并非仅仅是因为李贽、紫柏真可之死，而是佛教受到打击后一种策略性的适应。除了天主教与佛教在基本思想上的冲突外，当时的部分儒家士大夫因为政治上、思想上对佛教徒的排斥，借助新近来华的天主教思想资源，实现自己的儒家原教旨主义理想或托古改制的目的，也对利玛窦等人在华传教选择"易佛补儒"的战略起到了重要的推波助澜的作用。

旅居意大利的中国天主教研究专家宋黎明先生在《神父的新装：利玛窦在中国（1582—1610）》中指出："利玛窦开始贬佛褒儒是在1603年'妖书案'前后"，而在此之前，利玛窦对外的身份一直是佛教的居士和道教的术士。[①] 宋黎明先生认为，1600年的世纪之交，佛教在明朝的都城北京还一派欣欣向荣，1599年成立的袁陶净社聚集了大批重要文人，1601年紫柏真可（达观）入京，更是将京城士人对佛教的热忱推向高潮。但1602年春，给事中张问达上疏弹劾李贽，病卧通州的李贽被捕入京，

---

① 宋黎明：《神父的新装：利玛窦在中国（1582—1610）》，南京大学出版社2011年版，第145页。

不久在狱中自杀。张问达等人对李贽的弹劾，实际上旨在打击京中信佛成风的士大夫，万历皇帝遂下旨："览卿等奏，深于世教有裨。仙佛原是异术，宜在山林独修。有好尚者，任解官自便去。勿以儒术并进，以惑人心。"为此冯琦下令今后科举考试除非作为批评对象，否则不得涉及佛老。黄慎轩辞官回乡，袁陶净社解散。利玛窦认为京城至此变为一个新的世界，进入新的世纪，信佛者都垂头丧气。沈德符在《万历野获编·黄慎轩之逐》中认为，此事是当时的首辅沈一贯指使，张问达和康丕扬等人充当打手，而冯琦则是自发行动。1603年，京城又爆发"妖书案"，有人到处张贴《续忧危竑议》宣称万历皇帝将另立太子。在追查"妖书案"时，与后宫联系颇多的佛教僧侣成为追查的重点之一，紫柏真可的一封私信被发现，里面抱怨皇帝没有满足皇太后建佛寺的要求，并认为这是不孝，万历大怒，紫柏真可入狱，后被拷打致死。对此，原本对佛教抱有亲善态度的利玛窦立刻与佛教拉开了距离，反佛也成为利玛窦此后不久出版《天主实义》的重要主题。利玛窦与沈一贯有交往，并得到过沈一贯的帮助；1600年迫害李贽（将李贽赶出湖广，并指使人烧毁李贽创立的龙湖芝佛院、逮捕其追随者、毁坏李贽为自己准备的墓塔）的冯应京对天主教抱有特别的好感，只是因为不符合一夫一妻的要求，最终没能受洗。①

在宋黎明先生看来，1602年李贽在狱中自杀、1603年紫柏真可在狱中被拷打致死，是万历朝打击佛教的重要信号，甚至影响到天主教来华传教的既有策略，利玛窦改变了对佛教的友好态度，转而辟佛褒儒。而复旦大学吴震教授也特别看重李贽之死，认为李贽之死"意味着王门讲学运动的受挫，同时也意味着作为一场思想运动的阳明心学思潮开始逐渐走向萎缩"②。吴震教

---

① 参见《神父的新装：利玛窦在中国（1582—1610）》，第169—174页。
② 吴震：《明代知识界讲学活动系年：1522—1602》，学林出版社2004年版，第436页。

授的《明代知识界讲学活动系年：1522—1602》也是以李贽之死作为全书的下限。

1602年李贽之死，1603年紫柏真可之死，是有组织有计划的排佛运动，还是党争、国本之争的副产品，或仅仅是偶然事件；李贽、紫柏真可两人之死，是否真的代表当时宗教势力或社会思潮的重大转折，我们应该怎样相对公允地对其进行评价，都是值得探讨的话题。

第一节 李贽之死及其相关问题考证

一 李贽的遗言及其穆斯林身份问题

李贽被逐出湖北麻城后，住北京通州马经纶御史家。次年即万历三十年（1602年），李贽自感老病，写下《李卓吾先生遗言》（见《续焚书》卷四），其时为二月初五，一个多月后他便被捕入狱，不久在狱中自杀，即三月十五借侍者剃发之机自刎，次日子时气绝。据南京刻书家陈邦泰在《李卓吾先生遗言》后附录："闻之陶子（陶石篑）曰：'卓老（李贽）三月遇难，竟殁于镇抚司。疏上，旨未下，当事者掘坑藏之，深长阔狭及芦席缠盖等果如其言。此则豫为之计矣，谁谓卓老非先见耶！'敬录之，以见其志。"[①] 李贽最后葬式是按其遗言所嘱进行的。有人认为"当事者"是马经纶，[②] 实则"当事者"应取当权者之意，非是马经纶。因为朝廷尚未有对李贽的明文处理意见，李贽便死于狱中，于是"当事者掘坑藏之"即当权者草草掩埋。但草草掩埋的方式，竟然与李贽遗言暗合，故引发陶石篑、陈邦泰等人对李贽未卜先知、先见之明的赞叹。若"当事者"指马经纶，马经纶一则不会将李贽的丧事草草了事，

[①] 张建业主编：《李贽全集注》第3册，社会科学文献出版社2010年版，第315页。

[②] 同上书，第317页，注解20。

第四章　交流互鉴：晚明的"东土西儒"　/　61

二则马经纶按照李贽遗言行事，也不会引发陶石篑等人对李贽"先见"的赞叹。

李贽遗言中对丧葬的交代，带有浓郁的回族丧葬习俗特点，马寿千先生等许多回族学者都对此进行过研究。李贽要求：第一，速葬；第二，作坑之法完全是按回族丧葬习俗的要求；第三，实行土葬，不用棺椁；第四，关于亡者之殓："面上加一掩面"，"以白布巾单总盖上下，用裹脚布艹字交缠其上"；第五，"以身归土，因其清净也"。另外，李贽的墓原来在北京通州北门外马厂村的迎福寺旁边，1954年迁址，据当时参见迁坟的群众说："原墓为土坟，墓穴不大，是拱形，用砖砌成。墓穴里的朽木与一般棺材朽木不同，是圆形的。从覆盖的方法看，似有伊斯兰教的影响。"①

李贽出自泉州，李光缙《景璧集》卷九，万历三十八年（1610年）《登瀛林氏祠堂记》："林之先，自睦斋公昉也。睦斋公生二子，长东湖公，次直斋公。东湖公之子通衢公，居郡之登瀛里，以林为姓；直斋公之子某公，改藉南安，始姓李。其后，东湖公一派，亦有从李姓者，世所称李卓吾先生（李贽）是也。"② 1955年，厦门大学历史系资料室从晋江凤池里家抄出《林李宗谱》，叶国庆先生依据这一资料，首先指出李贽先世为穆斯林。③《林李宗谱》指出："元氏失驭，而色目人据闽者，唯我泉州最炽……今虽入编户，然其间有真色目人者，有伪色目人者，有从妻为色目人者，有从母为色目人者。"李贽的祖先便是"从妻为色目人者"，"洪武丙辰九年（1376年），（李驽）奉命

---

① 马寿千：《〈李卓吾先生遗言〉中所反映的回族丧葬习俗》，《马寿千回族史志论集》，中央民族大学出版社2009年版，第368—369页。
② 郑振满，丁荷生编纂：《福建宗教碑铭汇编：泉州府分册》上，福建人民出版社2003年版，第162页。碑文作者是泉州名士李光缙，李光缙与登瀛林氏有甥舅关系，此前一年曾为泉州伊斯兰教清真寺撰写《重修清净寺碑》（万历三十七年），在此前后他还撰写有《重修清净寺募缘疏》《净寺纪序》。
③ 叶国庆：《李贽先世考》，《历史研究》1958年第2期。

发舶西洋。娶色目人,遂习其教,终身不革"。"(李驽)行年卅,遂从其教,受戒清净寺教门,号顺天之民。娶色目婢女,归于家,卒年四十六。"① 经叶国庆先生考证,李贽是祖父、父辈都有伊斯兰教信仰者,李贽的妻子黄氏也是穆斯林。

李贽早年在泉州有穆斯林身份,应该是可以确定的,甚至在其对后世安葬礼仪上,也有伊斯兰教的影响印记。然伊斯兰教反对自杀,无论是《古兰经》还是《圣训》都有禁止穆斯林自杀的明文规定。李贽以死明志,说明伊斯兰教虽然对李贽有一定的影响,但还是受儒家舍身取义的影响更大一些。另外,李贽在《书遗言后》说明其最终选择的葬地邻近佛寺,"其地最居高阜,前三十余丈为余家,后三十余丈为佛殿僧房……周围树以果木,种以蔬菜。蔬圃之外,尚有七八十亩,可召人佃种,以为僧徒衣食之用","死有所藏,安其身于地下;生有所养,司香火于无穷"②,可见,李贽最终还是选择佛教为其最后归宿。

二 李贽与麻城梅国桢、梅澹然父女

李贽之死,直接原因是他被诬陷勾引士人妻女、僧尼宣淫,即李贽与梅国桢之女梅澹然的交往。麻城梅氏是当地望族,梅国桢(1542—1605年)万历十一年(1583年)进士及第,万历二十年(1592年)宁夏哱拜叛乱,引发西北骚动,梅国桢力排众议,独荐李成梁父子领兵,并自请为监军,屡立奇功,经过五个多月的战斗最终大获全胜,万历二十六年(1598年)梅国桢升任兵部右侍郎兼都察院右佥都御史,总督宣府、大同、山西军务,兼理钱粮,官居三品。

梅国桢是李贽的密友,两人初次见面大约在万历十六年(1588年)春,此后梅国桢之女梅澹然也结识李贽,并在李贽的影响下落发出家,万历二十一年(1593年)李贽将他和梅澹然

---

① 《李贽全集注》第26册,第342、340页。
② 同上书,第296页。

等士人妻女的来往书信结集为《观音问》刻印出版，由此引发朝野大哗。万历二十八年（1600年）李贽《焚书》在南京刻成，梅澹然去世，同年李贽回到麻城。在地方官员冯应京的支持下，当地士人对李贽进行了打击迫害，李贽的居所龙湖寺及其为自己后世准备的坟塔①都被毁，李贽被迫逃离麻城，后居北京通州马经纶处。据顾炎武《日知录》卷十八《李贽》：

>《神宗实录》："万历三十年闰二月乙卯，礼科给事中张问达疏劾李贽：'壮岁为官，晚年削发，近又刻《藏书》、《焚书》、《卓吾大德》等书，流行海内，惑乱人心……尤可恨者，寄居麻城，肆行不简，与无良辈游庵院，挟妓女，白昼同浴，勾引士人妻女入庵讲法，至有携衾枕而宿者，一境如狂。又作《观音问》一书，所谓观音者，皆士人妻女也，后生小子喜其猖狂放肆，相率煽惑，至于明劫人财，强搂人妇，同于禽兽，而不之恤。迩来缙绅士大夫亦有诵咒念佛，奉僧膜拜。手持数珠，以为律戒；室悬妙像，以为皈依。不知遵孔子家法，而溺意于禅教沙门者，往往出矣。近闻贽且移至通州，通州距都下四十里，倘一入都门，招致蛊惑，又为麻城之续，望敕礼部，檄行通州地方官，将李贽解发原籍治罪，仍檄行两畿及各布政司，将贽刊行诸书，并搜简其家未刻者，尽行烧毁，无令贻祸后生，世道幸甚！'得旨：'李贽敢倡乱道，惑世诬民，便令厂卫，五城严拿治罪。其书籍已刻未刻，令所在官司尽搜烧毁，不许存留。如有徒党曲庇私藏，该科道及各有司访奏治罪。'已而贽逮至，惧罪不食死。"愚按，自古以来，小人之无忌惮而敢于叛圣人者，莫甚于李贽，然虽奉严旨，而其书之行于人间自若也

---

① 李贽将其称为"藏蜕地"，参见梅国桢《书卓吾和尚塔》，"止以塔屋，从佛教也。屋之上为寺，前塑佛像，甃以砖石，家瑩焉"（凌礼潮笺校：《梅国桢集》，湖北人民出版社2006年版，第100页）。

……而士大夫多喜其书，往往收藏，至今未灭。①

顾炎武所言，李贽之死源于其离经叛道、有伤风化，多为后世所承；然当时也有很多人提出，李贽不过是牺牲品，指控李贽有伤风化，目的是借此打击梅国桢。例如李贽好友马经纶指出："夫麻城之人，未尝不知此老之不能惑世，未尝不知此老之不能宣淫……然今日独恝然为此事者，其意不在此老，昭昭著矣。彼盖藉'宣淫'之名，以丑诋其一乡显贵之族，又藉逐僧毁寺之名，以实其宣淫之事。于是贿众狂吠，苦以为公论公恶焉耳。此其机械诚深，而其用心亦太劳矣。""且所谓麻城士女云者，盖指梅衡湘（梅国桢）守节之女言也……盖此事起于麻城士夫相倾，借僧尼宣淫名目，以丑诋衡湘家声，因以败坏衡湘之官，如斯而已。今麻城官京师者甚多，中间尽有是非不昧之人可质问也。"②

凌礼潮先生比较详细地考证过当时麻城梅氏家族与当地多个宗族及县衙的冲突③，其中还有直接涉及梅澹然的，如《万历野获编》卷二十三：

> 麻城人黄取吾（建衷），素负时名，早登公车，风流自命。时，同邑梅湘衡司马长女，嫠居有才色，结庵事佛，颇于宗门有悟入处，即李卓吾所称澹然师者是也。黄心欲挑之，苦无计，其爱妾亦姝丽能文，乃使诡称弟子，学禅于澹然，稍久亦喜其慧黠，甚眷念之，因乘间渐以邪说进，且述厥夫殷勤意。澹然佯诺，谋于司马，姑勿露机，反更厚遇之，因令入司马家晤语。初，亦伺司马他出，始一来；既而

---

① 顾炎武：《日知录集释》，上海古籍出版社1985年版，第1424—1426页。李贽是自刎而死，非绝食而死，顾炎武传闻不确。

② 袁中道：《李温陵外纪》，台北：伟文图书出版社1977年影印本，第268、272—273页。

③ 凌礼潮笺校：《梅国桢集》，前言第11—16页。

习熟。司马忽戒远游之装，澹然与订期，俾弟子先至，而黄续赋多露可也。其妾甫及门，则女奴数辈竟拥香车入司马曲房，自是局闭不复出，而澹然亦不复再过其旧庵矣。黄羞赧不敢言，为乡里所诮。初以雉媒往，不特如皋空返，且并媒失之。黄后登辛丑进士，从户部改兵部，近罹计典谪去，然其人材器可用也。黄字季主，己卯与张江陵公子状元懋修同乡举最厚，在公车二十三年始第。①

梅澹然寡居而有姿色，惹人觊觎，在麻城当地应颇出名。黄建衷用其爱妾接近梅澹然，"澹然佯诺，谋于司马"，父女二人竟然定计拘禁了黄建衷的爱妾，若《万历野获编》的记载确实，也反映出梅氏族人与当地士人的紧张关系。

麻城士人借污蔑李贽与梅澹然关系暧昧而攻击梅国桢一族，是非常有可能的，但此事能够惊动朝野，上奏皇帝，并非简单的麻城地方宗族势力纠葛可以解释。沈德潜认为李贽之死的幕后主使是万历二十九年（1601年）开始担任首辅的沈一贯。

三　沈一贯与李贽之死

沈德潜《万历野获编》卷二十七《两大教主》：

> 温陵李卓吾（李贽），聪明盖代，议论间有过奇，然快谈雄辨，益人意智不少。秣陵焦弱侯、泌水刘晋川，皆推尊为圣人。流寓麻城，与余友邱长孺一见莫逆，因共彼中士女谈道，刻有《观音问》等书，忌者遂以帏箔疑之。然此老狷性如铁，不足污也。独与黄陂耿楚侗（耿定向）深仇，至詈为奸逆，则似稍过。壬寅曾抵郊外极乐寺，寻通州马诚所（马经纶）侍御留寓于家。忽蜚语传京师，云卓吾著书丑诋四明相公（沈一贯）。四明恨甚，踪迹无所

---

① 沈德符：《万历野获编》，中华书局1997年版，第594—595页。

得，礼垣都谏张诚宇（张问达）遂特疏劾之，逮下法司，亦未必欲遽置之死。李愤极自裁。马悔恨，亦病卒……两年间丧二导师，宗风顿坠，可为怪叹！虽俱出四明相公力，然通人开士，只宜匿迹川岩，了彻性命，京都名利之场，岂隐流所可托足耶？郭泰、申屠蟠，所以不可及也。①

在沈德潜看来，李贽、紫柏真可"二大教主"之死，"俱出四明相公力"，两人冤狱都是沈一贯主谋。沈一贯作为首辅，无论是在其生前，还是后世，对其官声评价甚低。沈德潜认为李贽曾经著书诋毁过沈一贯，张问达为应和沈一贯，遂弹劾李贽致其下狱。李贽现有著作未见明显诋毁沈一贯的内容，李贽与沈一贯结怨恐系因其参与当时的结社讲学，而与李贽结社讲学的京官大都是佛教徒，沈一贯对他们的打击又涉及紫柏真可之死，我们下一节再对此进行探讨。

据《万历野获编》卷二十七《紫柏祸起》："己亥、庚子间，楚中袁玉蟠太史同弟中郎（袁中道），与皖上吴本如、蜀中黄慎轩，最后则浙中陶石篑以起家继至，相与聚谈禅学，旬月必有会，高明士夫翕然从之。时沈四明（沈一贯）柄政，闻而憎之。其憎黄尤切。"② 与沈一贯结怨的京师信佛官员组织的结社讲学大约是万历己亥、庚子即万历二十七年（1599年）、二十八年（1600年）兴起，讲会直接参与者陶石篑在《与周海门先生》第五书中论及：京师"旧有讲会，赵太常、黄宫庶（黄慎轩）、左御史主之，王大行继至，颇称济济。而旁观者指目为异学，深见忌嫉。然不虞其祸乃发于卓老（李贽）也，七十六衰病之身，重罹逮系，烦冤自决，何痛如之！"③

---

① 沈德符：《万历野获编》，中华书局1997年版，第691页。
② 《万历野获编》，第690—691页。
③ 陶望陵（陶石篑）：《歇庵集》卷十五，台北：伟文图书出版社1976年影印本，第2167页。

而沈一贯等人向李贽等人发难，在时人看来也是借此攻击黄慎轩、陶石篑等一批信佛的京官，陶石篑在1601年所作《辛丑入都寄君奭弟十五首》三："卓吾先生（李贽）虽非真悟正见，而气雄行洁，生平学道之志甚坚，但多口好奇，遂构此祸。当事者处之太重，似非专为一人。卓吾之不宜居通州，犹吾辈之不宜居官也。"① 陶石篑认为李贽被处分得如此之重，"似非专为一人"，沈德潜在《万历野获编》卷十《黄慎轩之逐》也有类似的看法："黄慎轩（晖）以宫僚在京时，素心好道，与陶石篑辈，结净社佛，一时高明士人多趋之。而侧目者亦渐众，尤为当途所深嫉。壬寅（1602年）之春，礼科都给事张诚宇（张问达）专疏劾李卓吾（李贽），其末段云：'近来缙绅士大夫，亦有捧咒念佛，奉僧膜拜，手持数珠，以为律戒；室悬妙像，以为皈依；不遵孔子家法，而溺意禅教者。'盖暗攻黄慎轩及陶石篑诸君也。"②

综合马经纶、陶石篑、沈德潜等明末世人的看法，李贽晚年下狱，原本因麻城士族之间的矛盾，借攻击李贽与梅澹然伤风败俗而打击梅国祯一族；后此事被京师首辅沈一贯等人利用，皆攻击李贽来打击朝堂上信仰佛教的政敌。

李贽下狱致死，其书被禁，确实对当时崇信佛教的社会气氛造成很大的影响，其直接后果之一，即科举考试不得引用佛老之言。顾炎武《日知录》卷十八载：

> 科场禁约。万历三十年（1602年）三月，礼部尚书冯琦上言："顷者皇上纳都给事中张问达之言，正李贽惑世诬民之罪，尽焚其所著书，其崇正辟邪，甚盛举也。臣窃惟国家以经术取士，自《五经》、《四书》、《二十一史》、《通鉴》、性理诸书而外，不列于学官，而经书传注又以宋儒所

---

① 《歇庵集》卷十六，第2353页。
② 《万历野获编》，第270—271页。

订者为准。此即古人罢黜百家,独尊孔氏之旨……臣请坊间一切新说曲议,令地方官杂烧之。生员有引用佛书一句者,廪生停廪一月,增附不许帮补,三句以上降黜。中式墨卷引用佛书一句者,勒停一科,不许会试,多者黜革。伏乞天语申饬,断在必行……"上曰:"祖宗维世立教,尊尚孔子。明经是非,荡弃行检,复安得节义忠孝之士为朝廷用?览卿等奏,深于世教有裨,可开列条款奏来。仙佛原是异术,宜在山林独修,有好尚者任其解官自便。"此稍为厘正,然而旧染既深,不能尽涤;又在位之人多以护借士子科名为阴德,亦不甚摘发也。至于未年,诡僻弥甚。①

李贽下狱,其书被禁,科场严禁用佛老之言,确实使晚明士大夫中崇尚佛教的风气有所收敛;李贽自杀次年,"妖书案"爆发,紫柏真可死于狱中,使得京师排佛之风更甚。

第二节 "妖书案"与京师社会风气的变迁

一 "楚王案""妖书案"与紫柏真可之死

1601 年,即李贽在狱中自杀的前一年,旷日持久的国本之争终于告一段落,一直希望册立郑贵妃之子福王的万历皇帝,最终迫于无奈将皇长子册封为太子。但时隔不久,1603 年爆发了震惊朝野的"妖书案"。刘若愚《酌中志》卷二载:

> 万历三十一年十一月十二日,提督东厂太监臣陈矩奏称:办事蒋臣等访得《国本攸关》刊书一本封进御览,《国本攸关(续忧危竑议)》:
> ……夫东宫有东宫之官,一官不备何以称乎?皇上迫于沈相公(沈一贯)之请,不得已立之,而从官不备,正所

---

① 《日知录集释》,第 1058—1060 页。

第四章　交流互鉴：晚明的"东土西儒"　/　69

以寓他日改易之意也。曰：改立谁其当之？曰：福王矣。大率母爱者子贵。郑贵妃之专擅，回天转日何难哉？曰：何以知之？曰：以用朱相公（朱赓）知之。夫在朝在野固不乏人，而必相朱者。盖朱名赓，赓者更也，所以寓他日更易之意也……文则有王公世扬、孙公玮、李公汶、张公养志，武则有王公之桢、陈公汝忠、王公名世、王公承恩、郑公国贤，而又有郑贵妃主之于内，此之谓十乱，鲁论所谓有妇人焉，九人而已。正合文王舍伯邑考，而立武王之意也……或曰：蛟门公（沈一贯）独无言乎？曰：蛟门为人险贼，常用人而不用于人，故有福己自承之，祸则规避而不染……盖沈相公欲右郑而左王，故核实之时令，亲家史起钦抑其功而不录，亦王之桢有以默授之也。曰：然则子何以处此？曰：天之所兴，不可废也；天之所废，不可兴也。余止听天耳！安能反天乎？或人唯唯而退。万历三十一年，吏科都给事中项应祥撰，四川道御史乔应甲书。①

《国本攸关》在街头巷尾，流传甚广，宣称万历皇帝不久将废东宫，另立郑贵妃之子福王为太子，并谓沈一贯、朱赓等首辅大臣也将支持万历皇帝此举。万历皇帝震怒，要求彻查"妖书案"，一时搜捕多人，但莫衷一是，有谓是清流所作，以此攻击沈一贯；也有谓是奸人所为，以此陷害清流领袖郭正域。首辅沈一贯等人，则借妖书案打击郭正域，并兼及沈一贯在阁中的政敌沈鲤。在此过程中，多人被捕入狱，紫柏真可也被康丕扬逮捕，旋即拷打致死。

　　锦衣卫都督王之祯等四人以妖书有名，指其同官周嘉庆为之。东厂又捕获妖人皦生光。巡城御史康丕扬为生光讼冤，言妖书、楚事同一根柢，请少缓其狱，贼兄弟可授首阙下。

① 刘若愚：《酌中志》，北京古籍出版社1994年版，第9—10页。

意指正域（郭正域）及其兄国子监丞正位（郭正位）。帝怒，以为庇反贼，除其名。一贯力救始免。丕扬乃先后捕僧人达观（紫柏真可）、医者沈令誉等，而同知胡化则告妖书出教官阮明卿手。未几，厂卫又捕可疑者一人曰毛尚文。数日间锒铛旁午，都城人人自危。嘉庆等皆下诏狱。嘉庆旋以治无验，令革任回籍。令誉故尝往来正域家，达观亦时时游贵人门，尝为正域所榜逐，尚文则正域仆也。一贯、丕扬等欲自数人口引正域，而化所讦阮明卿，则钱梦皋婿。梦皋大恚，上疏显攻正域，言："妖书刊播，不先不后，适在楚王疏入之时。盖正域乃沈鲤门徒，而沈令誉者，正域食客，胡化又其同乡同年，群奸结为死党。乞穷治根本，定正域乱楚首恶之罪，勒鲤闲住。"帝令正域还籍听勘，急严讯诸所捕者。达观拷死，令誉亦几死，皆不承。法司迫化引正域及归德。归德，鲤所居县也。化大呼曰："明卿，我仇也，故讦之。正域举进士二十年不通问，何由同作妖书？我亦不知谁为归德者。"帝知化枉，释之。①

又沈德潜《万历野获编》卷二十七《两大教主》：

次年癸卯（1603年）妖书事起，连及郭江夏（郭正域）。并郭所厚者数君，御史康骧汉（康丕扬）因劾达观师（紫柏真可），捕下狱，有一蠢郎曹姓者，笞之三十，师不胜恚，发病殁。师已倦游。无意再游辇下，有高足名流方起废促之行，师遂欲大兴其教，慈圣太后素所钦重，亦有意令来创一大寺处之，不意伏机一发，祸不旋踵。②

紫柏真可为郭正域"所厚者"，紫柏真可及其信徒沈令誉被

---

① 《明史》第19册，中华书局2012年版，第5947页。
② 《万历野获编》，第691页。

抓,是因沈一贯等人为了将妖书案引向郭正域。给事中钱梦皋上疏力攻郭正域时提到楚王案。万历八年(1580年)楚王恭去世,遗腹子华奎立为楚王,二十余年后,万历三十一年(1603年)二月宗室华越上疏说华奎并非楚王恭之子,而是恭妃之兄王如的妾尤金梅所生,抱养在楚王宫中,不当立嗣。华越上疏后,沈一贯截留一个月,密通楚王,等楚王论华越四罪疏上后才上华越之疏。华越不服,于万历三十一年(1603年)二月入都诉通政司截留其疏及楚王行贿。"署礼部尚书郭正域仍然请求公开查勘。想把这一案件的影响减少到最低限度的首辅沈一贯,主张调查应该秘密进行。正巧郭以前是太子的主要讲官,他的同事们公认他是依照顺序继承帝位的主要维护者。他还公开声言反对派遣矿税中使。另一方面,沈一贯被认为是皇帝的一个工具。这个涉及楚王合法性的案件就这样无意中导致了朝廷上所谓好人与恶势力的冲突。"① 因为楚王案,郭正域辞职,正准备离开京师,"妖书案"爆发,沈一贯便想乘胜追击,借"妖书案"进一步将其政敌郭正域及沈鲤置于死地。紫柏真可因与郭正域交往密切,遂被无端牵连入"妖书案",让其交代"妖书案"为郭正域等人支使,紫柏真可不承认,最终被拷打致死。②

《万历野获编》卷二十七《紫柏祸本》:

> 紫柏老人气盖一世,能于机锋笼罩豪杰,于士大夫中最赏冯开之祭酒、于中甫比部。于即冯礼闱弟子也。紫柏既北游,适有吴江人沈令誉者,亦其高足也,以医游京师且久。

---

① 牟复礼、崔瑞德编:《剑桥中国明代史1368—1644年》上卷,张书生等译,中国社会科学出版社2006年版,第528页。
② "楚王案""妖书案",当事人从各自立场撰写了不少叙述两案的书籍,例如郭正域的《楚事妖书始末》一卷,朱赓的《楚中宗招拟》一卷、《勘楚始末》一卷、《妖书始末》一卷,蔡献臣的《勘楚纪事》一卷、《妖书纪事》一卷,沈裕的《妖书事迹》一卷,但都亡佚,现在仅存康丕扬《万历三十一年癸卯楚事妖书始末》,参见赵承中《〈万历三十一年癸卯楚事妖书始末〉作者考》,《寻根》2008年第4期。

值癸卯（1603年）秋，中甫以故官起家至京，时次揆沈归德（沈鲤）为于乡试座师，其时与首揆沈四明（沈一贯）正水火，而于于师门最厚。时，太仓王吏部伺伯，与于同门，日夕出入次揆之门，四明已侧目矣。会江夏郭宗伯（郭正域）以楚事劾首揆待命，郭与于同年中莫逆，于之召起。王、郭俱有力焉，因相与过从无间，首揆益不乐。沈令誉因王、于之交，亦得与郭宗伯往还，每众中大言以市重。适妖书事起，巡城御史康丕扬捕令誉，搜其寓，尽得紫柏、王、于二公手书，入呈御览，上始疑臣下与游客交结，并疑江夏矣。紫柏书中又云："慈圣太后欲建招提见处，而主上靳不与，安得云孝？"上始大怒，狱事遂不可解，然未尝有意杀之也。紫柏自以猩犴法酷，示寂于狱，槎归屡示灵异，比及荼毗，得坚固子无算，今遗塔在径山中峰，沈令誉者亦从轻典放归，足征圣主之无成心矣。①

紫柏真可当时名动天下，本不至于瘐毙，因其书信中有"慈圣太后欲建招提见处，而主上靳不与，安得云孝"语句，引得龙颜大怒，此事遂不可救。李太后支持立皇长子，佛教多与李太后关系密切，支持立长，实则已经引发万历皇帝不满，万历皇帝长期禁止佛教设坛传戒，其对佛教的憎恶已经非常明显。

佛道教涉入万历皇帝立储问题颇早，万历十年（1582年）憨山德清应李太后之命，在五台山举行为明神宗的祈嗣大会，当年恭妃王氏生下明神宗的长子，时人多以佛教之功；而此前崇信道教的万历皇帝已派太监到湖北武当山祈嗣，后郑贵妃生子，便认为是道教之力。憨山德清于万历十一年（1583年）前往山东牢山建海印寺，得到李太后的大力支持，但与当地道教交恶，官司不断。就在立储之争白热化的时候，憨山德清以

---

① 《万历野获编》，第690页。

"私创寺院"的罪名被发配岭南。① 紫柏真可平生三大负"憨不归，则我出世一大负；矿税不止，则我救世一大负；《传灯》未续，则我慧命一大负。"实则多与万历皇帝作对，引发万历皇帝的憎恨，绝非偶然。

相比沈一贯，万历皇帝对佛教的憎恶更明显，一方面万历皇帝信仰道教，更重要的是，与佛僧徒交往密切的李太后和京师信佛官员，大都支持立长。因此万历皇帝多年禁止佛教开坛传戒，并借查禁李贽著作的时机，强调科举不可掺杂佛教之言。如前所述，而沈一贯则主要借排佛为名，打击其信仰佛教、聚众讲学的政敌黄慎轩、陶石篑等人，《万历野获编》卷二十七《紫柏祸本》：

> 至辛丑（1603年）紫柏师入都，江左名公既久持瓶钵，一时中禁大榼趋之，如真赴灵山佛会。又游客辈附景希光，不免太邱道广之恨，非复袁陶（袁中道、陶石篑）净社景象，以故黄慎轩最心非之。初，四明（沈一贯）欲借紫柏以挤黄，既知其不合，意稍解。而黄亦觉物情渐异，又白简暗押之，引疾归。时玉蟠先亡，中郎亦去，石篑以典试出，其社遂散。未几，大狱陡兴，诸公窜逐，紫柏竟罹其祸，真定业难逃哉！②

李贽、紫柏真可之死，都与沈一贯有关，但多出于政争，而非沈一贯本人有排佛思想。沈一贯的家乡宁波是佛教昌隆之地，其父沈明臣是著名诗人，与许多寺庙僧侣有唱和；沈一贯本人跟

---

① 张雪松：《再述石印明万历刻本〈观世音感应灵课〉》，《中国典籍与文化》2009年第4期，第31页。在福王与皇长子争夺东宫白热化的时候，郑贵妃撰写刊刻《闺范图说》，其政敌王皇后刊刻《观世音菩萨感应灵课》，都是有其政治目的。参见辛德勇《述石印明万历刻本〈观世音感应灵课〉》，《中国典籍与文化》2004年第3期。

② 《万历野获编》，第691页。

许多佛教僧侣都有交往,例如《明州阿育王山寺志》收录沈一贯诗三首,《与无漏住持清话》:"智夫不省余,愚人余不省。独有僧无漏,相谈移日影。嫌渠媿人多,谓渠肩佛猛。舍利在空中,塔是空中影。"《送秘藏法师习静紫阜二绝》:"旨悟生公说法来,鄮峰高处讲堂开,谈到新伊无字句,又携瓢笠入天台。""顿辞阛阓访名山,卓锡千峰翠霭间,数息观成初入定,碧烟名月满禅关。"① 阿育王寺因有佛陀舍利,是明清时代非常有影响力的佛教寺庙,僧人无漏、秘藏在晚明先后担任宁波阿育王寺住持。沈一贯本人与佛教界私人关系尚好,其力主排佛,间接导致李贽、紫柏真可之死,主要是出于打击政敌的需要。

二 天主教在京师形成排佛风气中的作用与影响

在李贽、紫柏真可之死的问题上,虽然首辅沈一贯等人主要是出于政治考量,而非由宗教信仰的好恶所左右,但不可否认,当时许多天主教徒或与天主教有密切关系人的参与其中,由于当时天主教初传中国,信徒比例很低,许多天主教徒参与此事,就值得我们注意,特别是天主教怎样应对京师排佛风气,尤其值得探讨。

李贽本人与天主教传教士利玛窦就有过直接的接触。万历二十七年(1599年)在南京李贽与利玛窦两次会面,万历二十八年(1600年)在山东济宁刘东星府第与利玛窦第三次会面,李贽对利玛窦印象很好,李贽在《与友人书》中称利玛窦"是一极标致人也。中极玲珑,外极朴实,数十人群聚喧杂,雠对各得,傍不得以其间斗之使乱。我所见人未有其比,非过亢则过谄,非露聪明则太闷闷聩聩者,皆让之矣。但不知到此何为,我已经三度相会,毕竟不知到此何干也。意其欲以所学易吾周、孔

---

① 郭子章:《明州阿育王山志》第二册(中国佛寺志12),台北:宗青图书出版公司1994年版,第545—546页。

第四章　交流互鉴：晚明的"东土西儒" / 75

之学，则又太愚，恐非是尔"①。李贽对利玛窦颇赞扬，但亦指出利玛窦城府颇深。前文已述，李贽本有穆斯林背景，故其理解一神教义相对容易；同时李贽也看到利玛窦"欲以所学易吾周、孔之学"的难度极大，认为想以天主教超儒、易儒颇为迂腐，并不可行。

李贽与利玛窦两者思想上的差异是比较大的，相比李贽对利玛窦的评价，利玛窦对李贽的评价更为负面，认为李贽是异教徒、偶像崇拜者。前文提到，将李贽赶出麻城的冯应京，弹劾李贽致其下狱的张问达，向皇帝上疏要求查禁李贽著作、科场严禁用佛老言的冯琦，都与天主教有密切的关系。冯应京（1555—1606年）与被后世称为天主教三大柱石之一的杨廷筠同为万历二十年（1592年）进士，冯应京阅读利玛窦的《交友论》颇受感动，于万历二十九年（1601年）重刻《交友论》，同年孟春为利玛窦《天主实义》作序②，力辟佛教之说，而证天主教义与儒教等同，"《天主实义》，大西国利子及其乡会友，与吾中国人问答之词也。天主何？上帝也。实云者，不空也。吾国六经四子，圣圣贤贤，曰'畏上帝'，曰'助上帝'，曰'事上帝'，曰'格上帝'，夫谁以为空？空之说，汉明自天竺得之"。"是书也，历引吾六经之语，以证其实，而深诋谭空之误，以西政西，以中化中"③。应该说冯应京从天主教中获得了新的思想资源与支持，认为天主教有利于打击佛教，恢复古圣敬天事天的儒教，即所谓"以西政西，以中化中"。冯应京认为佛教传入中国后，

---

① 《李贽全集注》第3册，第109页。
② 冯应京写序时，《天主实义》尚未出版，冯应京所见为利玛窦的手稿，冯应京想资助出版，但应该是利玛窦还没有得到上级的批准，所以婉拒了冯应京的请求。利玛窦在1602年9月2日给龙华民的中称冯应京修改了中文本《天主实义》的个别词语，利玛窦很满意冯应京的修改本。[参见《神父的新装：利玛窦在中国（1582—1610）》，第173—174页]
③ 《利玛窦中文著译集》，第97、98页。

"古倦极呼天，而今呼佛矣""古学者知天顺天，而今念佛作佛矣"①，表达了强烈的不满，冯应京对佛教的批判、对儒家原教旨的理解，是受到天主教思想影响的，"佛家西窃闭他卧剌（毕达哥拉斯）劝诱愚俗之言，而衍之为轮回，中窃老氏刍狗万物之说，而衍之为寂灭"②。冯应京是1601年春为《天主实义》作序，说明在李贽、紫柏真可死之前，利玛窦的《天主实义》手稿中就有反佛排佛的内容，而非妖书案爆发，紫柏真可死后京师风气大变，才在修订《天主实义》时加入反佛的内容。

张问达曾协助刊刻金尼阁的《西儒耳目资》（一部供传教士学习中文的字典），张问达的后代有入天主教者。③ 万历二十九年（1601年）沈一贯父子也跟利玛窦在北京有过接触，沈一贯接受过利玛窦赠送的日晷仪等礼品，并对利玛窦的一些主张公开表示赞许，待为座上宾。《利玛窦中国札记》对此有过详细的记载。大约在1608年开始，利玛窦开始用他的母语意大利文撰写其在华传教的经历，直到1610年5月初，即利玛窦去世前不久，都在撰写在华传教的回忆录。利玛窦在临终前将其回忆录手稿交给了他的继任者龙华民，1612年8月龙华民派金尼阁回国，同时将利玛窦的回忆录手稿交给了金尼阁。金尼阁在回欧洲的途中，以及在罗马进行各种公务之余，着手将利玛窦的回忆录手稿从意大利文翻译为拉丁文。金尼阁在翻译过程中，对利玛窦的回忆录进行了部分的增订，增加了一些利玛窦尚未最终完成的部分以及利玛窦死后的葬礼等内容，并对涉及礼仪之争等敏感部分进行了修改。金尼阁作为第二作者，拉丁文的《利玛窦中国札记》在1616年首次出版。拉丁文的《利玛窦中国札记》出版后，利玛窦的意大利文手稿就湮没无闻，直到1909年夏天，意大利耶

---

① 《利玛窦中文著译集》，第97页。
② 同上。
③ 参见黄一农《两头蛇：明末清初的第一代天主教徒》，上海古籍出版社2006年版，第101—104页。

稣会士文图里（Pietro Tacchi Venturi）在耶稣会档案馆重新发现了利玛窦的意大利文手稿，依据该手稿可以恢复利玛窦回忆录的原貌，现在该手稿已经有了中译本《耶稣会与天主教进入中国史》。但由于利玛窦在中国长期不使用意大利语，他在晚年撰写回忆录时，其意大利文经常出现词不达意的情况，故金尼阁的拉丁文译著更有重要的参考价值。本章主要引述《利玛窦中国札记》，若有必要再参考征引《耶稣会与天主教进入中国史》。

按《利玛窦中国札记》，当1601年下半年利玛窦获准在北京自由行动后，"首先，我们应该提到那位最高的达官显宦。在中国，这种职位称为阁老，当时他是唯一担任这项官职的人（沈一贯）。利玛窦神父一直期望拜访这位显贵，他赠送一些西洋小礼物作为见面礼，其中一件是乌木精制的凹形日晷仪，主人特别喜爱。他受到款待和挽留，不仅要坐下来谈话而且还要出席宴会。席间，主人愉快地听取神父们谈论他们正在进行的工作，特别是关于基督教风俗的讲解。利玛窦神父告诉他，基督教的婚姻只是缔结于这两个人之间，即便是皇室也是这样；阁老转向参加宴会的其他大臣说：'在一个婚姻是如此圣洁的国度里，别的事看来就不用再问了。仅此就足以说明其他一切都是规范得那么得当。'他向神父们回赠的礼物远远超过神父们送给他的礼品的价值，包括绸缎和皮货，价值达四十多金币。然后神父们又回送他的公子一份礼物，后来这位公子也和他们发展了非常亲密的友谊，在他父亲身居高位的整整八年多中间，他一直保持他父亲这种仁慈的态度。这当然发展成为一种不可思议的威望，几乎在任何事故中都永远保证了他们的地位"[①]。《耶稣会与天主教进入中国史》对此记叙得更详细一些，沈一贯"回赠神父的礼物价值四十两白银，其中有一种羊毛布，还有近似貂皮的皮子，相当漂亮。他的一个儿子也开始与神父们关系密切起来，神父们送给他

---

① ［意］利玛窦、［法］金尼阁：《利玛窦中国札记》，何高济等译，何兆武校，中华书局1983年版，第423—424页。

一只三棱镜做礼物。此后的八九年中,他们父子一直照顾神父们,给予神父们必要的帮助"①。可见沈一贯担任首辅的数年间,利玛窦等天主教传教士一直得到沈氏的照应。

就在利玛窦首次拜见沈一贯的同一年,利玛窦还通过南京刑部侍郎王汝训介绍认识时任礼部侍郎的冯琦(1559—1603年),同年十月冯琦升任礼部尚书,利玛窦在《畸人十篇》"人于今世惟侨寓耳第二"中记录了冯琦向利玛窦讨教天主教教义的问答经过,文末利玛窦称,自从冯琦向其问道后,"从是日,大宗伯(冯琦)大有志于天主正道,屡求吾所译圣教要诫,命速译其余,又数上疏排空幻之说,期复事上帝之学于中国诸庠。呜呼哀哉!大宗伯大志将遂,忽感疾而卒,遂孤余所望也!"②按照利玛窦之说,冯琦上疏批判李贽离经叛道、科场不得用佛老言,应该也是受到天主教的影响,故"数上疏排空幻之说"。利玛窦对于李贽之死不报任何同情,特别赞扬了冯琦的上疏。《利玛窦中国札记》载:(李贽)"他的不光彩的学说也随着他不名誉的死亡而告结束,他说过这是最高尚的死法。为了保护士大夫一派,官员们迅速利用了皇帝的回批。礼部尚书(冯琦)在另一份文书中指控一些官员和士大夫背弃了他们主上和宗师孔夫子的教导,崇信邪说,给全国带来莫大的损害。看来好像上苍再一次为了国家之福而让对士大夫攻击的回答听起来就仿佛是出自一个基督徒之口"。利玛窦对冯琦进行了高度评价,认为他的上疏几乎与基督徒无异,特别是在冯琦主导下,颁发了科举考试中严禁用佛老言之后,利玛窦对此十分欢欣鼓舞,"这个规定一公布,皇宫和全国都发生了变化。偶像信奉者的脸上明显地流露出失望和悲伤。其中有一些人受不了这种耻辱,便退休回家,闭门不出;

---

① [意]利玛窦:《耶稣会与天主教进入中国史》,文铮译,梅欧金校,商务印书馆2014年版,第299页。

② 朱维铮主编:《利玛窦中文著译集》,复旦大学出版社2001年版,第448页。

第四章　交流互鉴：晚明的"东土西儒"　/　79

就中有那三个图谋控告神父的人"①。

而且，令利玛窦兴奋的是"上苍之手却并没有停留在这一点上"，给佛教徒带来的打击并不仅止于李贽之死。"天主的惩罚没有就此完结。朝中还有许多名僧，下至平民百姓，上至国家要员和后宫嫔妃都受到他们的蛊惑，官宦们布施给他们大笔钱财，让他们修建宏大庙宇，铸造铜像，供养成千上万的弟子。其中最有名的一个和尚叫达观（紫柏真可），年事已高。另一位与他齐名的和尚叫憨山。"② 李贽之死后不久，妖书案爆发，"和尚们受到很大的怀疑，其中一些知名人士被投入缧绁。已经下令逮捕达观（紫柏真可）。他的文稿受到搜查，但是没有发现与那封书信有关的任何东西。然而他们声称发现了另一些严重罪行的证据。他有一个自称独身者的同伴，被发现养活着一打以上的侍妾。另一些则通过他们的信徒的关系而犯有侵吞大量公款之罪。于是愤怒的官员把这件事向全国公布了。还从几封信函中发现达观曾写过一些诋毁当今天子的名誉的话。他在这些信里忘乎所以地指责皇帝，因为皇帝不赞成敬奉偶像，也没有对母亲恪尽孝道，而这在中国人是几条最不名誉的罪行。所有这些都呈报给皇上，他下诏依法惩治诽谤者。对这类罪行有权用刑的法庭（刑部），把怒气全都倾泄在这个可怜的不幸者的身上；他惨遭鞭打……他们简直不能相信他一挨鞭子就死掉了。别的偶像崇拜者都按他们罪行轻重服刑。他们全部被撵出皇城，他们教派的丑名部分地被他们带走了，部分地则留了下来"③。紫柏真可之死，使得佛教势力在京师得到进一步打击，"不少新信徒和异端以及神父们自己，都认为这些全部是上帝所赐给的，以免新近根植于中国的福音幼苗，还禁不住暴风雨，会在首次的迫害狂中被连根

---

① 《利玛窦中国札记》，第 436—437 页，图谋控告他的三个人是前文提到的黄慎轩，以及刑部主事蔡献臣、吏部尚书李戴。

② 《耶稣会与天主教进入中国史》，第 310 页。

③ 《利玛窦中国札记》，第 439 页。

拔掉"①。利玛窦意大利文手稿则说:"自此之后佛教严重受挫,我们朝野上下的教友和朋友听到了这个消息后,都认为这对天主教大有益处。在北京,这个中国的首善之区,佛教兴盛了许多年,而现在天主教终于可以登堂入室了。"②

　　应该说,利玛窦等天主教早期来华传教士的身份从"天竺国僧"转变为"泰西儒士",并非仅仅是因为李贽、紫柏真可之死、佛教受到打击后一种策略性的适应。除了天主教与佛教在基本思想上的冲突外;当时的部分儒家士大夫因为政治上、思想上对佛教徒的排斥,借助新近来华的天主教思想资源,实现自己的儒家原教旨主义理想或托古改制的目的,也对利玛窦等人在华传教选择"易佛补儒"的战略起到了重要的推波助澜的作用。而利玛窦在李贽、紫柏真可之死前后,也与打击佛教的这一批儒家官僚保持了密切的关系。

　　17世纪初,李贽、紫柏真可之死,在因"国本之争"而使万历皇帝反感佛教的背景下,受到天主教思想影响的部分儒家士大夫在打击佛教、扭转社会风气方面取得了阶段性胜利。但正如前引顾炎武所言李贽之书尚在市井颇为流行;更不要说佛教在中国社会根深蒂固的信仰基础更是难以撼动。而且时隔不久,万历四十四年(1616年)南京教案爆发,天主教遭遇了来华以来第一次重大打击,用"夷夏之防"打击天主教的士人中,大多数有佛教背景,并由此引发了旷日持久的对天主教的攻击,例如莲池袾宏《竹窗随笔、二笔、三笔》、沈㴶《南宫署牍》、王启元《清署经谈》、许大受《圣朝佐辟》、徐昌治《圣朝辟邪集》、钟始声(藕益智旭)《辟邪集》等等。利玛窦等人采取的"易佛补儒"战略,其副作用也是十分明显的,值得后人反思。

---

① 《利玛窦中国札记》,第441页。
② 《耶稣会与天主教进入中国史》,第312页。

第五章　神秘主义新思潮：明清之际的汉译《研真经》

《研真经》译自伊斯兰教苏菲派典籍《默格索德》。默格索德，意为"终极目标"，是库不拉维教团的欧札尔·本·穆罕默德（？—1263年）的阿拉伯文著作，奈赛菲写作时曾参考了照明学派创始人什哈布丁·苏赫拉瓦迪（1153—1191年）和鲁米的著作。一般认为汉文译著者们所用的本子，应是凯末尔丁·候赛因·花拉子密（？—1441年）的波斯文译本。据清代赵灿《经学系传谱》、牛街回族地方志《冈志》等相关文献记载，[①]经堂教育山东学派重要代表人物舍蕴善（舍起灵）有译本《研真最语》及《归真必要》；清末马德新的《汉译道行究竟》是此经的节译本。[②]《默格索德》的汉译本，被认为久已亡佚，读者现在见到的这部《研真经》汉译本，系由中国伊斯兰教经学院教师穆卫宾阿訇提供的手抄本编辑、标点而成。

[①] 参见（清）赵灿著，杨永昌、马继祖标注《经学系传谱》，青海人民出版社1989年版，第90页；刘东声、刘盛林注释：《北京牛街志书——〈冈志〉》，北京出版社1991年版，第64页。赵灿即舍蕴善的学生，《经学系传谱》由舍蕴善口述，赵灿编辑撰写而成。《冈志》作者为清代太医院御医赵士英（约1678—1737年）。

[②] 马复初译解《汉译道行究竟》见《清真大典》第17册，黄山书社2005年版，该书据同治九年马如龙刊刻本影印。对《汉译道行究竟》的介绍可以参考余振贵、杨怀中《中国伊斯兰文献著译提要》，宁夏人民出版社1993年版，第97—99页。

第一节 《研真经》的汉译及在华传播的相关问题考证

此次由穆卫宾阿訇提供的手抄本云《研真经》由天方名贤"奈那·奈塞斐·穆罕默德的儿子欧宰尔"撰述,"中华介士高永德纂注,西秦三朝老人破衲录"。舍蕴善晚年自称"真回破衲痴",他祖籍陕西渭南,生于明末崇祯年间,经历明清易鼎,入清后经顺治朝,卒于康熙后期。故"西秦三朝老人破衲录"肯定是指舍蕴善。

据乾隆六十年(1795年)所立《记舍云由事碑》:"大师生于明崇祯十一年(1638年)九月十一日,卒于康熙四十二年(1703年)九月七日,享寿六十七岁。"[①] 舍蕴善是经堂教育山东学派的创传人常志美的弟子,曾在陕西、辽宁、北京、河南等地设馆授徒四十多年,弟子颇多。他是清代中国穆斯林经学大师,苏菲主义学者,并积极提倡伊斯兰教传统礼法、教法的改革。[②] 据《经学系传谱》记载,舍蕴善"先生将《米而撒德》译以书字,著其名曰《推原正达》","先生惟勤授学,暇则整辑各经,复以书字译《勒默阿忒》曰《昭元秘诀》,以《默格索特经》曰《归真必要》,并前之《推原正达》三经,凡通儒学者沾益最多,而求道之礼备

[①] 余振贵、雷晓静编:《中国回族金石录》,宁夏人民出版社2001年版,第643页。碑文由舍蕴善第九代孙舍学仁依原碑抄录,首刊于《伊光》民国二十四年(1935年)十月,第75号4版。

[②] 参见马景《经学大师舍蕴善的革新思想及其影响》,西安市伊斯兰文化研究会主办《伊斯兰文化研究》2008年第1期(总52期)。舍蕴善的生平考证,亦可参看杨大业《对〈经学系传谱〉的几点参证》,《世界宗教研究》2000年第2期。舍蕴善革俗遵经的主张,笔者以为可能受到了《经学系传谱》中记载的"逸蛮阿訇"的影响,"逸蛮阿訇"现已考证出应为来自也门的哈乃斐教法学派尤素福·本·格哈塔尼,参见马景《〈经学系传谱〉中"逸蛮阿訇"考辨》,《中国穆斯林》2011年第2期(该文称"纵观整个《传谱》,被赵灿称为'阿訇'头衔的只有这一人",略有不当,例如李定寰被称为"西宁阿訇李先师",见《经学系传谱》,第113页)。

第五章 神秘主义新思潮：明清之际的汉译《研真经》 / 83

焉（即性命理学）"。① 从引文我们得知舍蕴善先后将《米而撒德》汉译为《推原正达》，《勒默阿忒》汉译为《昭元秘诀》，《默格索特经》（《研真经》）汉译为《归真必要》。舍蕴善十分推崇《推原正达》《昭元秘诀》和《归真必要》这三部典籍，认为其涵盖了性命理学（苏菲之道）的全部内容。

"中华介士高永德"，当为舍蕴善的前辈或同辈长者，但具体为谁，现难以考证。高姓是回族常见姓氏，在明清之际舍蕴善接触过的前辈或同辈著名经师中，姓高者很少，《经学系传谱》只记载张少山的第一位传人为"祥吾高师，普陀原人士"，普陀原在清末回民大起义之前，是陕西临潼地区渭北重要的回民聚居地，人才辈出。张少山是常志美、张中等人的老师，舍蕴善的师爷。张少山本人即是临潼人氏，他的弟子中不少来自普陀原，舍蕴善也曾在普陀原"设学""开馆"。② "中华介士高永德"或许就是舍蕴善的师伯高祥吾。按照《经学系传谱》的体例，"祥吾"应为字号；若"永德"为名讳的话，则高永德与高祥吾即为同一人。

之所以认为"中华介士高永德"可能是张少山之徒，与笔者判定的《研真经》的传入途径有关。舍蕴善见到的《研真经》原本，可能是由印度苏菲阿世格带入中国，或由其口授。当时印度莫卧儿王朝的官方语言是波斯语，故进入中国的《研真经》原本是波斯文。明清在中国流传的《研真经》原文就是波斯文，③ 可能均出自阿世格由印度传入的波斯文祖本。在中国穆斯林学者中最早重视阿世格的是张少山，据张少山弟子张中《归

---

① 《经学系传谱》，第87—88、90页。引文现代标点，笔者略有改动。引文中两处"书字"指汉文字。

② 《经学系传谱》，第91页。

③ 例如从《汉译道行究竟》的序言中可知，清代马复初所依原文即为波斯文本，他先翻译为阿拉伯文，再译为汉文。["余故以阿尔比（阿拉伯）译之，复虑其知书者难明，故再以汉文译之，使读者易晓耳。"见《清真大典》第17册，第401页上。]

真总义》记载：

崇祯十一年（1638年）春，与王岱舆同时代的著名伊斯兰教学者张中，在南京游学时遇到印度苏菲派大师阿世格。阿世格"其仪表，隆准环眼，高额长髯，雄奇魁伟。人佥曰：此胡僧也。云游其长技耳。"阿世格明末来华，云游多年，皆被误认为是来此云游的印度"胡僧"，这与晚明天主教耶稣会士利玛窦来华被认为是番僧的遭遇有类似之处。张中的老师张少山独具慧眼，发现了阿世格实为伊斯兰教修行者，云："此有道之士，胡可以寻常测之耶。"因此张中开始跟随阿世格苏菲学习。阿世格在华共十三年，张中跟从他三年，后因明末战乱，阿世格归国。①

张中的《归真总义》是阿世格口述的苏菲教义，其中多次征引了《默格索德》即《研真经》（后文详述），故可以判定，波斯文的《研真经》最早是在张少山一系师徒弟子之中流传，张少山的传人高祥吾（或这一系弟子中名为"高永德"的经师）对《研真经》做了最早的注释研究工作，而舍蕴善是在张少山的弟子常志美处学习时见到了《研真经》波斯原文及其师伯高祥吾（或同门中名为"高永德"的经师）的注释研究，并最终完成了全部汉译工作。

据《冈志》记载，常志美的两大弟子王允卿与舍蕴善就是否弘传《研真经》在北京琉璃厂巴振宇家进行过辩论：

允卿问曰："先师在日，予屡请《默格塞德》（即《研真经》）之书，师言：'看不得！'兄何违训妄传，遗祸后人也？"云善曰："《默格塞德》所载皆性命之学，兄所习皆因果报应之说。先师知兄之学业尚浅，领会不来，故说'看

---

① 以上参见《归真总义》序，见《清真大典》第16册，第238—239页。[该书据清光绪四年（1878年）叙城苏世泰重刊宝真堂藏版本影印。]

不得'；为兄看不得，非天下人皆看不得也。"①

此次辩论，舍蕴善最终获得全胜。常志美本人或不热心《研真经》的传播，或认为应依人的根器而传，故其没有对波斯文《研真经》进行专门的研究，这一工作由其师兄高祥吾（或同门高永德）完成是有可能的；而《研真经》在张少山一系中有一定知名度，故被"屡请"，至舍蕴善在前人高姓经师注释研究基础上全本汉译后，开始广泛传播。

穆卫宾阿訇提供的汉译《研真经》手抄本说高永德"纂注"，应是对该经有过研究注释，而未全部翻译。舍蕴善"录"恐系谦辞，他在与《研真经》同时期翻译的《昭元秘诀》小引中说："今译此集……其实，余无乃传言耶，代笔耶。其工拙之词，俾我如此者，我即为此言也。其长短之句，令我如是者，我即如是书也。"②舍蕴善受到中国传统述而不作思想的影响，认为自己的翻译工作不过是"传言""代笔"，"如是书也"，故其言"录"可以理解为我们今天意义上的翻译。

第二节　舍蕴善及其性命之学

赵灿在《经学系传谱》中称赞舍蕴善以及在岩洞间隐居的冯通宇时说："凡济学之所出者，多欠陶镕，不若二先生之神工纯粹。"③ 济学主要指常志美以来经堂教育的山东学派，赵灿认为其传人"多欠陶镕"，这与明清儒家常常批评的俗儒空谈理论而功夫空疏的现象十分类似。但舍蕴善是如何避免这种"多欠陶镕"功夫空疏的现象呢？他主要依靠的就是苏菲之道的宗教

---

① 《冈志》，第47—48页。马景《经学大师舍蕴善的革新思想及其影响》一文将围绕《研真经》的这场辩论误为针对《昭元秘诀》。
② 见《清真大典》第17册，第425页下。
③ 《经学系传谱》，第86页。

修炼实践。

据《经学系传谱》记载,舍蕴善二十岁时("其年已二旬"),约在1657年,前往济宁随常志美、李永寿学习约一年的时间("诣学凡十越月,决意辞归"),此后一段时间主要在河南活动,选择"雅致幽洁"之地独自静修,特别是在郑州西南的貂谷(今刁沟)研习苏菲之道:"既至,值其地境幽僻,尽堪潜穷经学,兼玩子史,或午夜挑灯以求多识,盖先则务学,今则务穷其理矣。乃读修道诸经(即推黎格兹之学,乃《米而撒特》并《勒默阿忒》诸经),兼观性理,合其旨义,统成一家之说,往约二春。"① 舍蕴善在济宁学习不到一年,却用了两年多的时间来修习苏菲主义典籍,前者旨在"务学",后者旨在"穷理",相比而言苏菲之道的"穷理"更为重要,使得舍蕴善终成一家之言。

郑州貂谷在清代是中国穆斯林人文荟萃之地,② 前文所述最早重视印度苏菲阿世格的张少山,本为陕西临潼人,后入赘郑州貂谷海氏。张少山治学重志诚守静,获学之后又返躬穷理,正心主静,舍蕴善在郑州貂谷修行苏菲的经历,颇有其师爷张少山之遗风。

舍蕴善离开貂谷之后,即在襄城将《米而撒特》译为《推原正达》,时间大约是1660年代初即康熙初年;十多年后,舍蕴善在辽宁沈阳设馆,将《勒默阿忒》译为《昭原秘诀》,同时还汉译了《研真经》。舍蕴善后离开沈阳前往北京,弘传《研真经》时与常志美的另一重要弟子王允卿发生争辩。

苏菲之道当时常被称之为"天人性命之理",《冈志》记载常志美的两大弟子王允卿、舍蕴善先后来到北京牛街礼拜寺讲学:"允卿讲说典故,侈演天堂地狱之说,冈人益神之。俄云善

---

① 《经学系传谱》,第87页。
② 参见孙智伟《从刁沟看回族伊斯兰教经堂教育的早期发展》,《中国穆斯林》2011年第5期,第52—56页。

第五章　神秘主义新思潮：明清之际的汉译《研真经》

亦来京，迎接之仪，亚于允卿。及闻天人性命之理，冈人兴致索然。居月余，礼遇渐衰，云善遂移居东城。"① 若依舍蕴善一系的看法，王允卿即属济学中"多欠陶镕"之人，然其颇能吸引普通信徒；而舍蕴善所传扬的苏菲之道，和者甚寡。前文已述舍蕴善所传苏菲之道以《推原正达》《昭元秘诀》和《归真必要》（《研真经》）这三部典籍为核心，"凡通儒学者沾益最多，而求道之礼备焉（即性命理学）"②。其传播对象为"通儒学者"，即具有一定中国传统文化修养之人，舍蕴善所传苏菲之道的文化价值不容忽视。

舍蕴善将《米而撒德》翻译为《推原正达》，是因为有武举功名的襄城营守府张问行（回族）"偶扣性命之学，答而不倦"，张问行学习《推原正达》后，"不作仕途崖岸"，回族穆斯林修行苏菲之道，"后渐心重道德，而功名非愿焉"，这与汉族儒者推崇宋明理学后不重科举仕途经济，是如出一辙的。舍蕴善翻译《米而撒德》应参考了中亚人、新疆人（"缠头"）极料理传入中国的《米而撒德》的注释书《富而斯》。极料理"于大雪中跣足行市"，应为苏菲。极料理原欲常志美拜其为师，但常志美只欲购买《富而斯》不欲拜他为师；后极料理将《富而斯》传与"赞延白师"，白师又将该经送与常志美，常志美"既以其《米而撒德》、《富而斯》相对解明，严穷其理，则以经语注释，得七八，较之前辈不啻天渊矣。但有疑难数处，尚未释然耳（即后蕴善先生得《克世富艾哈查蒲》，始清释也）"③。

舍蕴善在襄城翻译《推原正达》后，曾在亳州设帐授徒六年，其间"重价购请"了"《克世乃里者补》（即注《勒默阿忒》之经也。）"。日后舍蕴善将《勒默阿忒》翻译为《昭元秘

---

① 《冈志》，第 46 页。冈人指居住在北京牛街礼拜寺一代的穆斯林，当时该地被称为"冈上"。
② 《经学系传谱》，第 90 页。
③ 同上书，第 61 页。

诀》，无疑参考了《克世乃里者补》；但同时我们还须注意到舍蕴善对苏菲典籍的翻译，并非纯粹的文字功夫（"务学"），还有他本人的宗教修行体验（"穷理"）的成分："《勒默阿忒》旨义最难，昼夜思维，无法可进。忽思圣谕有虑诚四十朝夕，可通机秘，于是三更睡，四鼓起，细玩此经，越四十日，果洞彻其奥。后晤通宇先生，堪究其义，如出指授，惊羡而叹服焉。"①《昭元秘诀》刘智在《天方性理》中称为《费隐经》，即经堂教育中的波斯语教材《莱麦阿特》，作者为苏菲派纳格什班迪耶教团诗人奴尔丁·阿卜杜·拉赫曼·加米（1414—1492 年）。舍蕴善在《昭元秘诀小引》中提到自己"行年半百"②，即大约是 1687 年，康熙二十六年左右。《研真经》大约也翻译在前后，而他的翻译应该是在前述"高永德"注释研究基础上进行的；舍蕴善翻译的三部核心典籍都是在前人注释研究基础上进行的，由此可见舍蕴善的苏菲之学都是有所传承的。

舍蕴善先在沈阳铁昆仲家设馆授徒三年，《研真经》即在此时译成，后舍蕴善离开辽宁约一年的时间，随后又在铁昆仲家续馆三年，之后方离开辽宁前往北京，由此可知舍蕴善到达北京的时间应该是在 1690 年代初之后；他离开北京，经襄城，与多年未见的堂弟舍景善一起回陕，遂在普陀原开馆授徒，当时舍蕴善"值年逾六旬"③，已经六十多岁（当系 18 世纪初）。前述舍蕴善在 1699 年于北京与人辩论"连班""独班"问题，按《冈志》记载，此次辩论是"独班"占理，但从日后支持"连班"的牛街礼拜寺马君赐居功自傲，辩论之后还以"舌战群师""连班之功臣"争得副掌教之职等情形来看，④ 应是支持"连班"者实际获胜，而支持"独班"的舍蕴善等学者在高压下失利，舍蕴善

---

① 《经学系传谱》，第 88 页。
② 见《清真大典》第 17 册，第 425 页下。关于《昭元秘诀》的介绍，可以参考金宜久《读汉译〈昭元秘诀〉》，《世界宗教研究》2012 年第 4 期，第 1—8 页。
③ 《经学系传谱》，第 91 页。
④ 参见《冈志》，第 86—87 页。

第五章　神秘主义新思潮：明清之际的汉译《研真经》　/　89

恐在1699年这场辩论失利后不久即离开北京了。① 综上所述，舍蕴善在北京活动，弘传《研真经》的时间，可以基本确定在1690年代中后期。

当时舍蕴善与王允卿围绕《研真经》的争论，主要是关于人的心性问题。王允卿认为伊斯兰教典籍"皆言性一而已"，但舍蕴善依《研真经》而主张"性有四种"。舍蕴善认为，性虽为一，但有精粗之分，"人得其精，故能兼有粗。物得其粗，故不能兼而有之精"，所以说分等级而言为四，和而言之实则性一。舍蕴善进而进行了详细的分析：（1）金石之性，能坚长而无枯荣（生死）；（2）草木之性，具坚长生死而无知识；（3）禽兽之性，具坚长生死而又有血气知识，而不明义理；（4）真常之性，惟人为万物之灵，括四性之全体，除前三性外，"至于辨善恶，明义理，序彝伦，识本来，乃真常之性，惟人得之，三种皆不得也"②。

明末天主教入华，利玛窦即持魂三品之说，他在其代表作《天主实义》中多次讨论过该问题，认为植物只有生魂（生长之魂），动物只有觉魂（接触感觉之魂），而人独自有灵魂。动物只能依靠本能行动，而有灵魂之人类，最大的特征在于有推理能力，故能从现世导向来世，唯此才能有宗教需求。"西儒说人，云是乃生觉者，能推论理也。曰生，以别于金石。曰觉，以异于草木。曰能推理，以殊乎鸟兽。"③ 利玛窦特别强调人与动物的本质区别，人与动物不可能相互转生，从而否定了六道轮回，由此与当时的佛教徒产生了激烈的理论冲突。利玛窦的魂三品说与舍蕴善所持四性说理论基本一致，与舍蕴善同时的中国伊斯兰教

---

① 此后北京等地部分穆斯林中流传了一些丑化舍蕴善的传说，恐亦反映出舍蕴善当时在北京并未获得普遍认可（特别是中国穆斯林故老相传舍蕴善提出18条改革被批评为"新行"）。

② 《冈志》，第77页。

③ 利玛窦《天主实义》第七篇，见朱维铮主编《利玛窦中文著译集》，复旦大学出版社2001年版，第73页。

著名学者马注（1640—1711年）在其代表作《清真指南》中也有类似的表述，分别为植物的"生长之性"，动物的"知觉之性"，人所特有的"灵慧之性"。①

中国的儒家强调人为天地人"三才"之一，特别是宋明理学之后，思孟学派成为儒学主流，尤其强调人（君子）与禽兽的本质区别。明清之际的伊斯兰教、天主教强调人性与动物之性的本质区别，是惟人能修行苏菲之道、惟人能得天主拯救的前提条件，具有重要的宗教学理意义，同时又构建了与宋明理学沟通对话的一个重要基础。

第三节　明清文献对《研真经》的征引

《默格索德》（《研真经》）是苏菲主义的纲要性著作，在清初穆斯林中颇有名气，比舍蕴善稍早或大约同时的中文伊斯兰教著述，也常引用该经的内容。现举两例：

（一）《归真总义》。如前所述，阿世格口授的苏菲教义，张中笔录并加以润色为《归真总义》，其中不少内容涉及《默格索德》：

1. "《默格索德》言：凡大世界所有之物，因小世界一件不可缺也。可见造化万物，总只为人。又曰：世人只晓得天覆我，地载我，而不知我之所覆载天地处。此理易参。"②

2. "《默格索德》（经名）云：物无是非，随境而生，厉害原无，因我而有。"③

3. "抹倒我相，就是不从躯壳上起见。《默格索德》（经名）云：抹倒我相，始得圣教大小净之实义。独任一真，始得圣礼拜

---

① 参见（清）马注著，余振贵标点《清真指南》，宁夏人民出版社1988年版，第34—35页。
② 《清真大典》第16册，第249页下。
③ 同上书，第255页下。

第五章　神秘主义新思潮：明清之际的汉译《研真经》 / 91

之寔义。不可不知。"①

4. "《默格索德》云：即一茎草标立时，亦其藏宝也。——友人某不识一切之意，乃云：此草枯萎了，便非其宝藏耳。余曰：以之喂牛羊，则茁壮；以之治人病，则去痛苦。苟非宝藏，孰能如是乎！须知真主妙用，无物不有，无时不然者焉。"②

《归真总义》引用《默格索德》（《研真经》），并加以讨论研习，不过所引经文，应直接由阿世格口述解释或张中自译而成，并非来自现成的《研真经》汉译本。而张中在1638年春遇到阿世格时，舍蕴善尚未出生。张中更不可能见到舍蕴善的汉译本。

（二）《天方性理》。清初著名伊斯兰教学者刘智将《默格索德》称为《研真经》，并在其名著《天方性理》③一书，多次引用《研真经》：

1. 合气、火、水、土，谓之四元。金、木、活类，谓之三子。四元三子，谓之七行。七行分布，万汇生成（《格致全经》，又《研真经》）。

2. 理象相属，性命以位（《研真经》）。

3. 浑同知能，是至圣性；任用知能，是大圣性；顺应知能，是钦圣性；显扬知能，是列圣性；希望知能，是大贤性；体认知能，是智者性；坚守知能。是廉介性；循习知能，是善人性；自用知能，是庸常性。禽兽知觉，草木生发，金石坚定，同是知能，弗称知能（《研真经》，又《道行推原经》）。

4. 初唯一点，是为种子，藏于父脊，授于母官。承继先天，妙演后天，胚胎兆化，分清分浊。本其二气，化为四液：黑、红、黄、白，层包次第。四本升降，表里形焉：红者为心，黄者其包，黑者为身，白者其脉。身心既定，**诸窍生焉**：肝脾肺肾。

---

① 《清真大典》第16册，第256页上。
② 同上书，第263页上。
③ 见《续修四库全书》子部第1296册，上海古籍出版社1995年版。

眼耳口鼻。体窍既全，灵活生焉（《研真经》，又《道行推原经》，又《格致全经》）。

5. 子吸气血，由脐入胃，而坚定启，是为金性，百体资之；由胃入肝，而长养生，是为本性，吸化资之；由肝入心，而活性成，是为生性，运动资之；自心升脑，而知觉具，是为党性，外之五官，内之五司，一切能力，皆所资之。是诸所有，四月而成。五月筋骨，为坚定显；六月毛发，为长性显；七月豁达，为活性显（《研真经》，又《格致全经》）。

6. 生四十日，爱恶言笑，为气性显；长速礼节，善用明悟，为本性显；功修既至，穷究既通，理明物化，神应周遍，为德性显。德性既显，本然乃全，是谓返本，是谓还原，生人能事，至此而全（《道行推原经》，又《研真经》）。

7. 先天来降，后天复升，来自此心，复于此心（《道行推原经》，又《研真经》）。

8. 人若灯具，在光其火，不获真光，徒为人具（《真经注》，又《研真经》，又《道行推原经》）。

9. 人极大全，无美不备，既美其形，复美其妙（《道行推原经》，又《研真经》）。

10. 化出自然，终归自然，少不自然，即非本然（《研真经》，又《昭微经》）。

11. 一尘一粟，全体本然（《研真经》）。

12. 小中见大，天纳粟中。大中见小，天在尘外（《研真经》，又《道行推原经》）。

13. 物无相碍，人无欲累，妙义各呈，本然见焉（《道行推原经》，又《研真经》）。

14. 初为实理，今为实相，实有相见，种果全焉（《研真经》，又《昭微经》）。

《天方性理》一书前有梁潘赏序和袁汝琦序，分别写于康熙四十三年（1704年）季夏和秋月，该书大约完成于此前不久。舍蕴善是在沈阳铁昆仲家设馆授徒时翻译的《研真经》，而在铁昆仲家授徒结束后舍蕴善便前往北京。① 前文已述，舍蕴善在北京开始弘传《研真经》时遭到阻力，但他抵达北京的具体时间不详，上文推测舍蕴善在北京的活动时间主要为1690年代中后期，特别是《冈志》记载"康熙三十八年五月初十"舍蕴善因赞同"独班"，与坚持"连班"的北京牛街礼拜寺部分学者、信徒进行过辩论，② 故舍蕴善在北京传播《研真经》的时间应在康熙三十八年（1699年）或略早。

《天方性理》大约也撰成于此时，《天方性理》为刘智纂译，其《研真经》引文与舍蕴善所录译文多有出入，故身处南方的刘智应并未见到当时刚在北方问世的舍蕴善的汉译本，两者是相对独立的传译。

刘智生长在明清之际江南伊斯兰教重要社区南京三山街一带，张中等许多著名穆斯林学者都曾在此讲学。上节所述，《研真经》波斯文本由印度阿世格传入中国，最先在张少山一系中流传，若此观点成立，则刘智所得《研真经》原文，可能得之于张少山弟子张中的传本。

第四节 《研真经》研究的重要价值

明清之际，《研真经》在中国的传播虽遭到一定的阻力，但仍被诸多伊斯兰教经学大师"不约而同"地加以弘扬，是值得我们关注的宗教现象，反映出明末清初苏菲主义在我国各地的广泛影响，同时也说明了《研真经》在苏菲派经典中，以及在我国伊斯兰教史上的重要地位。

明代苏菲主义在我国已经开始传播，通过现有史料的勾勒，甚至有学者指出明武宗正德皇帝很有可能具有苏菲信仰。《国榷》卷四十九正德十年（1515年）二月丁酉条："时上好异，

---

① 参见《经学系传谱》，第90页。
② 《冈志》，第79页。

习胡语,自命忽必烈,习回回食,自名沙吉敖烂",台湾学者卓鸿泽认为"沙吉"是 Shayhk 的音译,有学者、苏菲长老之意,正德皇帝"也当上了伊斯兰教的苏菲师。明朝皇帝对苏菲的认识,最有可能得自中亚撒马儿罕的'回回僧人'。《明太宗实录》永乐七年四月丁亥:'撒马儿罕等处回回僧人马黑麻迭力迷失等来朝贡马,赐钞币有差。''迭力迷失'即苏菲苦行僧 darvīsh。武宗习回回食,须避食猪肉,但要到南征风波中武宗以'威武大将军'、'太师'、'镇国公'一系列名义下禁猪令,此一问题方始凸显"①。

苏菲主义对明代以来我国伊斯兰教的发展产生了极其深远的影响。众所周知清代是我国伊斯兰教门宦制度形成和发展的重要时期,而我国门宦受苏菲主义影响的思想渊源尚待深入探讨,明清之际中亚地区苏菲主义十分繁荣,影响波及我国新疆、西北各地,清初马注《清真指南》中已经意识到云南许多地方受到由西北传来的带有苏菲主义色彩的伊斯兰教异端活动的严重性。②而且值得注意的是,苏菲主义传入中国并非中亚—新疆、西北这一条脉络,印度莫卧儿王朝阿克巴大帝(1556—1605年在位)推行宗教宽容政策,各大宗教在印度都异常活跃,此后不久伊玛目热巴尼(1564—1624年)的学说奠定了印度苏菲主义的传统,印度苏菲阿世格来我国江南传教正与此同时。

马通先生指出康熙二十三年(1684年)清廷攻占台湾后开放"海禁",中国穆斯林朝觐者,以及阿拉伯来华的商人、传教士日多,苏菲派学理开始在中国传播。马通先生认为中国的苏菲

---

① 卓鸿泽:《正德的番、回倾向:大明皇帝对异族宗教的追求》,载林富士主编《中国史新论:宗教史分册》,台北:联经出版公司2010年版,第429页。正德皇帝的"禁猪令"只施行了三个月(正德十四年十二月十九日至正德十五年三月二十四日),就因皇家祭祖需要猪肉而弛禁,但"禁猪令"在明史上颇有名,武宗《实录》等正史资料,《野获篇》《戒庵老人漫笔》等笔记小说,都有记载。

② 参见王建平《论十八世纪初的云南格兰岱教案》,《世界宗教研究》1998年第3期。

第五章　神秘主义新思潮：明清之际的汉译《研真经》　/　95

派思想主要有四个来源，一是朝觐或留学的中国穆斯林带回的；二是来华的中亚或阿拉伯传教士传入的；三是由新疆传入内地的；四是中国人自学苏菲派学说后自创的。[①] 马通先生的上述看法，主要是针对有组织的苏菲派教团，特别就中国的门宦制度形成而言，无疑是正确的；但作为苏菲思潮而言，则其在中国思想史上，特别是中国穆斯林知识分子中产生重要影响，则远早于康熙开放"海禁"。

毋庸讳言，明清中国伊斯兰教史受到苏菲主义的深刻影响，不仅门宦制度与苏菲主义密切相关，自17世纪开始的汉文伊斯兰译著也受到苏菲神秘主义的深刻影响，晚明以来的经堂教育、回儒传统都与苏菲主义在我国的传统有着密不可分的关系，甚至可以说，正是苏菲主义成了沟通伊斯兰教与中国传统儒家宋明理学的桥梁。明清中国穆斯林学者理解的理性之学，苏菲主义占有相当大的比重，构成了"回回理学"的重要内容。

国际学术界有一种普遍的看法，宋代以来，中国传统文化出现了内敛的趋势，[②] 无论是宋代以来的佛教禅宗、道教内丹，还是儒家宋明理学，都非常注重心性论。明清以来的伊斯兰教学者，恰是以苏菲主义为桥梁，连接了伊斯兰教与明清中国儒释道三教的核心问题"心性论"，取得了很好的效果。相比而言，明末天主教来华，利玛窦等西方传教士宣扬"天学"，虽然取得了相当大的成绩，但后继者欲与"敬天法祖"的中国传统宗法"分庭抗礼"，中土士人还是难以普遍接受的，最终遭到清廷查禁。中国传统哲学的本体论并不发达，而在认识论、心性论方面达到了高水平，明清中国伊斯兰教学者以苏菲之道切入，与中国传统文化的心性论对话，找到了实现伊斯兰教的本土化、处境化

---

① 参见马通《中国伊斯兰教派与门宦制度史略》（修订本），宁夏人民出版社2000年版，第85、337页。

② 参见［美］刘子健《中国转向内在：两宋之际的文化内向》，赵冬梅译，江苏人民出版社2002年版。

的一条很好的路径。①

明清之际,苏菲主义在中国的广泛传播是今后我国伊斯兰教研究的一项重大课题。此次《研真经》汉译本的重修发现和整理出版,对于我们深入探讨伊斯兰教历史思想及其在我国的传播发展,提供了有益的资料。

---

① 基督教学者也开始有此方面的尝试,例如将基督教称义与陆王心学成圣功夫进行比较研究,参见杨庆球《成圣与自由:王阳明与西方基督教思想的比较》,香港:建道神学院基督教与中国文化研究中心,1996年。

第六章　小聚居与处境化：从《冈志》看清代北京牛街地区的回民历史与传说

明清两朝北京地区众多的清真寺中，有4座著名的"官寺"，即牛街礼拜寺、东四清真寺、锦什坊街普寿寺、安定门内二条法明寺。"礼拜""清真""普寿""法明"，这些带有浓郁中华文化色彩的名称，都来自明代皇帝的敕建寺额。依据现存碑刻史料，以及笔者的研究，大体可以断定，明朝对于清真官寺的赐额至少分为两批，第一批是在正统十二年（1447年），应陈友所请，为东四、锦什坊街、安定门内二条3座清真寺请额，明英宗分别赐予"清真""普寿""法明"寺名。陈友在《明史》中有传：是穆斯林，其家族世代为武官。陈友在明朝与蒙古瓦剌部使节交流中发挥了重要作用，当时明朝很多武官，以及瓦剌部中部分使节都为穆斯林，穆斯林在明朝对外交往和武备方面有重要作用。明英宗给3座清真寺赐额，应有优柔北京穆斯林群体的意味。第一批被皇帝赐额的3座清真寺都在北京内城，赐额后，3座清真寺都得到了大规模的整修重建，这些重建工程基本上在一两年内完成。

就在此后不久，明正统十四年（1449年），爆发了历史上著名的"土木堡之变"，明英宗北征瓦剌惨败被俘，于谦等大臣拥立景泰皇帝，积极抗击外敌。由于陈友等穆斯林将领曾经积极推动明朝与瓦剌的交往，而现在明廷与瓦剌由和转战，朝廷开始对陈友、詹升等穆斯林官员有所不满和猜忌。陈友等人也因此离开北方，调往云南镇压少数民族叛乱。景泰八年（1457年），被瓦剌释放的明英宗发动复辟政变，再度取得皇位。明英宗对穆斯林态度比较友好，参与英宗复辟的太监中就有回族。陈友等回族武官在平息南方少数民族叛乱中取得功勋，穆斯林武官再度得到明廷重用。成化十年（1474年），应履历与陈友十分类似的回族武官詹升所请，明宪宗赐牛街清真寺"礼拜"这一敕建赐额。

也就是说，北京伊斯兰教四大官寺，可能分两次赐额，牛街礼拜寺（在南城外）是第二批，其他3座清真寺（在城内）是第一批，两批官寺产生相隔20多年，大体都是15世纪中期。第一批申请成为官寺的核心人物是陈友；第二批帮牛街申请官寺的是詹升。这两位穆斯林武官都跟外交、征战有关，官寺的出现跟当时明朝的政局关系密切，许多穆斯林直接参与了明朝和蒙古瓦剌部的使节交往、战斗以及当时对南方少数民族等地的平叛，明朝要重用他们，所以给清真寺官寺地位。不过，因为拥立景泰、英宗复辟，所以这一时期的相关历史记载有些混乱，但总体来说年代记载差异并不大。"土木堡之变"前后北京的时局，可以视为北京清真官寺制度开始确立的时代背景，由于朝廷外交与武备的需要，北京穆斯林群体受到重视，北京清真官寺制度就诞生于此时；北京地区穆斯林中广为流传的回族"纱灯老人"夜间给被俘虏的明英宗送食物、保护英宗的传说，也是这一时代背景的曲折反映。

明代四大官寺，原本以东四清真寺为首，当时回族仕宦多居住在城内，而牛街地区还属乡野，当时被称为"冈儿上"，居民多屠贩之流。明嘉靖年间，北京增筑外城，牛街才纳入城内。牛街礼拜寺能够后来居上，跟牛街穆斯林聚居区经济地位上升关系密切。牛街是明清招待蒙古来使的地方，明末已经成为商业繁华之地；清兵进入北京后，内城只能居住官宦和满族八旗，城内回族仕宦大都迁居牛街，牛街遂成为北京最为重要的回族聚居地，牛街礼拜寺也因此成为四大官寺之首。康熙中后期，清廷为减少糜费，限制蒙古进贡次数，牛街经济开始下滑；晚清时期，内地与塞外贸易多走西直门，北京北城外的马甸成为牛羊贸易的重要集散地，回民很多。

北京官寺制度的建立与变迁，同北京乃至全国的政治、经济都有直接关系。成为官寺后，清真寺掌教会得到朝廷礼部颁发的札付，被称为"冠带住持"。皇帝颁发清真寺的敕建寺额，礼部颁发给掌教阿訇的札付、冠带，是清真官寺的重要标志。清真官寺制度在明清两朝，是全国普遍实行的清真寺管理制度，官寺是回民在明清两朝制度性设计出来的官方代表，在外交、民族政策等方面接受朝廷的咨询，在保境安民、管理教坊内回民事务方面具有很高的权威，在帮助回民同政府各部门打交道、澄清事实、争取权益方面也具有一定的便利。

以往我们对回族史的研究，较多侧重于回民起义，对于清真寺的研究也较多关注三掌教等回族教内的民间组织形式；相对来说，回民、清真寺如何与中央政府部门及地方各级政府打交道，回民、中国伊斯兰教如何被纳入中央王朝的管理体系当中，这些研究还相对薄弱。清真官寺制度的探讨，对于填补回族史、中国伊斯兰教史研究的空白，对于探讨当今宗教事务管理的历史积淀，都有积极的借鉴意义。牛街地区的古代地方志《冈志》，为我们提供了很多这方面的史料；同时《冈志》毕竟不是一部清真寺志，而是一部地方志，《冈志》对于更好地理解回族先民的生产、生活状况，提供了很多生动的细节，至今仍具有重要的现实意义。

第一节 《冈志》作者及相关问题

北京牛街地区旧称"冈儿上"，《冈志》是清中叶编写的北京牛街地方志，主要记叙了晚明至清康熙末年北京牛街地区的历史地理、风土人情，特别是记载这一时期重要的穆斯林人物、传说，以及重大宗教事件。《冈志》对于研究北京回族史、伊斯兰教史，具有极其重要的参考价值。但由于《冈志》成书后，长期以抄本存世，流传不广，关于志书本身的历史信息，以及书中涉及的许多内容，都须后人进一步考辨厘清。

《冈志》纪事的时间下限是康熙辛丑（即康熙六十年，1721年），当时《冈志》的作者"侍值乾清宫"，与宫内的"西洋人马伟贤"关于伊斯兰教在中东等"西域"国家和地区传播的情况进行问答。《冈志》中还交代"马伟贤"是信天主教的"意大理国人"。显然，"马伟贤"应该是康熙年间在宫内服务的意大利国天主教传教士。康熙末年在宫内服务的西方传教士都有案可稽，并无人中文名为"马伟贤"，但有一位作为宫廷画师在宫内服务的意大利籍天主教传教士"马国贤"，显然《冈志》中的"马伟贤"应是"马国贤"，《冈志》在辗转传抄中发生了错误。

马国贤（Matteo Ripa，1682—1746年），是意大利那不勒斯人，天主教罗马教廷委派马国贤于1710年来到中国，不久后入宫成为宫廷画师，得到康熙皇帝信任，马国贤的中文很好，承担了许多外交翻译工作。康熙死后，马国贤在雍正元年（1723年）回国。马国贤在中欧交流史上作出过杰出贡献，他回国后在那不勒斯创办了"中国学院"。1729年法国启蒙思想家孟德斯鸠专门拜访了那不勒斯中国学院马国贤院长，孟德斯鸠在《论法的精神》中对中国人的很多描述，就受到马国贤的影响。1732年天主教教宗克莱门七世正式确认了中国学院的地位。现今马国贤创办的中国学院，已经发展为那不勒斯东方大学，设有人文学院、政治学院、现代语言学院和伊斯兰研究学院。

马国贤在康熙朝宫廷一共工作了13年，《冈志》作者在康熙六十年（1721年）于乾清宫值班，与马国贤交谈，这在时间上是契合的。马国贤在抵达中国不久后，便接触到不少穆斯林，这在他的回忆录中也有体现。马国贤最先抵达澳门，在随后前往北京的路上"第一次见到大量的穆斯林。后来我才懂得，在这个帝国的每个省份都能发现他们。据说他们都是从西域进入中国的……他们和中国人建立了复杂的交融关系，其后裔扩展到如此的规模，以至于现在他们的数量远远超过了天主教徒。穆斯林有自己的庙宇,或者说是清真寺。他们聚集在里面,操演他们自己的宗教。他们穿中国式服装,除了下层穆斯林有些例外,可以从戴在头顶的一种白色的小帽子上辨认出来。他们还允许留起大胡子,他们和中国人完全和谐地相处着。"马国贤乐于同中国穆斯林探讨信仰问题,曾问一位中国穆斯林仰慕谁,得到的回答是:"拜主"。① 因此,《冈志》作者在宫廷值班的闲暇,与马国贤探讨伊斯兰教问题,是完全符合情理的。

唯一需要讨论的是,《冈志》中记载"马伟贤"的谈话中提到:"我西洋之东有席儿(而)亚尼国(叙利亚)者,天方之属国也……我年幼曾习学于彼国。"② 但马国贤来中国之前,一直在意大利生活,他前来中国的路线是先从意大利前往英国,1708年4月从英国伦敦乘坐东印度公司"董那高号"轮船东行。但当时埃及的苏伊士运河尚未开通,马国贤是绕经南非好望角,到达印度洋,在印度马国贤换乘"圣佬勒佐号"到马来西亚,从马来西亚坐"关达卢坡圣母号"到菲律宾,1710年1月从菲律宾马尼拉坐三桅帆船到达我国澳门。因此,马国贤应该是没有到过中东地区,更没有在叙利亚学习过。但当时叙利亚(属于奥斯曼帝国)与欧洲已有交往,马国贤了解叙利亚地区伊斯兰教的教育情况,甚至在欧洲接触过叙利亚人,都是有可能的,"习学于彼国"或可理解为"习学于彼国人"。

《冈志》的作者在清朝皇宫中与西方传教士问答交流,对于我们判定《冈志》的作者,非常有帮助。《冈志》嘉庆年间的抄本,在正文之后,有一段赞扬"赵公士英"的话,赵士英应该就是《冈志》的作者。康熙四十五年丙戌科进士中有一位名叫

---

① 李天纲译:《清廷十三年:马国贤在华回忆录》,上海古籍出版社2004年版,第41页。该书是根据马国贤五卷本回忆录的英文缩写本翻译的,马国贤留下的大量意大利文、拉丁文手稿、日记、回忆录中是否涉及更多的他与中国穆斯林的交往,还有待于日后进一步的梳理发掘。

② 刘东声、刘盛林注释:《北京牛街志书——〈冈志〉》,北京出版社1991年版,第24、97页。

赵士英,他当年入翰林院,成为庶吉士。(《清圣祖仁皇帝实录》卷255)康熙提高翰林院的地位,乾清宫西南侧的南书房是翰林值庐的地方,康熙在翰林等官员中"择词臣才品兼优者"入值,称"南书房行走"。如果这位赵士英翰林在康熙末年能够跻身"南书房行走",是有可能在乾清宫值班时与传教士马国贤攀谈的。但杨大业教授考证出《冈志》是清代太医院御医赵士英所著,赵士英是北京世代行医的回族,康熙年间已入太医院供职。雍正帝继位后对赵士英很赏识,雍正元年(1723年)派他去为湖广总督杨宗仁看病,雍正八年被提升为太医院院使,但不久失宠,大约卒于乾隆初年。①

杨大业教授的考证可为定论。赵士英是回族太医无疑,但赵士英在跟天主教传教士马国贤对话后,却"予自斯以后遂不(甚)敬信教师矣"②,即对中国的伊斯兰教经师失去了信心,那么《冈志》是否出自一位虔诚的穆斯林之手,可能有读者会产生疑问。为了回答这个问题,我们必须首先了解太医赵士英与传教士马国贤对话的时代背景,为什么赵士英对海外的伊斯兰教情况十分感兴趣,专门向马国贤询问这方面的情况。

《冈志》将赵士英与马国贤问答一事记在"马永和摘误"条之后:"冈人马永和游学于济宁,住学十余年还京,独班人敬信之。永和摘教规错讹十事"。③从晚明开始至于康熙末年,连班、独班之争,在北京穆斯林中已经争论百有余年,这是困扰赵士英多年的问题,在《冈志》中频繁论及。连班、独班是指领拜之教长与参加礼拜的普通穆斯林,是在队列中处于同一行列(连班),还是领拜者位于队列之前(独班)。连班与独班,实际上

---

① 参见杨大业《清代北京牛街志书〈冈志〉研究》,载中国社会科学院历史研究所清史研究室编《清史论丛(1993)》,辽宁古籍出版社1993年版,第231—244页。
② 《北京牛街志书——〈冈志〉》,第26、98页。
③ 同上书,第19、91页。

涉及非常复杂的伊斯兰教教派与教理争论。① 赵士英等清代的穆斯林群众并不能完全理解连班、独班争论的教义背景，但熟悉儒家文化的赵士英也敏锐地感觉到，连班、独班之争背后应该有深刻的理论基础，如果对伊斯兰教教义缺乏全面系统的了解，很难真正解决这些争议，"所议者又非西域之粗事，把（封）斋、看月，争连辨独（连班、独班之争），即如东土所论，天文之月朔岁差，大礼之分祀合祀，非博通今古、贯穿百家者，不敢置喙"，赵士英类比中国儒学汉学、宋学之争，古文经、今文经之辨，推测伊斯兰教内部的教法学说应该也非常丰富多元："予意西域经文，亦必有今文、古文之异。"② 而当时中国伊斯兰教中经书匮乏，因此赵士英特别留意向西方传教士马国贤询问海外伊斯兰教的教育情况、各类图书典籍的情况，在被告知海外伊斯兰教教育异常发达、文献十分丰富后，赵士英为此越发对当时中国部分经师抱残守缺的现状不满。

因此，赵士英对部分"经师"的不信任，并非放弃伊斯兰教信仰，而是他已经逐渐意识到要真正解决中国穆斯林内部的诸多争论，必须大力发展伊斯兰教文化教育事业，必须"开眼看世界"，应该说赵士英作为当时"先进"的穆斯林代表，其许多想法至今仍然值得借鉴，具有启发意义。赵士英在康熙末年与西方传教士马国贤对话，意识到伊斯兰教文化在海外有着辉煌的历史、发达的学术传统，因此对当时中国伊斯兰教的现状有所不满，但这并不意味着他放弃了伊斯兰教信仰；实际上，此后赵士英仍然积极为中国穆斯林争取权益。

唐晋徽《清真释疑补集》集录了涉及伊斯兰教的清代皇帝上谕硃批，其中有一段提到赵士英："雍正八年六月二十日，据

---

① 按照《冈志》自身的说法，"伊玛目"有站在前列之意，但在隐遁伊玛目以马赫迪的身份再世之前，没人有资格做其代理人，因此必须虚位以待，采用"连班"。

② 《北京牛街志书——〈冈志〉》，第21—22、95—96页。

回民太医院院使兼光禄寺卿臣赵士英、赵延瑞等呈称：世居辇下，久沐皇仁，于雍正七年四月初七日，钦率上谕，教训回民至详至细，愚夫愚妇、白叟黄童，无不感激涕零，愧悔勉励。今雍正八年五月初十日，署安徽按察司鲁国华有禁革回民之奏，复蒙皇上轸念愚蒙，曲加宽宥。跪读上谕，句句揭回民之情，拜聆圣言，字字发回民之隐。凡属回民，心悦诚服……共求无愧于教规，即可无犯于国法，子子孙孙，生生世世，永思图报于万一耳。敬抒忠悃，恭谢天恩。"①

赵士英是雍正八年（1730年）六月十九日被授予太医院院使加光禄寺卿衔，次日赵士英请顺天府尹孙家淦代呈谢恩折。赵士英在谢恩奏折中，并没有仅仅为自己的升迁表示感谢，而是更加关心朝廷对回民的态度，特别对地方大员提出"禁革回民"表现出极大的关心。赵士英特别向雍正皇帝强调了皇帝对待回民应该一体同仁："王者效天法地，并育兼容；圣贤与物胞民，同仁一视。殊方异俗，悉上帝之苍生；践土食毛，皆大君之赤子……矧兹回民，久居中土，魏晋以来，于今为盛……既已一德一心，服天朝之雅化，所望惟怀惟保……王制通欲达情，备其教不易其俗，齐其政不易其宜。以古观今，时移道合。天度无外，既已视为一家，人各有心，谁不勉为遍德……睹此回民迁善慕义之悃忱，益见皇上易俗移风之德政。所当恭疏代题，以扬盛治者也。"② 赵士英奏折中虽然不免对雍正皇帝歌功颂德，但其真实用意表达得十分明显，即向清朝最高统治者阐明，中国穆斯林也是天朝子民，清廷应该公平对待回民，"备其教不易其俗，齐其政不易其宜"，在穆斯林民众遵纪守法的前提下，必须充分尊重其宗教信仰风俗习惯。当然，清朝统治者是不可能真正做到这一点的，不到半年赵士英就被雍正皇帝斥为"举动言语，荒谬乖

---

① 唐晋徽辑：《清真释疑补集》，载周燮藩《清真大典》第18册，黄山书社2005年版，第40—41页。

② 《清真大典》第18册，第41页。

张"被降职。但中国回民太医赵士英同西方传教士马国贤对话中体现出来的国际视野，在对回民平等权益的追求上，确实走在了时代的前列。

综上所述，北京牛街《冈志》中提到的意大利天主教传教士"马伟贤"应是"马国贤"之误。康熙末年，《冈志》作者回民太医赵士英向马国贤询问海外伊斯兰教文化教育发展情况，是有感于要真正解决当时中国穆斯林中关于教法的诸多争论，必须全面了解伊斯兰教文化学术，不能抱残守缺。赵士英作为清代"先进"的穆斯林，已经有"开眼看世界"的觉醒意识，至今对我们犹有启发意义。

第二节　《冈志》的写作时间、流传情况以及现代白话翻译的编写说明

1. 《冈志》的成书与增订时间

《冈志》作者赵士英的生卒年不祥，《冈志》主要是记载康熙年间的事情。《冈志·人物》在记述沈元鼎时说："十年，豫抚杨宗义论革"，这里的"十年"有学者认为是康熙十年（1671年）[①]，但杨宗义于1718年五月至1723年正月任河南巡抚，康熙十年早于杨宗义任河南巡抚数十年，显然不可能是康熙十年，所以这里的"十年"只可能是雍正十年（1732年）。以此推测，《冈志》必然是在雍正十年（1732年）后成书的，1732年是《冈志》成书的上线。而且只称"十年"未写年号，说明很可能赵士英撰写《冈志》时就在雍正年间，即《冈志》是赵士英在雍正末年撰写的，即《冈志》成书的下线是雍正十三年即1735年。这恰好是赵士英遭雍正斥责被贬之后的一段时间。

又《冈志·儒林》最后为"改振宗，日新子。武进士，现任松江城守备参将"。这段话显然不应该编入《儒林》篇（《白话冈

[①] 《北京牛街志书——〈冈志〉》，第10页。

志》改入《人物》篇），这段话与其上"白业睿"等内容，显然是后加上去的，"白业睿"等人甚至没有生平介绍。这说明《冈志》成书后还有增补。改日新之子改光宗是雍正八年（1730年）武进士，在乾隆五年（1740年）至七年（1742年）任松江参将。改振宗或与改光宗履历类似，或为兄弟，或误为一人。① 因此，《冈志》大概在1740年至1742年间有过一次增补修订。

综上所述，《冈志》大概是赵士英在雍正末年被贬之后开始撰写，大约成书于18世纪30年代中前期，18世纪40年代初又有小幅度的增订。

2. 《冈志》的流传情况

《冈志》成书之后，长期以来一直以抄本形式流传。现存《冈志》抄本主要有两大系统。

（1）牛街礼拜寺—古绍宸所藏抄本

据尹伯清先生（1888—1961年）在《冈上志研究》手稿②中记叙，中华人民共和国成立前做公立第二十小学教员时，曾向牛街礼拜寺管事的乡老借《冈志》抄本，当时的答复是"这个书经古乡老借去没有交还"，此事发生在1920年前后。此后该抄本一直保存在古家，1956年春古亮宸之子古绍宸将该抄本交给牛街礼拜寺民主管理委员会，民管会成员刘仲泉先生抄录一份，稍后当年斋月（4月12日—5月12日）尹伯清先生借阅刘仲泉抄本，随读随写大约一个半月时间，因为着急还书，最后几篇（《康熙己卯讲班》《斋月入斋看月聚论纷纭》《马君锡求八字匾额》《枷孙四稳于寺前》）没有抄，由此形成了一个尹伯清《冈上志节本》。在此期间，刘仲泉先生在《冈志》抄本基础上，对原文略有增删，编写了《北京牛街冈上礼拜寺志草稿》，刘先生

---

① 参见王建平《从阿拉伯到中国：清代画家改琦的家世和信仰综合主义现象探讨》，《世界宗教研究》2010年第3期。

② 尹伯清：《冈上志研究》手稿，转引自刘东声、刘盛林《关于〈冈志〉》，《回族研究》1992年第2期。

1957年4月患病卧床，10月去世。1959年北京首都图书馆把这本《北京牛街冈上礼拜寺志草稿》从牛街礼拜寺借去抄录一本存馆。此外，1959年尹伯清先生所抄的《冈上志节本》以及只写了几页纸的《冈上志研究》手稿在一次献书活动中捐出，后藏于东四清真寺。①

"文化大革命"期间，牛街礼拜寺所藏古绍宸捐出的《冈志》抄本、刘仲泉《北京牛街冈上礼拜寺志草稿》，以及刘家所藏刘仲泉先生抄录的《冈志》抄本、《北京牛街冈上礼拜寺志草稿》均因红卫兵抄家散失。只有首图所藏《北京牛街冈上礼拜寺志草稿》保存下来；1985年尹伯清先生《冈上志节本》以及《冈上志研究》手稿也在东四清真寺重新发现。

（2）沈凤仪抄录、张星烺所藏抄本

著名历史学家张星烺先生（1909—1968年）在《记述北京历史风物书录补》中提到《冈志》，说有中华民国十八年（1929年）誊印本。这引起了北京市社科院历史所姜纬堂先生的注意，但一直没有找到该誊印本。后张星烺先生之子张叔文先生，在家中藏书中找到《冈志》沈凤仪抄本原件，该抄本是沈凤仪在嘉庆十八年癸酉（1813年）十月三日抄录完毕的，弥足珍贵。1987年张叔文先生将《冈志》沈凤仪抄本原件献给了北京市政协文史资料研究委员会。

以上两个系统的抄本，被发现时都有残缺，且牛街礼拜寺—古绍宸所藏抄本原本已经散失，仅存刘仲泉《北京牛街冈上礼拜寺志草稿》、尹伯清先生《冈上志节本》。1991年北京出版社出版了刘东声、刘盛林注释的《北京牛街志书——〈冈志〉》，该书前半部分是沈凤仪抄录、张星烺所藏抄本的录文及注释，后半部分是刘仲泉《北京牛街冈上礼拜寺志草稿》及注释。本书所述《白话冈志》便

---

① "大跃进"时，由于受极"左"思想影响，我国很多地方在宗教界开展了"三献"活动，即献教堂、献经书、献法器，尹伯清先生的节抄本和未完成的文稿在1959年可能是被迫上交的。

主要以《北京牛街志书——〈冈志〉》为依据。

3.《白话冈志》的编写说明

《冈志》是牛街地区的古代的重要志书,对其进行白话翻译,有利于《冈志》的流通传播,使北京回族了解自己先民的历史,也可以帮助一般读者了解北京的历史和风物,更加了解和热爱自己的家乡、自己的祖国。同时,对《冈志》的白话翻译,也可以为将来《冈志》的外文翻译提供参考,有利于中国穆斯林在世界发声,在全球化高歌猛进、我国积极推行"一带一路"伟大战略的今天,略尽文化交流互鉴的绵薄之力。

刘仲泉《北京牛街冈上礼拜寺志草稿》虽然主要是抄录原文,但有时候会加入刘先生的议论,有时候为了便于阅读,刘先生会对比较生僻的词语改作较为通俗的语句,另外在章节安排上,刘先生也有所合并,所以本书首要参考沈凤仪抄录、张星烺所藏抄本,在沈抄本不存的情况下,才按刘仲泉《北京牛街冈上礼拜寺志草稿》文字翻译。

沈抄本前有"目录",这是非常宝贵的,向我们揭示了《冈志》原本的篇章结构,"目录"中"图考"的内容已经散佚,现在抄本中"食物""杂志"也是有目无文。《冈志》两个抄本系统都有残缺,后人重订时恐多有疏失,许多篇目下面的内容与篇章题目不符,为了方便读者,笔者在白话翻译时有所调整。

(1)沈抄本"灾异"为抄本最后部分,内容多与"灾异"不符,应该是抄本年深日久,许多掉页、残页,恐都被并入抄本最后进行装订了。①"灾异"本意主要是指反常的自然现象、灾害,故"灾异"部分本书只保留了康熙十八年地震、小栅栏胡同井中鬼怪、白昚"面口袋"、无头鬼、黑驴绕阜等数条。②冈儿上地区居民姓氏、天坛械斗、准噶尔奸细案、赵家井案均属人事,移入"杂志"。回族墓地一段及其议论,也移入"杂志"。③讲述伊斯兰教传入中国的历史及牛街屠户生意兴衰移入"风俗"。沈抄本"风俗"仅一段,加入此部分,顺理成章。而且现在"风俗"末尾提到"中华之西域也",后接伊斯兰教人华部分开头"斋月间"挂灯笼奇观，语义颇为顺畅。

（2）沈抄本"教礼议"，遗漏较多，参考刘仲泉《北京牛街冈上礼拜寺志草稿》相关内容，进行了调整。①"舍公谈性理""己卯讲班""马君锡争座位""看月聚论""八字匾""枷孙四稳"这几篇均涉及马君锡等人，为保持叙述的完整性，这几篇不再打散，大体按年代顺序排列。《冈志·教礼议》小序中说康熙三十八年之前（1699年）辩论多，康熙三十八年（1699年）之后辩论少，但目前来看《冈志·教礼议》记录下来的康熙三十八年（1699年）之后的辩论似乎更多，不过从这些记录来看，大规模的辩论，主要是"舍公谈性理""己卯讲班"，这两件事都发生在康熙三十八年之前；而其他几件事，主要马君锡等个别人挑起的是非，规模相对较小，所以《冈志·教礼议》小序的说法也是可以成立的。②"马永和摘误"相对独立，马永和年代不明，其"游学于济宁十余年还京"，若跟从常志美（约1610—1670年）学习，则年代较早。且摘误十条，有纲领性质，故排在"教礼议"之首。③"马永和摘误"这篇，在刘仲泉《北京牛街冈上礼拜寺志草稿》相应文字中，最后多出"独班年老者，大半不食糖"一段，为沈抄本所无，且跟"马永和摘误"这篇文气不类，移入"食物"。

（3）其他个别调整，如前述"改振宗"由"儒林"调入"人物"；"街巷"中删除"火药局"，一则火药局不在牛街地区；二则刘仲泉《北京牛街冈上礼拜寺志草稿》相应文字中亦无火药局。

以上调整可能不同学者会有不同看法，本书所述《白话冈志》主要为了便于普及，方便读者的阅读习惯。

沈抄本与刘仲泉《北京牛街冈上礼拜寺志草稿》文字有差异的，一般以沈抄本为准，沈抄本缺少的内容，用刘仲泉《北京牛街冈上礼拜寺志草稿》相应文字补充。白话翻译以直译为主，为了便于读者理解，有时会加一些补充说明，用中括号注明。《冈志》叙述中的史实错误，一般在方括号中注明。有些比较明显的错误，而且出现次数较多，为了行文方便，白话翻译时就直接改正了，如前所述"马国贤"误为"马伟贤"。除了特别注明是伊历的情况外，本书使用阿拉伯数字书写的日期是公历，使用汉字书写的日期是中国传统农历。

最后需要说明的是《冈志》作者赵士英没有受到过伊斯兰教教礼教义的专门训练，个别叙述在伊斯兰教专业人士看来可能欠妥，白话翻译时为了照顾读者的阅读习惯，有些进行调整，例如"舍公谈性理"中提到常志美葬礼时"白衣如云，哭声如雷"，若一般古文白话翻译，都会把"白衣"理解为送殡人穿孝，但穆斯林反对葬礼披麻戴孝，也忌大哭，所以"白衣"只翻译为"白色衣衫"，"哭声如雷"翻译为"呜咽声合在一起如同天上打雷"。但有些地方如果刻意回避，则有曲解、篡改原文的嫌疑，例如文中多次提到下跪、酒徒，白话翻译时未做修改；作者赵士英对穆斯林葬礼等内容，也有一些自己的议论，相信读者可以当作一家之言看待，自会分辨。

第三节 《冈志》所记北京牛街的回民人物与职业生活

《冈志》除了大量的宗教内容外，对牛街回民的生产生活有颇多记叙，特别是对牛街的屠宰业有比较多的阐述，此外北京回民从事的职业五行八作，甚至有养斗鸡、蟋蟀谋生的。当然，作者叙述的重点还是地位较高的官宦富商。

从《冈志》来看，跟牛街地区穆斯林打交道比较多的衙门主要有两个：一个是理藩院，涉及民族管理的事务，如处理准噶尔奸细案，将蒙古各部来京进贡使团的膳食外包给牛街富商（光禄寺也参与此事）等等；另一个是都察院五城兵马司（牛街地区归西城兵马司管理），负责日常社会治安，礼拜寺内出现比较大的纠纷，也属该部门管理，马君锡求"清真圣教，职司首领"的八字匾额也是兵马司颁发的。

第六章 小聚居与处境化:从《冈志》看清代北京牛街地区的回民历史与传说 / 111

牛街地区回族居民本身做官主要有两类,一类是做技术性官员,在钦天监从事天文历算,或者在太医院做医官,《冈志》的作者就属于后者。这类技术性官员往往是家传的,父子、兄弟世代从事这一行业。另一类是出任朝廷命官,以地方官员为主,又分文官和武官。明代就有一些回民参加科举考试,考取功名,有些甚至以明朝遗民自居,不在清朝为官,像林古松虽然被清初兵部尚书刘余佑(沈抄本误为"刘禹佑")礼请,也誓不出仕为贰臣。当然,牛街回民里武举出身,做武官的尤其多。牛街因屠宰业富甲一方,无论文官还是武官,花钱捐官的现象非常突出。这里就最有特色的钦天监官员和武官略加叙述勾勒。

一 钦天监回族官吏以及阿拉伯天文学在中国传播发展

阿拉伯天文学对中国天文历法的影响是深远的,在元代中国的回回天文学家已经作出了极其重要的科学贡献。《冈志》中提到"异人扎马鲁丁造万年历及七种仪器"①,是指元朝至元四年(1267年)穆斯林天文学家扎马鲁丁进万年历,颁行全国,同年在元大都(北京)设观象台,并创制浑天仪等7种天文仪器,其中扎马鲁丁首创的地球仪在科技史上具有极其重要的意义。至元八年(1271年),元朝建立回回司天台,任命扎马鲁丁为提点。延祐元年(1314年)回回司天台改称回回司天监。

到了明代,《冈志》说:"回回大师马沙以黑(马沙亦黑)造七政立("立"应为"历")成,以考大统历之失,因另设回回钦天监,专掌交食凌犯四季天象。"② 洪武二年(1369年),马德鲁丁携马沙亦黑、马哈麻、马哈沙三子来到中国,颇受明太祖朱元璋的器重。明洪武三年(1370年)回回司天监改称回回钦天监。马德鲁丁担任回回钦天监监正,洪武七年(1374年)从麦加朝觐回到中国后不久去世。马沙亦黑是马德鲁丁的长子,

---

① 《北京牛街志书——〈冈志〉》,第33页。
② 同上。

接任钦天监监正，洪武三十一年（1398年）撤销回回钦天监，但在钦天监中设立回回科。马德鲁丁曾被授予"回回太师"府爵，马沙亦黑也继承了这个爵位，永乐四年（1406年）由南京迁往北京。《冈志》中提到马沙亦黑曾经翻译《乾方秘书》，①《乾方秘书》现今国图还存有抄本，《乾方秘书》即《明译天文书》，又称《天文宝书》，这是中国天文史上的名著，介绍了很多阿拉伯天文知识。不过《冈志》这一记述略有差错，《乾方秘书》的译者实际为马沙亦黑的弟弟马哈麻，而非马沙亦黑，该书原作者是波斯天文学家阔识牙耳（971—1029年）。马沙亦黑是另一部天文学名著《回回历法》的译者。② 阿拉伯天文系统中部分推算内容（如测回归年长度、太阳远地点进动值、五星会合周期以及五星远日点进动值等）比中国传统天文学先进，故明代回回历一直与大统历参用，先后达270多年，万历年间钦天监官员以《大统历》推算日食、月食多次不如回回历准确，礼科给事中侯先春上奏回回历"何妨纂入大统历中，以备考验"获准。我们在《冈志》中常见回族天文学家"专推交时凌犯四季天象，以考正中国古法之失"，并非溢美之词。

《冈志》简单介绍了数位清初生活在牛街地区的回族天文学家，其中最为重要的一位是吴明烜，他涉及康熙初年著名的"历狱"之中，这里略作说明。

清初推行西洋新法（时宪历），顺治三年（1646年）停用回回凌犯历，顺治十四年（1657年）因"回回科推算虚妄"，西方传教士汤若望将回回科"革去不用"，原钦天监回回科事务由秋官正负责。（《清史稿》卷一百十五）按照《清史稿》的记叙顺治十四年（1657年）四月，原钦天监回回科秋官正吴明炫，即吴明烜的哥哥状告汤若望，并"乞复立回回科，以存绝学"

---

① 《北京牛街志书——〈冈志〉》，第23页。
② 参见陈久金《马德鲁丁父子和回回天文学》，《自然科学史研究》1989年第1期。

(《清史稿》卷四十五)，但未准奏。不过按照台湾学者黄一农教授的考证，《清史稿》将吴明炫、吴明烜视为兄弟是错误的，黄一农认为吴明炫与吴明烜实为一人，顺治年间的吴明炫，等康熙（玄烨）登基后，为了避讳，遂改名为吴明烜。① 黄一农教授的考证是有道理的。

西方传教士汤若望在顺治元年（1644年）获得钦天监的主导权，采用考较术业的手段，将不熟悉西洋新法的钦天监官生全部进行了淘汰，但多尔衮认为与西洋新法属于不同系统的回回科尚有保留的必要，故仍存吴明炫等回回科五员监官以备参考，其余回回科成员吴明耀（恐系吴明炫之弟）等人被裁撤。汤若望等人为了维护西洋新法在钦天监中的地位，尤其是想把钦天监改造成中国朝廷中第一个信奉天主教的机构，对异教徒都进行了打击。汤若望连续对回回科施加压力，令其"不许再报交食""罢用回回凌犯历""不必再报夏季天象"，对回回天文学家进行了排挤。由此引起了前述吴明烜在顺治十四年（1637年）的反弹，对西洋新法的准确性进行了质疑："臣祖默沙亦黑等一十八姓，本西域人，自隋开皇己未年为历元，抱其历学重译来朝，授职历官，历一千五十九载，专管星宿行度吉凶，每年推算太阴、五星凌犯天象，占验日月交食，即以臣科白本进呈御览，著为定例。顺治三年，本监掌印汤若望谕臣科：凡日月交食及太阴五星凌犯天象占验，俱不必奏进。臣查若望所推《七政历》，水星二、八月皆伏不见，今水星于二月二十九日仍见东方，又八月二十四日夕见，皆关象占，不敢不据推上闻。乞皇上立臣内灵台，以存臣科，庶绝学获传矣。并上顺治十四年回回科推算《太阴五星凌犯书》一部、《日月交食天象占验》图像一本，事下所司。"（《世祖实录》卷一零

---

① 参见黄一农《清初钦天监中各民族天文家的权力起伏》，《新史学》第2卷第2期，1991年；《吴明炫与吴明烜：清初与西法相抗争的一对回回天文家兄弟？》，《大陆杂志》第84卷第4期，1992年；《清初天主教与回教天文家间的争斗》，《九州学刊》第5卷第3期，1993年。

九）七月，吴明炫又呈"为详述设科等事"一疏，要求恢复回回科原有体制。但当年的八月二十四日未观测到水星，吴明烜推算错误，遂以虚妄下狱。为此吴明炫进行了辩驳：

据（吴明烜）供："八月二十四日，水星现出，红云遮了未见。今水星现高了，于初五日，有钦天监博士马惟龙、计登洲、马以才来向我说：'于初二日水星现出，初三日报到礼部。'传马惟龙等问，他若说没有，我也没有说处了。"遂传博士马惟龙、计登洲、马以才："你等三人于初五日来对吴明烜说：'初二日，水星现出，报到礼部'，是实否？"据（马惟龙等）供："初五日，并无对吴明烜说：'水星现出，报到礼部'，亦没有到吴明烜跟前来"，又问吴明烜："博士马惟龙等供未对你说，你今有何说？"据（吴明烜）供："他们说没有，我还有甚说。"[①]

根据黄一农教授的计算，如果气象情况较好，观测到水星是有可能的，吴明烜若希望有人跟他做伪证，应不必再举出三人，而且也不必牵扯礼部，因为当时礼部尚书胡世安等人跟汤若望关系很好，故黄一农推测马惟龙等人当庭翻供，应该是慑于汤若望在官场上的势力。总之，吴明烜的抗争以失败告终，"奏事上疏，诈不以实"拟绞，幸遇董鄂妃生子大赦得免，"十月二十六日恩赦"免罪释放。

汤若望在顺治元年（1644年）凭借考校术业的方式大量裁汰了不熟悉西洋新法的钦天监官生，并组成了自己在钦天监的新班底，汤若望由此开始主导钦天监业务长达20年之久，并通过钦天监官生以世袭为主的传承制度，再加上信奉天主教的天文学家的家族信仰延续，使得钦天监几乎成为一个奉教机构，钦天监的大权也牢牢掌握在传教士手中。直到康熙三年（1664年）七月，杨光先（1597—1669年）掀起"历狱"，传教士汤若望、南怀仁入狱，幸遇赦宽免，但夏官正李祖白、春官正宋可成、秋

[①] 汤若望：《奏疏》卷三，第39—42页，《奏疏》见台北"故宫博物院"藏《西洋新法历书》中，转引自《清初天主教与回教天文家间的争斗》，第57页。

第六章 小聚居与处境化：从《冈志》看清代北京牛街地区的回民历史与传说 / 115

官正宋发、冬官正朱光显、中官正刘有泰等中国籍信奉天主教的钦天监官员都遭到处斩，钦天监中天主教天文学家的势力基本遭到清除，杨光先任钦天监监正，最初仍采取大统历，但大统历已经有20年不用了，钦天监的官生早已熟悉西洋新法，而对大统历则非常生疏。于是杨光先开始借助回回天文学家来对抗西洋新法。

汤若望案爆发后，康熙四年（1665年）杨光先任钦天监监正，杨光先又推荐吴明炫为监副，"康熙戊申八月，圣祖以旧法不密，用回回法。时钦天监监副吴明炫疏言：'现用旧法，不无差谬，与五官正戈继文等所进书暨回回科七政书三本互有不同，宜令四科详加校正以求至精。'下礼部议。寻议：'五官正戈继文等推算七政金、水二星差误，监副吴明炫之七政书与天象相近，理应颁行。主簿陈聿新推算己酉年时宪，已颁各省，止于本年暂用。其七政经纬躔度月五星凌犯等书，及日月交食，自康熙庚戌以后，俱交吴明炫推算。'从之"（《圣祖实录》卷二十六）。康熙四年（1665年）天主教天文学家的势力已经铲除，但因为各年的历日均在前一年印刷颁布，故从康熙六年开始才尽废西法，采用大统历，但因为钦天监的官生已经不熟悉大统历，计算多有错误，所以吴明炫在康熙七年（1668年）八月上书，认为现在所用的中国传统历算（大统历）有不少错误，担任钦天监五官正之职的戈继文，以及陈聿新两人用大统历制定的历书乖谬，吴明炫奉旨按照回回历法（七政历）制定了康熙八年（1669年）的民历，并把七政历的推算也一并呈上进览。因为康熙八年（1669年）的历法已经向各省颁布了，遂决定下一年即康熙九年（1670年）开始都依据吴明炫的回回历算方法。

但因吴明炫依回回法的推算，遭到西方传教士南怀仁等人的攻击；康熙七年（1668年）十一月南怀仁开始大肆攻击回回历法，开始为"历狱"翻案。更为重要的是康熙八年（1669年）五月鳌拜被除，康熙皇帝决定为历狱彻底翻案；康熙八年（1669年）七月吴明炫被革职，南怀仁任钦天监监副。（《圣祖实录》卷二十六）康熙九年（1670年）"大统、回回两法俱废，专用西洋法，如顺治之初。"（《清史稿》卷四十六）康熙九年（1670年）恢复了顺治初年的做法，专用依据西洋新法的时宪历。吴明烜的回回历法，在康熙七八年间只是昙花一现。传统上一般认为回回历法不如西洋新法准确，但经黄一农教授推算，南怀仁所举回回历法中的"错谬"，实际上大多数是由于双方定义不同、使用的坐标系统不同所致，南怀仁的一些论证也比较牵强，例如吴明烜使用的时间系统是传统的百刻制，而不是西洋新历的一日分成九十六刻，但南怀仁在批判吴明烜时将新、旧历的定义肆意混用，从而指摘回回历误差较大。"历狱"翻案后，天主教传教士使用的西洋新法取得了钦天监的主导地位。

除了吴明烜，《冈志》还记载数位在钦天监工作的回回天文学家。清初禁止民间私自学习天文，雍正三年即1725年，《大清律例》才删去"禁私习天文"的条款，所以承袭父兄术业在钦天监学习天文学、听候考选的人员即世业生（也叫世业子弟）是清天监官生的主要来源之一。《乾隆会典则例》卷一百五十八："每世业子弟五人由监选三科官人品老成、精通术业者一人，督率课程，每年季考亦令考试，分别等第。三年内学有成效，令该教习出具结状方得补用。如世业子弟依恃父兄在监，名为学习，而术业生疏者即行黜退。"也就是说，有父兄在钦天监工作的家庭子弟，在每五人中选拔一人进入钦天监学习天文学，学满三年，考试合格，获得教官书面文书推荐，可被钦天监录用。如果依仗父兄在钦天监工作，不好好学习，随即除名。根据《冈志》记载，薛宗伟的哥哥薛宗隽在钦天监做过夏官正，薛宗伟应该就是世业生出身，学习考试合格，被钦天监录用为天文生。

《冈志》还提到刘裕锡"尤喜造仪器奇巧之物，以天文生转博士，迁五官（五官正），供奉养心殿，升任户部贵州司额外主事"[①]。清钦天监大约在今天正义路以东，天安门广场东线以西，

---

① 《北京牛街志书——〈冈志〉》，第11页。

东长安街以南,东交民巷以北的区域。① 钦天监属官本不应在宫内的养心殿当值,养心殿是皇帝休憩的场所,但康熙年间养心殿一度为宫内的造办处,钦天监属官中精通器物制造的官员因此在养心殿当差。刘裕锡应是在康熙年间"供奉养心殿"。钦天监专业性比较强,因此其官员考核升迁方式与其他部门有一定区别,康熙四年(1665年)圣谕:"钦天监事务必须久任,乃能习熟,不必照别衙门一体升转。如年久积功,加伊应升职衔。"(《圣祖实录》卷十四)也就是说康熙皇帝认为,钦天监官员队伍应该保持稳定,不必跟其他部门一样按其资历升迁;如果钦天监官员资历深厚,提高他的级别头衔就可以了,不要调离他在钦天监固有的岗位。不过康熙九年(1670年)又规定钦天监堂官和五官正以上属官可以加衔留任、也可以升转到其他部、院、寺、监等部门,但五官灵台郎以下属官升迁则不能离开钦天监。(《光绪会典》卷八)刘裕锡在钦天监原为五官正,故按照这一规定,转升户部任职,他到户部应该也与他善于制造精巧器物有一定关系。

二 回族武官

回族尚武,在清明武官阶层中,回族占据相当大的比例,是值得我们重视的历史现象。《冈志》提到的最早的明清回族武官是明初的铁铉、薛禄,而对北京回民有较为直接影响的是陈友,陈友、詹升在北京穆斯林中的事迹我们前文已经略述,②《冈志》重点记叙的清中期的事件,清朝的情况与明朝有比较大的相似性。西北不少少数民族是信奉伊斯兰教的,无论是战是和,回族武官在处理边疆事务时具有一定的优势。《冈志》有比较大

---

① 史玉民:《清钦天监研究》,博士学位论文,中国科学技术大学,2001年,第18页。

② 另可参见陈亮《明朝回回人陈友家族考述》,《回族研究》2012年第2期;《明代回回通事詹升史迹考》,《回族研究》2012年第4期。

的篇幅提到，北京牛街回民垄断了蒙古使团来京的供给，但也牵扯进准噶尔奸细案中。而回族武官一方面是出镇西北边防，在大同等地做武官；一方面也参与镇压南方少数民族的叛乱。除了出征外，由于回族中许多人武艺高强，很多人还加入禁军，担负保卫皇家的职责，像《冈志》中记载的回族武师米祥所、李友三师徒深受康熙皇帝喜爱，铁帽子王顺承郡王爱新觉罗·勒尔锦拜米祥所为师，李友三跟从顺承郡王出征吴三桂。

北京回民武官累世军功，有些官阶做得相当大，例如明代的陈友家族，清代的改弼廷家族。这些武官世家在北京回民中有很大的影响力，包括牛街礼拜寺在内的北京四大官寺，都是明代陈友、詹升等武官出面请额，清代北京牛街独班东寺，也是改弼廷出面请敕赐永寿寺额。康熙五十九年（1720年）改弼廷七十大寿时"北京九寺掌教及近郊师皆至诵经"。北京回民遇到大的纠纷教礼辩论、惹上大的官司，也都需要这些武官家族出门调停、斡旋，根据《冈志》的记叙，在准噶尔奸细案中，改弼廷花了大量金钱用于行贿打点，才使得北京回民没有无辜受累。

总体而言，北京牛街地区的回民在清中前期比较富足，《冈志》中对很多回族富商极尽奢华的生活作风还进行了激烈的批判；许多回民家族地位也很高，并没有受到比较明显的欺侮，与朝廷政府、市民社会相处得还是比较融洽的。一些研究者常举《冈志》中记载康熙三年（1664年）的天坛械斗案来说明北京回民受到欺负。在天坛大规模群殴事件处理中，《冈志》认为"刑官受汉人之贿"，诬告回民造反，而回民"恃忍刑，初不贿刑部一钱也"。从《冈志》其他事件的记叙来看，北京牛街回民很多十分富足，打官司一般都是不吝惜上下打点的，而且康熙初年牛街回民富商跟官府勾结贪污冒领给蒙古使团的津贴，许多回族上层人士跟官府的关系是十分密切的；即便天坛械斗案是一次回民没有行贿官府的例外案件，从案情和最后结果来看，械斗打死的汉民较多，回民当场仅死一人，而事后被斩首的三人中，两人是牛街居民，其中刘青煤还只是居住在牛街的汉人，双方流放的各二三十人，也并没有特别偏袒哪一方。在《冈志》的记录中，牛街回民受到明显不公正待遇的是"赵家井"案，本质上是权贵欺压平民，加之牛街居民无赖甄八钢挟私报复，并不是典型的族群纠纷事件。

应该说，清中前期北京牛街地区回民财力和势力都比较大，特别是有众多高官阶的回族武官家族存在，北京回民的社会地位并不算低，并没有遭到特别明显的歧视或区别对待，民族关系是正常的。

第四节　《冈志》中的思想内容

牛街地区居民主要来自江南和山东两地。清初的江南省即明代的南直隶，江南省大致相当于今天的江苏省、上海市和安徽省。北京回民，早期来自江南的较多，像前面提到的吴明烜祖上也是安徽人，陈友祖上是安徽全椒人，改日新的后人有一支也定居上海松江，说明原本北京回族与江南有着比较密切的渊源关系。而康熙年间，山东回族的影响在北京回民间逐渐增大，特别是山东学派常志美的思想通过门人弟子，在北京回民中引起较大的波澜，《冈志》中关于教礼教义的争论，除了涉及人事纠纷之外，主要争论的焦点问题，都与此有直接关系。

现今越来越多的学者意识到胡登洲开创的经堂教育，不仅是一种教育制度，还伴随着一种教义学理论和宗教礼仪的革新运动，要把中国伊斯兰教在各地沿袭传统而显得杂乱的教礼教义主张统摄、回归到逊尼派主流之中，在表现形式上主张教仪方面的独班制，并发展起较为严格的认主学传统。常志美就是这一理论和礼仪革新运动的实践者和传播者。[①] 北京牛街地区许多回民学者前往山东济宁向常志美求学，常志美的重要弟子舍蕴善等人也

[①] 参见周传斌《经学大师常志美与回族伊斯兰教的第一次革新运动浅识》，《回族研究》2009年第2期。

来到北京传播其学说,《冈志》用大量笔墨记叙的教礼争论中的"独班制""见月入斋,见月开斋"都是常志美学派的重要主张,另外在教理方面《冈志》还介绍了舍蕴善关于性理方面的学说。

一 连班与独班之争

晚明之前,中国穆斯林中普遍实现连班制,明末开始兴起主张独班制的思潮,常志美的门人弟子将这一思潮引入北京牛街地区,并引发持久的争议。

因为没有女领拜,所以妇女参加集体礼拜,队列形式类似于连班。因此,主张独班的人嘲笑连班的人是妇人班。实际上连班并不同于妇人班,连班是领拜人虽然在第一排,但与其他人有一肩之隔;妇人班第一排是完全站齐的。而独班是领拜人站在礼拜队伍前方,与第一排要隔一排的距离。独班、连班的争论焦点,实际上是一行之隔还是一肩之隔。从《冈志》的记叙来看,连班最大的问题是连班礼拜队伍的第一排在领拜人两旁有空隙,这样魔鬼会趁机混入礼拜的队伍。如果礼拜的队伍不严整,魔鬼会乘虚而入,如同羊羔钻入羊群。

现今我国穆斯林当中已经没有实行连班制的了,但在明末之前为什么会普遍流行连班制呢?《冈志》提出一种看法:穆罕默德圣人去世后,四大哈里发继承圣人的事业,传播伊斯兰教真理,第四任哈里发阿里之后,由其子孙世袭伊玛目,到第十二代伊玛目马赫迪时,教法大乱,异端蜂起,第十二代伊玛目马赫迪就隐遁了。后人希望第十二代伊玛目马赫迪重新出世,故虚位以待,所以礼拜时就改为连班制。如果这一说法是可靠的,也可以看出什叶派的某些思想明末之前在中国穆斯林中有很大的影响力。[①] 薛文波先生曾经提到伊朗什叶派穆斯林在 20 世纪上半叶仍用类似"连班"的方式礼拜,他在 1938 年参加"中国回教访

---

① 该问题可以参见薛文波《什叶派对中国伊斯兰教逊尼派的影响》,《清代中国伊斯兰教沦集》,宁夏人民出版社 1981 年版,第 48—176 页。

问团"在伊朗参加晡礼,"在此聚礼时,曾有许多未曾见过之情况,就我所忆,阿訇领拜不在班外,而与教众同班"。①

而有学者马超依据乾隆年间河南开封东大寺碑文《古制连班序》认为实行连班是受到中国传统礼制的影响,该碑文称:"天房国君,穆罕默德,安服之分,讳独一之名,而于率众拜之仪,不敢独列连班。天子之仪,独一之尊,虽左右戴第自班之中,身制其下者,以尽长□□之礼、申尊之义也。若夫设师长以□□,譬如中国州县以教民也。"② 即认为后世中国伊斯兰教职人员不敢僭越穆罕默德圣人,如同中国州县之官不敢僭越皇帝,所以都实行连班,不敢实行独班。

《冈志》和上面这种说法,都可以从中国传统礼法角度进行理解,只不过一个是不敢僭越隐遁的伊玛目,一个是不敢僭越穆罕默德圣人。不过后一种说法跟当时牛街地区实行连班制的穆斯林的想法有较大的差距,因为我们从《冈志》可以明显看到主张连班的经师都是极力证明穆罕默德在世时就实行连班,以此佐证连班符合圣训;而不是如《古制连班序》理解的那样,穆罕默德圣人可以实行独班,而后的教职人员不敢跟穆罕默德圣人一样实行独班,他们实行连班是对穆罕默德圣人表示尊重。

二 "见月入斋,见月开斋"

《冈志》作者赵士英虽然是实行连班制的牛街教法的穆斯林,但实际上是倾向于独班制的,对舍蕴善等连班师有好感,尤其对主张独班制的马君锡经师不满。"见月入斋,见月开斋"本身新兴的主张,与牛街教法实行的传统做法有较大差异,但连班

---

① 薛文波:《什叶派对中国伊斯兰教逊尼派的影响》,《清代中国伊斯兰教论集》,第157页。
② 参见马超《清代河南伊斯兰教经学研究》,硕士学位论文,陕西师范大学,2015年,第26—28页。

师马君锡却主张"见月入斋,见月开斋",而《冈志》作者赵士英在这个问题上却倾向于白掌教的传统主张。

牛街教坊判断斋月入斋、出斋的办法是白养恒、白元辅父子主张的:(1)入斋时间推算方法:多年来的实际经验证明,如果上一个月是大月30天,那么合朔①早,新月必然在初二出现;如果上一个月是小月29天,那么合朔晚,新月必然在初三出现。(2)开斋时间推算方法:八月初二看月,如果看见新月,初三开斋;如果初二看不见新月,那么到了初三也不必看新月了,因为这个月的圆缺周期肯定结束了,初四必须开斋。

牛街掌教白氏父子确定入斋、开斋的方法,现在我国部分穆斯林中还流行。明末王岱舆在《希真正答》中有一段关于这方面的讨论:"或曰:新月一事,论者纷纷,竟无定理,乞为开示何如?答云:时人寻月之谬,大端有五。是理若明,自不惑矣,凡在寻月之晚,不知念(廿)九之源理,自前月何日为始,便自定于某日寻月,即若半途作宿,自谓到家,错乱多年,牢不可破,其谬一也。再如明命持斋戒开斋之义,本为月小之凭,唯在念九日之内,恐新月或有或无,正于可疑之际,是故必以见月为准,非为月大三十日而降。盖三十日则已完足,更复何疑。今人不辨念九之源,竟将明命落于三十日之内,可谓移易经旨,违背之罪,孰大于此?其谬二也。圣谕云:'如遇念九天阴,须此日审辨高下,以验今昨之月。'今人全不审辨,唯自用而已,虽尊经圣谕,一并扫除,其谬三也。经云:'月圆三昼夜。'凡新月现于初一日,则圆于十四、十五、十六之夜;新月现于初二日,则圆于十五、十六、十七之夜;若新月出与初三日,则圆于十六、十七、十八之夜。亘古以来未见月始圆于十六之夜者,总不悟月圆月亏,以辨人我之是非,其四谬也。月蚀必于十五十六,诚为月中月满之凭,自古未见月蚀于十七之夜者,足以证初三日

---

① 合朔:太阳、月亮、地球三者接近一条直线,此时位居中间的月亮,未被太阳光照亮的半面,正对向地球,在地球上看不到月亮的存在。

晚新月之误，其谬五也。兹予据经辨证，明见如此。"

王岱舆是明末人，《希真正答》比《冈志》早数十年，但在反对初三日晚才出现新月的观点上是一致的。引文中王岱舆还提供一个论证即"月圆三昼夜"，若初三日晚才出现新月，则十六日才月圆，但这是不可能的；而且如果初三才出现新月，那么十七日才会月亏，这也是不可能的，所以初三日晚才出现新月的看法是错误的。

王岱舆之后，在牛街礼拜寺看月纷争之前，也有史料提及类似的辩论，如清代马伏海《穆纳给布》记载："康熙二十年（1681年），河南的黄巴巴到了西安，他把西安的大月初二、小月初三改成见月闭、见月开……西安的大平原（大皮院）者麻体老是初三，乡里有大月初二，小月初三……中原的穆思林，河南的黄巴巴的徒弟，山东马衡福的目勒弟，传的是见月闭，见月开。"[①]

由此可见，入斋、开斋以"见月"为标准，是明末清初在河南等中原地区兴起的做法，此后向我国其他穆斯林聚居地区扩散。根据《冈志》的记载，康熙末年这种做法已经传入牛街地区，牛街实行独班的清真寺采用了以"见月"为入斋与开斋标准，实行连班的清真寺也因此产生了较大的争议；而在此之前，牛街地区大体上奉行"大月初二，小月初三"的做法。

三 性理问题

连班现在我国穆斯林中已经不再流行，但在入斋、开斋时间上各地穆斯林的习俗还存在一定差异，《冈志》中马永和指摘的十事，在我国伊斯兰教格底目等"老教"中还比较流行。《冈志》只是给我们提供了中国伊斯兰教教礼习俗发展演变的一个历史记载，绝非定论，读者自可明辨。《冈志》内容十分丰富，

[①] （清）马伏海：《穆纳给布》第一册，民间资料，1995年，第295—296页，转引自马超《清代河南伊斯兰教经学研究》，第126页。

除了教礼教法问题，也涉及伊斯兰教教义等宗教思想问题，最具有代表性的就是舍蕴善关于四性学说的阐述。

古希腊哲学家亚里士多德把灵魂分为三类：植物的灵魂、动物的灵魂、人的灵魂。这种三分法对基督教和伊斯兰教哲学思想都有比较大的影响，明末以来天主教传入中国，这种灵魂三分的思想也由利玛窦等西方传教士传入中国，而略早于《冈志》的清初伊斯兰教哲学家马注在他的名著《清真指南》中也介绍了这种三分法，而舍蕴善的四性之说，主要是在植物的灵魂、动物的灵魂、人的灵魂这三分的基础上，加入了"金石之性"，故而成为四性之说。

《冈志》舍蕴善性分四等依据的经典文学是"《默格塞德》"，应即《默格索德》即《研真经》，近年来《研真经》的舍蕴善（破衲）中译本已经重新发现，并由中国经学院穆卫宾阿訇在中国人民大学宗教所主办的《宗教研究》2013年刊上全文公布。①《白话冈志》对舍蕴善的四性之说进行了较为通俗的翻译，故这里主要介绍马注《清真指南》中的灵魂观念，并将其与大约同时代新传入中国的天主教相关教义思想进行了比较，最后探讨了该灵魂观念同中国传统儒家、佛教思想进行对话会通的可能性，以此给读者一个关于《冈志》舍蕴善四性学说的时代学理背景。

明末清初著名伊斯兰教学者马注在其名著《清真指南》中，从时间的角度，将万事万物分为三类，第一类是"无始无终"者，唯有真主；第二类是"有始无终"者，包括天仙与人神（人的灵魂），天仙与人都是被造物，故是"有始"，人除了有今生，还有后世，故其灵魂是"无终"的；第三类是"有始有终"者，包括除人之外的一切动物与植物，它们都是真主创造的，故

---

① 还可以参考穆卫宾《汉译〈研真经〉的重新发现及其版本源流考》、张雪松《汉译〈研真经〉与伊斯兰教苏菲思潮在我国明清之际的影响》，载方立天主编《宗教研究》2013年刊，宗教文化出版社2013年版。

"有始",它们死后其灵魂亦随之消亡,故也是"有终"。

《清真指南》"所谓无始无终者,属于真主",真主是世界的创造者,也是时间的创造者,"万有因岁月为始终,岁月因天地为始终,天地因真主为始终"。真主创造世间的万事万物,万事万物何时产生、何时灭亡,是否会灭亡,都源自于真主的权能,"真主既能成造天地万物,而又使之能有能无,能始能终,孰有如真主之永立与真主之权能?"因此,世间生物的灵魂存灭,从最根本上说是源于真主造化之功,这是我们在探讨《清真指南》中灵魂观念的前提。

马注认为,世间生物的灵魂,可以分为三类:(1)草木植物的灵魂是"生性"或"生长之性",只能依据一年四季、寒来暑往而生长变化,但没有知觉,"草木金石有生长而无知觉,感四行之变蒸,根本若死,生性随灭",草木植物一旦枯萎死去,"生性"便随之灭亡。(2)"羽毛鳞甲"等禽兽动物,除了具有生长之性外,它们的灵魂还具有"知觉之性",其生性如草木植物,其觉性如人的灵魂,能具有感知能力,但"不能察识物理,分别善恶",动物死亡的时候,其"生觉之性"也会随之灭亡。(3)人的灵魂,与天仙虽然在等级上有一定的差别,但本质上是相同的;人的灵魂除了具有"生、觉之性"外,更重要的是具有"灵慧之性",是与真主长存的,"至死而生、觉之性随灭,缘有形之有不能长有,惟灵慧之命与主长存。"人去世的时候,如草木、动物的"生、觉之性"会灭亡,所以人的身体死亡了,但灵慧之性仍然存在,在后世依然可以分别善恶,服从真主,"复生原体"。[①]

简言之,马注《清真指南》中,将一切生物的灵魂分为三类,一类是植物的生长的灵魂;一类是动物感知的灵魂;一类是人独有的具备智慧的灵魂。这种对灵魂的看法,在明清之际其他

[①] 马注著、余振贵标点:《清真指南》,宁夏人民出版社1988年版,第34—35页。

宗教中也可以找到类似的观点。例如，晚明天主教传教士利玛窦在其名著《天主实义》中有十分类似的表述。在基督宗教中，天主或上帝是"自有永有"的，类似于马注所说真主为"无始无终者"。而对于生物的灵魂，利玛窦在《天主实义》中亦分为三品即三类：下品是"生魂"，是草木等植物的灵魂，"生魂"让植物生长，等到植物死亡，"生魂"也随之消失；中品是"觉魂"，是禽兽等动物的灵魂，"觉魂"不仅让动物生长，还可以让动物有各种感知能力，动物死亡时，"觉魂"亦随之消亡；上品是"灵魂"，即人的灵魂，灵魂不仅让人生长、有感知能力，而且还能让人能够"推论事物，明辨理义"，人死后，灵魂不灭。① 由此利玛窦进一步论证，灵魂不死，是"修道之基"，只有人才能信仰宗教，获得宗教意义上的救赎。因为动植物都没有灵魂，不能进行推理判断，故只能依据本能行事，"禽兽止于今世，则所付之愿，不越此一世堕落事，求饱而饱则已耳"；而人有推理能力，可以由此及彼，故可从今世推知来世，从此岸世界推彼岸世界，所以只有人才有可能信仰宗教，获得宗教意义上的救赎。

从上面的记述，我们可以发现，在明清之际，伊斯兰教与基督宗教在对灵魂观念上的理解十分近似，而这与中国人传统上受到佛教轮回观念影响的灵魂观念有很大的差异。佛教认为因个人所做善恶业报，死后人可能投胎成人，也可能投胎成动物，甚至转世为天（即天神、天仙）；因此在中国人传统的观念中人的灵魂与动物的灵魂，实际上并没有本质的区别。而明清之际的伊斯兰教与基督宗教则认为人与动物在灵魂上有着本质上的区别，只有人才可以得到救赎，动物则不能。马注在《清真指南》中对于将植物、动物的灵魂与人的灵魂等同的看法提出了不同的意见："设以生长之性同于知觉，知觉之性同于灵慧，灵慧之性同于真主，何异二氏空无，万特一体？且其六道同根，轮回生死，

---

① 朱维铮主编：《利玛窦中文著译集》，复旦大学出版社2001年版，第26页。

妄议猜度，自误误人。非有救降真经，鲜不昏夜无灯，人人失足，及至天明，顾问行人，则叛道远矣。"马注认为，如果佛教的六道轮回成立，不仅动物的灵魂可以同人的灵魂混同，人的灵魂也可以与真主混同，这是穆斯林不能接受的。不过在这里马注对佛教"六道轮回"中"天"这一道的理解略有偏差，在佛教教义中，天即天神、天仙，也有出生与死亡，天的前世可能由人或动物转世而成，天死后可能还会转世为人或动物，故佛教六道轮回中的天，只是一类生存状况较好的生物，类似于伊斯兰教中的天仙，或基督教中的天使，也是被造物，不是"自有永有""无始无终"者，与上帝、真主等一神教中独一真神的观念有较大差别，故从六道轮回的教义，人可以转世为天，并不能直接推导出人的灵魂可与真主等同，是渎神的结论。

不同宗教对人的灵魂与动植物的灵魂是否存在差异，除了涉及教义观点的认识不同，也由此引发了在宗教习俗实践方式上的区别，例如佛教认为动物也属于可以得到解脱的众生，故禁止吃肉，认为杀动物即是杀生；而伊斯兰教与基督宗教则在这方面没有特别的要求。

在中国固有传统文化中，也有许多理论是支持人与动物在灵魂上存在本质性差别的看法，最为明显的就是儒家思想人（君子）与动物（禽兽）的二元划分，特别是孟子在给人性（或者说人的灵魂）下定义时说："人之异于禽兽者，几希"，也就是说，人性就是人与禽兽等动物的差别性。近代新儒家熊十力先生，早年信奉佛教，后舍佛入儒，放弃轮回说，"如是，则我之价值，岂不更重大？我之生活意义，岂不更优美？"[①] 20世纪中国佛教的发展，也开始高扬人在宗教上的独特价值，近代佛门领袖太虚大师、印顺导师纷纷提倡人生佛教、人间佛教，至今蔚为大观。印度佛教经典《增壹阿含经》中所言"诸佛皆出人间"，

---

① 熊十力：《尊闻录》，载萧萐夫主编《熊十力全集》第一卷，湖北教育出版社2001年版，第568页。

从高扬人性的角度，得到了重新的诠释。

综上所述，明清之际著名伊斯兰教学者马注在《清真指南》中，将生物的灵魂分为三类。植物、动物、人，分别具有生长的灵魂、感知的灵魂、智慧的灵魂。马注这种对灵魂的分类，突出了人的独特地位，与其大体同时代的天主教传教士利玛窦《天主实义》中的观点近似，都强调了只有人才具有获得宗教上解脱的可能性。这种灵魂观，与中国传统上以佛教六道轮回为基础的动物与人无本质差异的灵魂观念不同，但与儒家君子与禽兽二元对立的思想有契合之处。近代以来人间佛教思潮的兴起，同样高扬了人的独特地位，与强调人性独特价值的伊斯兰教思想具有可汇通之处。从中我们也可以看出舍蕴善推崇性分四等之说，也是与上述思潮相吻合的。

第五节　《冈志》涉及内容大事记

1. 元朝

至元四年（1267年）

元大都北京设观象台。穆斯林天文学家扎马鲁丁进万年历，颁行全国。

至元八年（1271年）

元朝建立回回司天台，任命扎马鲁丁为提点。

至元十一年（1274年）

元朝穆斯林将领伯颜统兵伐宋，宋亡。

至元十六年（1279年）

赛典赤·赡思丁（1211—1279年）去世。赛典赤·赡思丁是元初著名政治家，穆斯林。曾任云南行省平章政事，是云南设立行省的第一任行政长官，加强了中央王朝对云南的统治。

延祐元年（1314年）

回回司天台改称回回司天监。

2. 明朝

洪武二年（1369 年）

回回天文学家马德鲁丁携马沙亦黑、马哈麻、马哈沙三子来到中国，颇受明太祖朱元璋的器重。

洪武三年（1370 年）

回回司天监改称回回钦天监。马德鲁丁担任回回钦天监监正。明代回回历一直与大统历参用，先后达 270 多年。

洪武七年（1374 年）

马德鲁丁从麦加朝觐回到中国后不久去世。马沙亦黑是马德鲁丁的长子，接任钦天监监正。马德鲁丁曾被授予"回回太师"府爵，马沙亦黑也继承了这个爵位。

建文元年（1399 年）

燕王朱棣起兵南下，史称"靖难之役"。回族大将薛禄（1358—1430 年）随朱棣起兵靖难，战功卓著。

北京回族多是来自江南（今江苏、上海、安徽）、山东二省，即因为燕王朱棣的军队中原来多是这两个省份的人。

建文四年（1402 年）

回族大将铁铉（1366—1402 年），不肯投降燕王朱棣即后来的永乐皇帝，兵败被杀。

永乐四年（1406 年）

马沙亦黑由南京迁往北京。马沙亦黑编译《回回历法》，其弟马哈麻翻译《乾方秘书》（《明译天文书》，又称《天文宝书》）。

宣德八年（1433 年）

二月，土耳其帝国在明宣宗时期第三次来京进贡。明宣宗时牛街穆斯林朵世麟的祖先到中国来进贡狮子。

正统十二年（1447 年）

应回族武官陈友所请，为东四、锦什坊街、安定门内二条 3 座清真寺请额，明英宗分别赐予"清真""普寿""法明"寺名。

正统十四年（1449年）

爆发了历史上著名的"土木堡之变"，明英宗被俘。

景泰八年（1457年）

被瓦剌释放的明英宗发动复辟政变，再度取得皇位，开始寻找"纱灯巴巴"，修"老回回坟"。

成化十年（1474年）

应回族武官詹升所请，明宪宗赐牛街清真寺"礼拜"这一敕建赐额。

嘉靖三十二年（1553年）

北京加修外城墙，牛街地区由城外变为城内。

万历二十五年（1597年）

中国经堂教育创始人胡登洲去世。胡登洲及其弟子冯巴巴、海巴巴首次提出"独班"制，由此引发了旷日持久的连班、独班之争。

天启六年（1626年）

北京城西南隅的王恭厂火药库附近区域，发生了一场离奇的大爆炸，共造成约2万余人死伤。

天启年间，牛街穆斯林马毫光去世下葬之时，坟冢中发出五色毫光，香气浓郁。

崇祯九年（1636年）

常志美、李永寿二人从本年开始，在济宁西大寺执教40余年，授徒上千人。牛街穆斯林张公越、米敬公、安宁宇、马永和等人随其学习。

崇祯年间，牛街礼拜寺一度改行"独班"，当时的掌教有王伯楼、巴大师。牛街居民杨、李二姓的穆斯林家族坚决反对独班，于是捐资在牛街另建新礼拜寺，仍然采取"连班"的领拜方式。

崇祯十年（1637年）

牛街穆斯林林古松举孝廉，赐冠带，为生员。

3. 清朝

顺治元年（1644年）

明朝灭亡，清朝建立。北京城内只能居住满族八旗，城内回族辗转迁居牛街地区。

天主教传教士汤若望获得钦天监的主导权，采用考较术业的手段，将不熟悉西洋新法的钦天监官生全部进行了淘汰，但多尔衮认为与西洋新法属于不同系统的回回科尚有保留的必要，故仍存牛街居民、回回天文学家吴明炫等回回科五员监官以备参考，其余回回科成员吴明耀（恐系吴明炫之弟）等人被裁撤。

顺治二年（1645年）

六月，"回回国、天方国表贺平等燕京，来贡玉石等物"，礼部召牛街掌教王伯楼做翻译。

顺治三年（1646年）

钦天监停用回回凌犯历。

顺治八年（1651年）

闰二月，刘余佑由兵部尚书转刑部尚书。刘余佑在担任兵部尚书期间念及旧时情谊，送给牛街穆斯林林古松白银布帛，林古松因嫌弃刘余佑是投降清朝的贰臣，坚决不收。

顺治十四年（1657年）

因"回回科推算虚妄"，西方传教士汤若望将钦天监回回科"革去不用"。吴明炫对西洋新法提出异议，未准。

顺治十五年（1658年）

顺治皇帝在乾清宫召见朵世麟。朵世麟应对得体，被赏赐金币，并得皇帝亲笔书写的"云外老人"条幅。

顺治十八年（1661年）

从本年开始，外藩蒙古四十八处每年都要来北京进贡，每年进贡两三次，每次动辄有数百人的使团，在北京停留数十日，分别居住在教厂、皇寺、馆驿等处，光禄寺支付膳食津贴，理藩院的差官负责发放，其中滥支冒领的弊端很多。冈儿上的穆斯林商家与光禄寺、理藩院串通作弊，官、商均分赃款。

康熙三年（1664年）

七月，杨光先（1597—1669年）掀起"历狱"，传教士汤若望、南怀仁入狱，幸遇赦宽免，但中国籍信奉天主教的钦天监官员都遭到处斩。

天坛械斗。牛街居民与外人因小事发生集体性群殴事件，死伤多人，事后三人问斩，殴斗双方各有二三十人被流放。

康熙四年（1665年）

杨光先任钦天监监正，杨光先推荐吴明烜为监副。

康熙八年（1669年）

下诏天下拳脚勇猛者进行比武，牛街回族武师米祥所考得第一名。（民间传说此次比武为选拔铲除鳌拜的武士。）铁帽子王顺承郡王爱新觉罗·勒尔锦拜米祥所为师。

五月，鳌拜被除，康熙皇帝决定为历狱彻底翻案；七月吴明烜被革职，南怀仁任钦天监监副。

"独班"再度兴盛起来，张、阎等姓氏的穆斯林家族重修新礼拜寺（牛街东寺），新修的礼拜寺成为实行独班的清真寺。

康熙九年（1670年）

山东学派代表人物常志美去世。

清廷废大统历、回回历，专用西洋新法。

北京大兴人张烈（1623—1686年）考取进士。张烈撰有《读易日钞》六卷，牛街穆斯林白进荣为该书作注，撰有《读易日抄解》。

康熙十二年（1673年）

吴三桂谋反，朝廷命勒尔锦为宁南靖寇大将军，率领大军讨伐吴三桂，回族武师李三友随军出征。

牛街穆斯林、湖南慈利县知县常自慕在吴三桂叛乱中以身殉国。

康熙十五年（1676年）

牛街屠宰商人与光禄寺、理藩院冒领滥支蒙古使团津贴弊端越发严重，许多牛街穆斯林因此暴富。

康熙十八年（1679 年）

七月二十八日（9 月 2 日），北京及周围地区发生 8 级强烈地震。

康熙二十二年（1683 年）

赵家井案爆发。穆斯林营兵马二被打死，赵家被愤怒的穆斯林群众捣毁，事后三十多位牛街穆斯林被判流放三千里，其中许多人是被冤枉的。

康熙二十三年（1684 年）

独班制在牛街逐渐兴起，有二三十户人参加东寺的独班礼拜。安宁宇、尹良相是牛街东寺掌教。

康熙二十四年（1685 年）

六月初一日，康熙皇帝离京前往塞外巡守。六月初八，览太医院奏，得知八岁的四皇子胤禛（后来的雍正皇帝）染患痢疾，即命回銮，一昼夜赶回北京。康熙皇帝亲自督导疗治。医官不能治愈，有人推荐牛街穆斯林茅思范（毛思范），手到病除。康熙皇帝命令顺天府尹亲自到茅思范家，赠送匾额"国手"二字。

康熙二十五年（1686 年）

牛街礼拜寺乡老马予良补授太医院御医之职。

康熙三十年（1691 年）

实行连班的教坊与实行独班的教坊逐渐不和，经常引起争论。

大约在前后，常志美弟子王允卿、舍蕴善先后来到北京牛街讲学。王允卿得到牛街穆斯林群众拥戴，反对舍蕴善宣传性分为四的思想，指责舍蕴善为异端。舍蕴善则得到北京东城穆斯林的支持。两人在琉璃厂巴振宇家当众辩论，舍蕴善胜出。

康熙三十一年（1692 年）

丁澎为牛街穆斯林、常志美的弟子米万济（字敬公）所著《教款微论》写序，该书是伊斯兰教礼仪典制方面的著作。

北京皇家园林澄心园更名静明园。后，牛街穆斯林马润宇升任静明园把总。

康熙三十三年（1694年）

准噶尔部叛乱，派遣奸细十多人，跟随蒙古进贡的使团混入内地，其中有古尔巴尼、沙革阑德二人，冒充新疆穆斯林，潜入北京，在北京各清真寺流窜。接待他们的北京穆斯林群众，因招揽陌生可疑之人，都被治罪，分别被打一百杖，流放三千里。改弼廷在准噶尔奸细案中上下打点，对案件的从轻发落，作出重要贡献。

康熙三十五年（1696年）

牛街商户之间相互告发，不断兴起诉讼，其与光禄寺勾结舞弊侵吞冒领蒙古使团津贴事情逐渐暴露，朝廷也开始对蒙古进贡进行限制，牛街往日繁华不再。

康熙三十六年（1697年）

牛街地区穆斯林关于连班、独班的争论日趋白热化。

改日新（1678—1726年）考取武科进士。

康熙三十八年（1699年）

五月初十，连班师白养恒，独班师舍蕴善，分别带着各自的教众来到改府，辩论连班、独班。这场辩论是由支持独班的张封翁挑起，旨在让牛街礼拜寺改独班。牛街穆斯林反对改成独班，辩论场外杀气腾腾，幸亏辩论和平解决。牛街礼拜寺依旧保持连班。

康熙四十年（1701年）

在准噶尔奸细案中被遣送到杭州的马惠泉，赎罪回京。

康熙四十一年（1702年）

三月，牛街礼拜寺助教马腾云去世。

康熙四十二年（1703年）

九月七日，舍蕴善去世，享年六十七岁，葬于襄城西南灵武山下。

康熙四十三年（1704年）

六月，马腾云之子马君锡为牛街礼拜寺副掌教，马昆如为赞教。

康熙四十九年（1710 年）

《冈志》作者赵士英读到《西域天文稿》《哲罕达尼史》，以及《乾方秘书》等伊斯兰教天文地理书籍。

康熙五十年（1711 年）

改弼廷为牛街新寺（东寺）上书奏请，得敕赐"永寿寺"。

康熙五十五年（1716 年）

牛街礼拜寺穆斯林关于如何确定当年斋月入斋、开斋的日期，发生分歧。最后大家决定听从老掌教白养恒的意见，七月初三日入斋，八月初三日开斋；唯独马君锡是初四开斋。

康熙五十六年（1717 年）

五月。白养恒掌教去世。六月，白养恒之子白元辅和马君锡被新立为掌教，此外牛街礼拜寺掌教还有巴文登等人，当时牛街掌教共六人。

康熙五十七年（1718 年）

五月，都察院五城兵马司送牛街礼拜寺掌教马君锡"清真圣教，职司首领"八字匾额。此事引起马昆如不满。

牛街礼拜寺穆斯林关于如何确定当年斋月入斋、开斋的日期，再次发生分歧。当年牛街礼拜寺群众是七月初四入斋，八月初四开斋。

康熙五十八年（1721 年）

礼拜寺的邦克楼坍塌，牛街穆斯林为此事募捐，但捐款被怀疑遭到贪污。

都察院在牛街礼拜寺内立告示木牌"不许无籍棍徒凌辱掌教"等语。

康熙五十九年（1720 年）

二月，改弼廷七十大寿，北京九寺掌教及近郊师皆至诵经。寿宴后，牛街礼拜寺乡老孙四稳为邦克楼筹款事殴打巴文登等牛街礼拜寺掌教；为此，都察院在礼拜寺门前枷孙四稳示众。

三月，孙四稳乡老脱离牛街礼拜寺，入独班。

六月初八（7 月 12 日）直隶怀来、沙城地震，牛街穆斯林杨伯琳当时是沙城掌教。

牛街穆斯林古今誉任山东高苑县令。

康熙六十年（1721年）

御医赵士英"侍值乾清宫"，与宫内的天主教传教士马国贤，就伊斯兰教在中东等地发展等问题进行了探讨。

雍正三年（1725年）

云贵总督高其倬调任调福建浙江总督。高其倬在担任云贵总督期间与牛街穆斯林、云南驿盐道副使、兼管按察使司沈云佐有矛盾，沈云佐遭革职抄家。

雍正八年（1730年）

六月十九日，赵士英被授予太医院院使加光禄寺卿衔，赵士英上表谢恩。但不久赵士英失宠，此后赵士英开始撰写《冈志》，数年内完成第一稿。

改日新之子改光宗考取武科进士。

雍正十年（1732年）

牛街穆斯林、磁州知州沈元鼎遭到河南巡抚杨宗义的弹劾被革职。

乾隆五年（1740年）

改光宗任松江参将。大约此时赵士英对《冈志》进行小幅度增补，《冈志》最终完成。

附：《冈志》白话翻译

小引

明代北京城宣武门外西南方向有一处地势高耸的山岗，山岗上住着几十户穆斯林，这一片穆斯林聚居区被俗称为"冈儿上"。"冈儿上"的穆斯林，主要从事牛羊屠宰的生意；而地位比较高、在京城做官的穆斯林，主要居住在北京城内东四牌楼和西四牌楼一带，城内的这片穆斯林聚居区号称"东西两边"。"东西两边"的居民看不起居住在"冈儿上"的居民，认为住在

"冈儿上"的人都是乡野村夫。明朝嘉靖年间（1522—1566年），北京城增修外城城墙，冈儿上才被纳入北京城内。【嘉靖三十二年（1553年）北京加修外城墙】明朝灭亡后，清兵入关，北京城内只能居住满族八旗，普通老百姓都被驱逐出城，原本居住在"东西两边"的穆斯林流离失所，最终都迁居冈儿上。岁月荏苒，人事变迁，原本冈儿上三三两两的茅屋，逐渐变为今日鳞次栉比的民居，以往夜晚星星点点的烛光，已经变为如今的万家灯火。贫富变迁，令人慨叹。关于"冈儿上"，也有一种说法是"槁儿上"的变音，"槁儿上"也就是遍地茅草之地，说明这里原本荒凉；还有人说"冈儿上"是"阁儿上"的变音。

目录

图考（内容已佚失），星野，建置沿革，疆域，形胜，风俗，寺宇，街巷，人物，儒林，隐逸，名师，灵征，武勇，技巧，烈女，教礼议，灾异，食物，杂志

星野

古人有天、地对应的观念，《晋书》中的《天文志》上说：燕地对应的是天上二十八星宿中尾宿所在的天域。自尾宿十度到斗宿十一度，被称为"析木"，燕地对应的区域属于析木；如果按照十二宫来讲，则属于寅位。

建置沿革

大禹分九州时，燕京属于冀州；黄帝的孙子颛顼时，属幽陵；唐尧时，属幽郡；夏、商二代，都属于冀州；周代，属燕国；秦朝，属渔阳郡；西汉，属燕国；东汉，属广阳郡；曹魏时，属燕国；晋朝，属范阳郡；南北朝时，属燕郡；隋朝，属涿郡；唐朝，属范阳郡；辽朝，属南京析津府；宋朝，属燕山府；金朝，属中都大兴府；元朝，属大都；明初，属北平府；永乐迁都北京后，改为顺天府。

清朝沿袭明朝的行政区划。冈儿上是北京城的郊区，在宛平县境内。冈儿上的西方有燕冈、县冈。

疆域

冈儿上的疆域，东至悯忠寺（北京法源寺），西至宝应寺、峨眉庵，南至白马寺、鱼脊庙，北至报国寺、增寿寺。整个冈儿上地区外围周长十多华里。

形胜

冈儿上地区，向前俯瞰右安门，背靠宣武门，西北是京师咽喉广宁关（广安门），东边是南衡街（南横街），街上住满了名门世族。冈儿上市场店铺稠密，歌舞升平，真是京师要冲之地。

风俗

冈儿上的居民，民风淳朴，穆斯林都准确、严格地遵守伊斯兰教教法。冈儿上地区广设义学，学习钻研经典，蔚然成风，吸引了大批有学识的经师硕儒到访，开学授徒。冈儿上的广大穆斯林群众性格刚强，又敦厚善良，接受礼乐教化，同时有尚武精神，勇敢尚侠义，学习武术，保护同族，不受外人欺侮，仍然保存有西域祖先勇武的遗风。饮食必须美观、洁净，售卖饮食的市场、店铺，教外人士非请勿入。冈儿上居民遵守的教法都是有经典依据的，即便是微小的细节，也不能妄自改变。在伊斯兰教斋月的夜晚，冈儿上灯火通明，光彩夺目；周五聚礼主麻日，穆斯林中的名门望族也都赶到礼拜寺，芳香的气味弥久不散。冈儿上完全符合先知穆罕默德的要求，置身其中仿佛来到了伊斯兰教在西域的发源地！

斋月期间，冈儿上地区大街小巷，家家悬挂灯笼，礼拜寺门口扎大架子，架子上挂满了灯笼。抬头一看，灯火通明，照如白昼，真是不夜城，一大奇观！

世人常说伊斯兰教从唐代传入中国，这是错误的。穆罕默德

第六章　小聚居与处境化：从《冈志》看清代北京牛街地区的回民历史与传说 / 139

圣人派大贤塞尔德·宛格思航海到中国来传教，塞尔德·宛格思于隋代开皇年间（581—600年）在番禺去世，现在广东省城外怀圣光塔寺就是他的墓地。【《冈志》关于伊斯兰教传入中国年代的说法是错误的，因为伊斯兰教历每年天数少于中国农历，大约每三十年就相差一年，伊斯兰教传入中国一千多年，故中国古代伊斯兰教文献常按伊历推算把伊斯兰教传入中国的时间提早数十年】西安府省城子午巷礼拜寺碑文说，唐开元时（713—741年）王鉷撰文说："西方圣人，生于西域，不知道距离中国几万里。他的经书谈到纲常伦理，修身、齐家、治国、平天下的道理，与我们儒教是完全吻合的。"唐朝时建寺立碑，有翻译的经书可读，由此可知伊斯兰教传入中国的时间已经很久了，肯定不会是唐代才刚刚传入中国的。

　　五代以来，中国虽然有伊斯兰教，但信徒肯定很少。有人说郭子仪请回纥的军队进入中国帮助平定安史之乱，由此中国的穆斯林应该很多，这种说法是不对的。回纥是匈奴的别种，与穆斯林并不同名，喜好也各异，肯定不是伊斯兰教徒。【八世纪中叶安史之乱时，回纥以摩尼教为国教，并不信奉伊斯兰教。788年回纥改称回鹘。回纥属突厥族，大约10世纪中叶以后逐渐改信伊斯兰教，是我国维吾尔族的祖先】

　　大概到了元太祖征服西域，灭四十余国，俘虏男女数十万人，消灭了西夏和西辽，一统天下。元朝大臣大多数是穆斯林，设置百官，每种官职三个民族并用，用蒙古官、回回官、汉官。【这里的"回回"应指色目人，但色目人并非都是穆斯林】奏章文书，也都用回回文字。自从藏传佛教僧侣八思巴创造了蒙古新字，颁行天下，才停止使用回回文字。【藏传佛教萨迦派的第五代祖师八思巴（1235—1280年）奉诏创制蒙古文字并于至元六年（1269年）颁行全国，称"蒙古新字"，后改称"蒙古字"，俗称"八思巴文"。在此之前，流行回鹘式蒙古文，采用回鹘字母拼写蒙古语言】元朝有赛典赤，封咸阳王。【赛典赤·赡思丁（1211—1279年），元初著名政治家，曾任云南行省平章政事，是云南设立行省的第一任行政长官，加强了中央王朝对云南的统治。大德元年（1297年）追赠赛典赤为"上柱国、咸阳王"】伯颜做过宰相。【伯颜（1236—1295年），元朝大将，早年在伊利汗国，元世祖至元初年奉使入朝，受忽必烈赏识。曾率大军灭南宋，《元史》有传】有特殊技能的人士扎马鲁丁造万年历和七种仪器。【至元四年（1267年）穆斯林天文学家扎马鲁丁进万年历，颁行全国，同年在元大都（北京）设观象台。扎马鲁丁创制浑天仪等7种天文仪器，其中由他首创的地球仪在科技史上具有极其重要的意义。至元八年（1271年），元朝建立回回司天台，任命扎马鲁丁为提点】中国伊斯兰教在元朝达到鼎盛，这在《元史》中有案可稽。

到了明初，历法失传，天文预测与实际观测常不一致。回回大师马沙亦黑制造《七政历》矫正《大统历》的错误，因此另设回回钦天监，专门负责观测五星凌犯、日月交食等四季天象。马家、吴家，世代以伊斯兰教天文历法为业，一直到明末都得到朝廷的俸禄。又有铁铉、薛禄、陈友等人，都是名扬天下、彪炳史册的人物，可见我们穆斯林也不是没有能人。【铁铉（1366—1402年），河南邓州人，元代色目人后裔，洪武年间历官山东布政使、兵部尚书，在靖难之役时不肯投降燕王朱棣即后来的永乐皇帝，兵败被杀。死后在山东等地被供奉为神。薛禄（1358—1430年），胶州（今山东青岛）人，随朱棣起兵靖难，战功卓著。陈友，回族，卒于天顺四年（1460年），明朝名将，屡立战功，死后诏赠沔国公，谥武僖】现在北京的回族，多是来自江南、山东二省，为什么呢？因为燕王朱棣的军队中，原来多是这两个省份的人。【江南省大致相当于今天的江苏省、上海市和安徽省。清顺治十八年（1661年）江南省被拆分为"江南右"与"江南左"，康熙六年（1667年）分别改称江苏、安徽】教众哭父亲时称呼"我的大"，这就是山东的风俗。

进入清朝，自顺治十八年（1661年）以来，外藩蒙古四十八处都要来北京进贡，每年进贡两三次，每次动辄有数百人的使团，

第六章 小聚居与处境化:从《冈志》看清代北京牛街地区的回民历史与传说 / 141

在北京停留数十日,分别居住在教厂、皇寺、馆驿等处,光禄寺支付膳食津贴,理藩院的差官负责发放,其中滥支冒领的弊端很多。冈儿上的穆斯林从明末以来,即担任肉商;到了清朝,商家与光禄寺、理藩院串通作弊,拿朝廷的钱财如同取自己袋子里的东西一样方便,支出银两必要达到数十万两,宰杀牛羊不可胜计,除了给使团的正供外,用大车拉着银子出城,官、商均分赃款。康熙十五年(1676年)以后,作弊的情况更加严重。屠户商家,住宅全都是深宅大院,雕梁画栋,妻妾佩戴宝珠翡翠,奴仆穿绫罗绸缎,子弟都出钱捐官,娶媳妇、聘姑娘都是穷奢极欲,做寿诞、办满月全都开席唱戏,宾客盈门,即便是士大夫家也赶不上他们出手阔绰。牛街每天午后宰牛羊数百头,血流成河,各色人等,嘈杂喧哗,拿刀的、绑牲口的、吹气的、剥肉的、搬运的、称重量的,还有接血的、拿皮的、买肉的、剐膜的、拣毛的、收内脏杂碎的、剜胸腔的、划肚子(牛胃)的、砸骨炼油的、买卖中介说和的,有十多个行当,好几千家,个个都因牛羊屠宰业而获利丰厚,吃饱穿暖。大家都不知道种田为何事,也不晓得旱涝年景如何,都只根据牛羊的多寡来判断一年是丰收还是歉收。

康熙三十五年(1691年)以来,商户相互告发,不断兴起诉讼,圣上也开始察觉到其中有舞弊行为,两位光禄寺卿相继被贬,事情败露,生意也逐渐不好做了。此后,朝廷要求节俭,对蒙古进贡也进行了限制,每年只能进贡一次,每次来进贡不得超过十多人,也不许多带人马,如果超过限制就不让进关,提供的酒肉之类膳食都折合成银两发放,屠户商家失去了赚钱的机会。往年积欠公家的亏空达到十多万,屠户商家所有的田产不能折抵欠款的五分之一,被责令陆续代销折抵欠款。近来,商户纷纷倒闭,还在经营屠宰业的小商小贩也是勉强维持,牛街午后竟然比以前还要荒凉了。

寺宇

冈儿上最重要的清真寺是敕赐礼拜寺,在西街(牛街)路东。礼拜寺前门为望月楼，左右各有一扇角门。进入大门，左右两厢（南北向）是掌教办公之所。进入二门，是倒座率礼亭。率礼亭与穆斯林礼拜大殿相连。【率礼亭本身没有大门，整体形状酷似窑洞，俗称窑殿。窑殿是礼拜寺教长带领穆斯林礼拜的地方，穆斯林礼拜的方向都是朝向圣地麦加，所以穆斯林在中国都是向西方礼拜；礼拜寺在牛街路东，所以人们都是自西向东进入礼拜寺，首先看见的只是率礼亭（窑殿）的后墙，所以牛街礼拜寺的率礼亭被称为倒座率礼亭】礼拜大殿有两重，大殿外还有围绕大殿的房屋一重（这种建筑形式被称为"抱厦"），连接两旁的过道是可以穿行的厅堂（这种建筑形式被称为"穿堂"），穿堂南北两侧共有十二个雕窗。礼拜大殿横宽有五根立柱（五间），纵深有十根立柱（十间），连接处做成券门的形式。礼拜大殿正前方是鸣礼楼（邦克楼），鸣礼楼两则各有一座碑亭。南北的厢房各有五根立柱（五间），东侧是七间殿【现在俗称"七间房"】，礼拜大殿左右两侧是厨房和浴室。

明代，牛街礼拜寺奉敕修建，俗称"大寺"，也叫西寺。牛街路西还有一座新礼拜寺。明崇祯年间（1628—1644年），牛街礼拜寺掌教领拜的方式改为"独班"【领拜人独自站在参加礼拜的穆斯林行列前面】，有杨、李二姓的穆斯林家族对这种改变不满意，坚决反对独班，于是捐资在牛街另建了新礼拜寺，仍然采取"连班"【领拜人排在参加礼拜的穆斯林行列中】的领拜方式。后来，西寺即牛街礼拜寺，又改回"连班"，杨、李两姓修建的礼拜寺就荒废了。到了康熙八、九年（1669、1670年），"独班"又逐渐兴盛起来，张、阎等姓氏的穆斯林家族重修新礼拜寺，新修的礼拜寺成为实行独班的新寺。康熙五十年（1711年），受过皇家荫封的长者"改封翁"改弼廷为牛街新寺上书奏请，得敕赐永寿寺，俗称东寺，也叫作小寺。

街巷

东街（俗称轿子胡同），西街（俗称牛街），大圣安寺街，小圣安寺街,贞节坊(俗称熟肉胡同),栅栏胡同,白纸坊,枣林街,悯忠寺街,瓦街(俗称羊肉胡同),簪儿胡同,麻道胡同(麻刀胡同),香儿胡同,老军地(老君地),醋张儿胡同,郑家园,甄家穿店,丁家穿店,史家坑(史家胡同),水平庵,陈家园,穆家园,薛家园,楼房坑(龙凤坑),白马寺坑,旧栖流所,旧象房(报国寺),邵家夹道(邹家夹道),王乡老夹道(王老师傅胡同,即春风胡同),白家园,火神庙胡同,井巷,糖房胡同,干面胡同(登莱胡同)。

人物

杨祥宇,字应瑞,明代世袭指挥使,因军功升迁为后军都督府佥事(正二品),镇守大同,挂镇朔将军印。杨祥宇是美髯公,善于骑射,精通伊斯兰教教义,撰写有一卷《正教要册》流行于世。

刘小宇,气宇轩昂,端庄周正,谈吐异于常人,慷慨激昂,崇尚气节。清初官居守备,后升迁为湖广游击将军。【清代绿营,军阶由高至低分别为提督、总兵、副将、参将、游击、都司、守备、千总、把总。守备为正五品,游击为从三品】

白顺宇,胆略过人,乐善好施,家资丰厚,其所交接的都是当权的士人官宦。

王东槐,字道弘,相貌魁梧,家财十万,周济亲朋好友,帮助故人旧识。享寿七十余岁。

改弼廷(1650—1722年),字国辅,美髯公,善于策划谋略,目光炯炯有神。其所结交的都是知名人士。在"哈密之狱"事件(准噶尔奸细案)中挺身而出。先帝(康熙皇帝)也知道他这个"改回子"。改弼廷后来父以子贵,受封奉政大夫,骁骑将军。享寿七十余岁,"四子六孙,天下知名"。

王嘉谟,王东槐之子,神采奕奕,英姿勃发,谈笑风生,风流倜傥,纳钱捐官为武职,曾经因运送军粮有功,得赐一品官服。

蔡允政，字执中，潜心学问，精通医术。乐善好施，亲朋故旧得其周济存活者数十家。享年八十岁。

常自慕，清代顺治年间（1644—1661 年）进士，出任湖南慈利县知县，吴三桂反清时，以身殉国。

马予良，字复元，博学善辩，精通医术，康熙二十五年（1686 年）太医院有缺位，马予良补授御医之职，因医术高明，多次得到金帛赏赐。

改日新（1678—1726 年），康熙三十六年丁丑（1697 年）武科进士。善于骑射，懂满语，任职侍卫。授山西平垣营游击之职，后调往大同府，不久升任陕西城守参，后以军功升为花马池副总兵。

任五槐，成年后在捕营军当差，臂长过人，善于射箭，因骁勇善战升为把总，后再升任河南王路店守备。

李三友，力大过人，骁勇善战，武艺绝伦，尤其精通拳法和摔跤。早年跟从顺承郡王讨伐吴三桂。【顺承郡王是清朝世袭的铁帽子王，李友三跟从的应该是顺承郡王爱新觉罗·勒尔锦，康熙十二年（1673 年），吴三桂谋反，朝廷命勒尔锦为宁南靖寇大将军，率领大军讨伐吴三桂】李三友后为天津驻军，历任房山县把总、千总，后因长于射箭、勇猛过人，升畅春园（今遗址在北京大学）守备。康熙皇帝欣赏李三友的武艺，命他传授门徒一百多人。李三友七十多岁时，身体还像青年人一样健壮灵活。

张五，头大如虎，臂长如猿，精通骑射，早年在营军当差，因救火、擒贼等功劳，被授予千总之职，后为江西守备。

马隆伯，博览群书，对教义学有精深的研究，长于兵法，善于骑射，是文武全才。最初担任营弁（低级武职），不断得到提拔，最终升任湖北都司【都司是都指挥使司的简称，分管一省军事】，著有《正教语录》。

薛宗隽，擅长端正的楷书，兼通隶书、篆书，精通天文历算。担任钦天监的夏官正，待遇为五品俸禄，在养心殿供职。

第六章 小聚居与处境化:从《冈志》看清代北京牛街地区的回民历史与传说 / 145

【清代钦天监大体继承明代的体制,设立四科:历科、天文科、漏刻科、回回科。清初顺治年间一度废除回回科,康熙初年恢复。康熙九年(1670年)废除大统历、回回历法,专用西洋历法,回回科再度被废,此后钦天监只设历科、天文科、漏刻科。历科(乾隆年间更名"时宪科")内设五官正(春官正、夏官正、中官正、秋官正、冬官正)、五官历司等属官,并有博士、天文生编制若干。薛宗隽应该就是在钦天监历科担任夏官正之职】

薛宗伟,薛宗隽之弟。精通历算,擅长绘图,担任天文生。

沈云佐,身体魁梧英俊,声音浑厚洪亮,善于言辞,有胆识。家资丰厚,捐官得授广西全州知州,转升知府,后任云南驿盐道副使,兼管按察使司(按察使司是省一级的司法机构)。因为与云贵总督高其倬有矛盾,遭革职抄家,后家产被归还。【高其倬(1676—1738年),1722年雍正即位后任云贵总督,雍正三年(1725年)调任福建浙江总督,因此沈云佐应该是在雍正初年得罪高其倬,在1722—1725年之间被革职】

沈元鼎,沈云佐之弟,外貌俊秀,善筹划。捐官得授磁州知州,雍正十年(1732年)遭到河南巡抚杨宗义【杨宗义于1718年五月至1732年正月任河南巡抚】的弹劾被革职;后再次捐官,在湖广随州任职。

刘裕锡,字鼎臣,为人沉稳典雅,精通天文学、医学,尤其喜欢制造各种精巧的仪器物品,在钦天监任职,由天文生升博士,再升迁为五官正,在养心殿供职,后升任户部贵州司额外主事。

刘裕铎,字辅仁,刘裕锡的堂弟。精通医术,任太医院吏目,后任知州。

黑永德,身强体健,孔武有力,由营军千总升任大同府守备。

张东湖,魁梧伟岸,美髯公,气宇凝重,有胆识。少年时善于赌博,后得数万家财。结交权贵,名满京师。

张祥甫，张东湖之子，为人仗义豪侠，重义气节操，乡里老幼皆仰仗于他。虽然没有出任官职，但也名满京师。

麻举人，中举后，选任湖广麻城县县令。

王纶，字佩珩，王嘉谟之子。博学而善言辞，慷慨激昂而有气节。早年为生员（秀才），后捐官升教职，任大名府长垣县训导。

白业广，字振公，太医院医士，因其勤勉谨慎，升任太医院吏目。

马润宇，身高马大，孔武有力，从营军升静明园把总。【静明园在颐和园西、玉泉山一带。清康熙十九年（1680年）创建时名澄心园，康熙三十一年（1692年）更名静明园。马润宇升任静明园把总应为1692年之后事】

改务新（1662—1723年），改弼廷之子，改日新的哥哥。早年中顺天府武举，官居州卫守备。有子：改师立，改寿光，孙：改以仁。

吴明烜，字中传，精通西域天文学。由博士升任秋官正，主管回回天文历法事务，专门负责推算，负责推演五星凌犯、日月交食等四季天象，纠正中国传统天文历算（大统历）的偏差。吴明烜在当时回民中的声望，可以跟常志美相媲美。

古今誉，祖先是陕西西安人，后迁居北京。最初为生员，后捐官任教授一职，转升山东高苑县令、泰安知州。【古今誉任山东高苑县令的时间是康熙五十九年（1720年），张耀璧《高苑县志》（乾隆二十三年刻本）记载：古今誉其人，字萤声，康熙、雍正间尝出任高苑县令及泰安知州】

吴应彪，身高马大，臂长过人，善于骑射。在京营任千总，后升任大同守备。

朵世麟，祖先是西域人。明宣宗时（1425—1435年），朵世麟的祖先到中国来进贡狮子。朵世麟身高须长，仙风道骨，通五行推算命理等术。清顺治十五年（1658年），皇帝在乾清宫召见朵世麟，应对得体，被赏赐金币，并得皇帝亲笔书写的"云外老人"条幅。【1405年帖木儿去世,信仰伊斯兰教的奥斯曼土耳其帝国逐渐又重新控制中亚,并加强了与中国的联系。朵世麟祖先在明宣宗时来华进贡狮子是很有可能的,《明实录》记载1425年八月,1427年正月,1433年二月都有土耳其帝国(当时称"鲁迷"或"肉迷")使者来华进贡。陆容《菽园杂记》卷六记载明宪宗成化十七年(1481年)"西胡撒马儿罕进二狮子""其状只如黄狗,但头大尾长,头尾各有髣髴耳,"根据相关史料,现今一般认为西域(中亚)所进贡的"狮子"实际上是一种藏獒。该书还提到"养狮子人,俱授以官,光禄日给酒饭,所费无算。"由此推想,朵世麟祖先在中国的待遇应该是不错的,被授予官职,供给吃喝。顺治十四年以来数年间,顺治皇帝开始对佛教感兴趣,先后召见了玉林通琇、木陈道忞等许多高僧,朵世麟应该也是在此时作为方外之士被皇帝召见的】

茅思范(毛思范),博学多才,精通医术,经营药店,不结交当权者。康熙十四年(1675年),有皇子得痧疾,医官不能治愈,有人推荐茅思范,手到病除。赏赐白银钱币,并授医官职位,都被茅思范婉拒。皇帝命令顺天府尹亲自到茅思范家,赠送匾额"国手"二字。【此处"康熙十四年"恐为康熙二十四年(1685年)之误。康熙二十四年(1685年),皇四子胤禛八岁。康熙二十四年六月初一日,康熙皇帝离京前往塞外巡守。六月初八,览太医院奏,得知四皇子胤禛(后来的雍正皇帝)染患痧疾,即命回銮,一昼夜赶回北京。在康熙皇帝亲自督导疗治下,胤禛的病情很快好转,康熙于六月十六日离京,继续塞外之行。(中国第一历史档案馆整理:《康熙起居注》,中华书局1984年版,第2册,第1336—1338页;《清高宗实录》卷五十,乾隆二年九月壬辰。另参见《清圣祖实录》卷一百二十一,康熙二十四年六月庚寅、丁酉、戊戌、乙巳。)茅思范可能是在康熙二十四年六月为四皇子治疗疟疾,很快病愈,得到康熙皇帝褒奖】

改振宗,改日新之子,武科进士,任松江城守营参将。【改日新之子改光宗是雍正八年(1730年)武进士,在乾隆五年

(1740年)至七年(1742年)任松江参将。改振宗或与改光宗履历类似】

儒林

白进荣,字晋臣,白敬常的次子。勤奋好学,博览群书,手不释卷。康熙年间,经考试被官学录取为生员,后转入太学。但屡试不中,享年五十余岁,著有《读易日钞解》。【白敬常事迹见《冈志·隐逸》。白进荣所著《读易日抄解》,应该是关于《读易日钞》的注释书。《读易日钞》是清代学者张烈所撰。张烈(1623—1686年)字武承,北京大兴人,康熙九年(1670年)进士,曾任翰林院编修等职,《清史稿》有传,《读易日钞》六卷收入《四库全书》】

麻良祺,字锡公,府学生员,性情正直,为人不苟且,洁身自好,安贫乐道。

童子秀,字三芝,县学生员,敦厚朴实,诲人不倦,设私塾授徒,教授百余人。

王履安,早年入官学为生员。宽袍大带,儒者风范。

白业睿,白进荣之子。马锡爵,字予良。改师立,改弼廷之孙,改务新之子。改以仁,改弼廷之孙。蔡之温,蔡允政之孙。刘昌。

隐逸

林古松,博通经史,为人至孝,淡泊名利,清心寡欲。明崇祯十年(1637年)举孝廉,赐冠带,为生员。明朝灭亡后,遂做小生意谋生;一旦有人劝林古松参加清朝的科举考试,他就痛哭流涕。林古松家贫,甚至家中数日揭不开锅,林古松也心态安然。兵部尚书刘余佑念及旧时情谊,送给林古松白银布帛,林古松坚决不收。每年冬天,林古松只能穿葛布衣服,衣内糊纸保温取暖,有人偷窥见他独自在房间中端坐,宛如木雕泥塑,岿然不动。林古松常与人谈忠孝节义,孜孜不倦。有一次林古松与儿子一起去北京西郊,天晚遇到大雨,在大树下避雨时,树倒而被树压不能动弹,林古松的儿子急忙把他用力从树下拽出,刚刚离开大树,树就遭到雷击。事后想来,林古松应该是有天公护佑,有精灵鬼魅妄图拉住林古松做保护不被雷劈。【刘余佑是宛平县人,牛街即属宛平县,刘余佑与林古松为同乡。刘余佑是明万历四十四年(1616年)进士,早年在明朝为官,颇得崇祯皇帝重用;明亡后投降李自成,清兵入关后又投清。因刘余佑为降将,故林古松不愿意与他为伍。刘余佑在1648—1651年间任兵部尚书,林古松应在此期间拒绝刘余佑的馈赠】

白敬常,崇祯末年为生员,入清后不再参加科举考试,面对有人劝他出来做官的建议,白敬常只是摇头叹息。

名师

卞掌教,品学兼优,秉性端正严谨,不怒自威。

白世祥,字养恒,体态俊美,足智多谋,善于言辞,声如洪钟。担任掌教五十多年,被视为圣贤,人人都对他极其敬重。享年八十六岁。

安宁宇,专心研究经典,博通教义学。受业于山东济宁常老师,是牛街东寺掌教,天下闻名。【常老师即山东学派创始人常志美(约1610—1670年)】

尹良相,教典知识渊博,行为有操守,端庄谨慎,是主张"独班"的掌教。

吴国卿,须眉俊雅,声音洪亮,善于《古兰经》诵读,能使听者忘忧,至今仍有人学习效法吴国卿的诵读方法,称之为"吴韵"。

马文学,善于阿拉伯文书法,书法艺术造诣很高,龙飞凤舞,牛街西寺、东寺的墙壁走廊上都写有他的书法。

谭老师,康熙初年开学讲经,循循善诱,前后授徒二百多人。

马君锡,本名马承恩,君锡是他的字。勤奋好学,善于论辩，康熙三十八年（1699年），与主张"独班"的诸多宗教师辩论取胜，后为掌教。

杨二师，绰号歪脖杨师。专心钻研经典，淡泊名利。在陈家园开学讲经，四方来学者甚多，礼拜寺掌教若遇疑难，也都来找杨二师请教。

张公越，本名张承宗。阅读了大量宗教文献，潜心研究教义学。曾前往泊头（属河北沧州）、济宁，跟从常老师、李老师等伊斯兰教经师学习，后来回到北京，但不愿意做伊斯兰教教职人员，靠经商为生。死于汉阳大别山北麓。【张公越应该是跟从山东学派的常志美、李永寿学习。李永寿是常志美的表兄，常、李二人从崇祯九年（1636年）开始，在济宁西大寺执教四十余年，授徒上千人。常志美在康熙九年（1670年）去世，此后李永寿继续授学十余年。山东学派主张"独班"，而清初北京牛街礼拜寺实行"连班"，这或许是张公越未在北京做经师的原因之一。汉阳大别山即武汉的龟山】

杨伯琳，高鼻梁，多胡须，容貌奇古，专研伊斯兰教经典，通教义学，兼涉儒释道三教之书，言必称经史。每日礼拜、斋月封斋，一生从未间断；在教义认知上融汇各家之学，不拘泥，常常与僧侣道士竟日长谈，不了解他的人还以为他不是穆斯林。杨伯琳后为沙城掌教，恰逢当地地震，压死居民无数，而杨伯琳端坐屋中，毫发无损。享年八十岁。【沙城是今河北省怀来县。康熙五十九年六月初八（1720年7月12日）直隶怀来、沙城地震，沙城城墙下陷，保安州各村庄土瓦房倒塌甚众，十不存一二。据蔡华昌等《1720年河北沙城地震研究》（见《地震地质》1994年第4期），此次地震震级为7级，烈度为9级，破坏力度很大。由此亦可知杨伯琳在康熙末年，1720年前后为沙城掌教】

金履庆（金履真），大腹便便，胡须甚长。潜心专研教义学，礼拜功课从不间断，从事商业为生。

米敬公，穆罕默德圣人的后裔，通达经典，熟悉儒学，撰写有《教款微论》一卷。【米万济，字敬公，也是常志美的弟子，

所著《教款微论》,是伊斯兰教礼仪典制方面的著作,书前有丁澎在康熙三十年(1691年)写的序言】

灵征

王伯楼,明崇祯时(1628—1644年)为牛街西寺掌教,为人沉默寡言,专心研究经典,喜欢静坐,少睡眠。每日五更时分梳洗沐浴,然后拿一张羊皮前往礼拜寺,到寺中后人又突然不见,有人怀疑王伯楼暗中搞一些见不得人的勾当,于是夜晚埋伏下来偷偷监视他,只见王伯楼把羊皮盖在门前一块巨石上,骑在石头上就像骑马一样,石头冉冉升起,飞到天上不见了。众人都很惊骇,不久石头又从天上降落下来,众人问王伯楼刚才去哪里了,他回答说:"我刚才去麦加天房做礼拜,才回来。"众人将信将疑。数年之后,天方国进贡,语言文字无人能够翻译,礼请王伯楼前往传译。王伯楼对天方国的山川道路、文物古迹、人物掌故都很熟悉,天方国的使者很惊讶,不知道王伯楼是何许人也。【明代以来,将麦加(默伽)称天方。清顺治二年(1645年)六月,"回回国、天方国表贺平等燕京,来贡玉石等物。"(《清实录·世祖实录》卷十八,中华书局1985年版,第16页)1645年叶尔羌汗国和天方国来北京进贡,王伯楼应是此次被礼部征召为阿拉伯文翻译。又马注《清真指南·进经疏》提到康熙十八年(1679年)康熙皇帝找人讲"天经"(《古兰经》)已经没有能应诏者,康熙二十一年(1682年)秋西域进贡"天经",下谕传京师内外能讲经者来,但也只能找到可以诵读的人,无人能讲。康熙十八年之前,精通阿拉伯语的牛街礼拜寺掌教王伯楼应该已经去世】

巴大师,明末牛街西寺掌教。精通经典,为人诙谐。有经一卷,名叫《杜尔赛非》,平日封藏甚严。有一天晚上巴大师出门,他的弟子将这卷经书私自拿出来偷偷阅读。突然之间,有大神从天而降,相貌甚为狰狞。大神俯身进入房中,说:"愿听号令派遣。"这名弟子大惊失色,躲到了床底下。这时恰好巴大师回来了，对大神说："后院的大树挡住了窗户的阳光，我很讨厌这棵树，你赶快把这棵树从后院移到前门。"神答应说："是！"马上狂风大作，片刻后风又停了下来，大树已经移到门前了。弟子被人从床底下拽出来后，身体已经僵硬，没有气息了，灌下姜汤水后才苏醒过来，后患痫疾身亡。这棵树至今还在。

马毫光，明朝天启时（1621—1627年）人，乐善好施，昼夜礼拜诵经，去世下葬之时，坟冢中发出五色毫光，香气浓郁。

纱灯老人，明英宗被俘之时（1449—1450年），居住在窟穴庐室之中，夜里饥饿，有一位高鼻深眼的老人，鹤发童颜，长须飘飘，用白布缠头，身披绿色衣服，给明英宗送美食。明英宗问他的姓氏，老人也不回答。明英宗感到很奇怪。每天夜里饥饿的时候，出帐观望，看见两盏红纱灯引路，老人拿着食物已经赶来了。凡是有人想要谋害明英宗的时候，老人总会现身阻止。明英宗回到北京后，又梦到老人，问他家住何处？老人回答说："我家你要到月西平外去寻找。"明英宗复辟（1457年）后将老人的相貌画出，展示给群臣看，大家议论说："老人的相貌好像回族宗教师。"明英宗把老人的情况跟群臣讲了，西城御史上奏说："平则门（阜成门）外有一处古墓，叫老回回坟，从景泰年间（1450—1456年）开始，夜里常常见到一对红纱灯从古墓中出来，有一位白头绿衣的老人，跟着红纱灯往正北方向走。古墓的位置在月坛西方。"明英宗听后很高兴，命人修建祠堂，立石碑，每年春秋都派官员前去祭祀，并安置了三户人家负责守墓祭扫。修建的祠堂大门、享殿都用绿色的琉璃瓦，朱门红墙，匾额上书"清真教人墓"。

武勇

米祥所，研习诸家拳法、棒法，以及各种兵器。康熙八年（1669年）下诏天下拳脚勇猛者进行比武，米祥所考得第一名。大将军顺承郡王也拜米祥所为师。米祥所的武功传授给了李三友。我们冈儿上喜好拳术的人，也都拜米祥所为师。【清代全国武举三年举行一次，康熙六年（1667年）和九年（1670年）都有武举（武状元分别是缪彤、蔡启僔），但康熙八年（1669年）没有武举。民间传说，"二贵摔跤"即源自康熙八年（1669年）的全国摔跤比赛，而此次比武大赛与铲除鳌拜有关。】

技巧

马祥宇，善于饲养训练斗鸡。小鸡刚刚出壳，马祥宇就能分别公母，以及是勇猛、还是胆怯。从中挑选出优良者，精心供给饮食，调节温度，修剪羽毛、指爪。斗鸡养成后，高价卖给贵胄公子。马祥宇还会配制数种制剂药丸，能给鸡看病。如果豪富之家的斗鸡生了重病，送给马祥宇，也都能治好。马祥宇靠这门手艺养活家中十多口人。

汴浩，双目失明，但擅长养鸽子。听鸽子的叫声就能分辨鸽子的优劣，抚摸鸽子的羽毛就能判断鸽子寿命长短。有鸽子从空中下降，汴浩侧耳倾听就知道是哪只鸽子到他家中。常常见到数百只鸽子在汴浩家院子上空盘旋飞舞，汴浩坐在小板凳上倾听。这也是一门特殊的技巧手艺。

刘八，以土木营造为业，特别会凿井，凡是有人凿井，必然会请刘八施工。刘八查看地势高低以及土壤颜色，便能指出：从这里挖八尺有水，或挖二丈有水，每次都能应验，从未失手。

马二师，以屠宰牛羊为业。善于养蟋蟀，家中有案桌，上面盖上大红毡子，毡子上放数十个斗蟋蟀的盆，盆上写上蟋蟀的名字。马二师用药物煮过的黄豆喂蟋蟀，黄豆在喂之前还要晒、蒸。蟋蟀斗过之后，马二师有调养的妙招。储藏蟋蟀的卵，蟋蟀的卵像小米那样，马二师能够孵化催生它们，蟋蟀在冬季也能像在夏天和秋天那样活跃。马二师养的蟋蟀都很能斗。马二师以这种本领挣钱获利。

白进达，白敬常之子。盲人，但可以鉴别银子的成色。手拿银锭，闻味道，用舌头舔，用牙咬，再掂量，就可以判断出成色，非常灵验。

烈女

贞节坊有一户姓杨的人家,不是穆斯林,自称从元明开始世代居住于此,已经三百多年了。因为邻居都是回民,所以杨家已经数代不供奉佛像,也不贴春联和门神,也不吃不洁净的食物(只吃清真食品)。家中有女儿叫"大姐",七八岁年纪,与邻居家的女孩们玩耍,并且一起学习简单的阿拉伯文。一天,大姐的哥哥突然去世,父亲抬来一口棺材,大姐很吃惊,问她的母亲:"我们家不是汉族人,为什么要用棺材这样的不祥之物?"母亲告诉她说:"我们家就是汉族人,不是穆斯林。"大姐听过很惊讶,啼哭了好几天,怅然若失。长大后,嫁给姓乔的人家,嫌乔家的饮食不洁净,自己另外开火做饭。大姐最后忧郁成疾,临终前对她的母亲说:"我想请清真寺掌教忏悔,希望按照伊斯兰教的礼仪下葬,不想被装入棺材之中。"母亲可怜大姐,就按照大姐的吩咐办了后事。

教礼议

天下人中喜好争辩、爱兴事端的,莫过于我们中国穆斯林。伊斯兰教教礼教法,经典记载条分缕析、清楚明了,可以说千秋万代直至圣人再出,所有疑难问题都可以解决。但谁承想,后人无知,不明大理,总爱钻牛角尖,各执一端,坚持自己的狭隘见解,坐井观天,鼓噪纷扰。成年累月地辩论应该实行连班还是独班,为斋月结束时看新月的方法彼此纠缠不休。以至于亲朋好友,为此反目成仇,甚至在关中、济南等地因为教礼之争,殴伤人命。西域诸国,因为教礼之争,发动了多次宗教战争。关于教礼的是非曲直,不仅天子脚下议论纷纷,各地也是如此;不仅中国是这样,海外更是严重。冈儿上地区人口稠密,性情难免偏执,加上前来谋食的经师络绎不绝,各种新奇的主张层出不穷,愚民往往受到蛊惑,一旦出现教礼上的变革,就会引起纷争。同时,有些宗教师怀有私心,心理褊狭,妒忌他人,伺机泄愤,动辄指责他人，在信教群众中引起风波，一些不学无术之辈受到怂恿，党同伐异，为提高自己的声望地位，排挤他人，以至于攻击掌教的事件几乎每月都会发生，而清真寺中的争议几乎每天都会出现，如果把这些全部记录下来，真是写也写不完；情况复杂，头绪繁多，不知从哪里说起才好。这里只能挑选几件最为典型的事情记录下来，一叶知秋，读者看了这几件事，整个情况也可以大体了解把握了。如果事无巨细地写下了，费尽世间笔墨恐怕也做不到吧。

我曾经断言，教礼纷争的兴衰体现了世道的兴衰，为什么这么说呢？就我们冈儿上地区而言，没有辩论连班独班时，是非很多；辩论之后，是非就少了。不是是非真的减少，而是由于康熙三十八年（1699年）之前，冈儿上地区经济繁荣，饱暖生闲事；康熙三十八年之后，冈儿上生意萧条，人人自顾不暇，所以现在很少有人无事生非，关于教礼的议论也暂且平息了。让人不得不感慨！

马永和摘误

出生在冈儿上的马永和，到山东济宁求学十多年，返回北京，实行独班的穆斯林群众都很敬佩和信任他。马永和指出了以往教规十方面的错误：

第一条：《古兰经》第一章不可以重念。凡事都是自始至终，《古兰经》哪可以颠倒重复！而且这样做也毫无益处。

第二条：参加殡礼"者拿子"，必须脱鞋。站亡人（殡礼）是代为亡人全始全终的礼仪，有举手，有鞠躬，有叩首，念清真言，这也是礼拜，怎么能不脱污秽的鞋子呢！【回赐归亡人，所以说是"代"亡人行礼。站亡人，顾名思义是"站"，没有鞠躬和叩首；有赞圣】

第三条：不可以在洗亡人的时候念《塔哈》（《古兰经》第二十章）。教法规定：在产房，以及醉酒的人、睡觉的人、死尸旁边，不允许念经。洗亡人时，尸体就在旁边，怎么能念经呢！

况且洗亡人时念经，过去的古礼中也是没有的。

第四条：主麻日聚礼，在"阿疾讷"拜（主麻拜前所礼的四拜）之前，不可以再念《邦克》召唤大家礼拜，因为在没有念《克福》（《古兰经》第十八章）之前已经念过《邦克》了，哪有一次礼拜念两遍《邦克》的道理？

第五条：下葬的时候，用土坯封门之外，不可以念《特勒根因》【内容是安慰将要死去人之心，不要惧怕二位天仙的问答】，因为《特勒根因》是念给病情危急的人听的，用来提醒正道，不要留恋尘世凡情。既然是念给还没有死去的人听的，现在人已经死了，念来还有什么益处！

第六条：早晚礼拜，念归正真言【"我们来自真主，还要归于真主"】，都不可以"扎指"【扎指即抬起右手食指，表示"伊玛尼"（信德）保证】。

第七条：做完一天最后一次礼拜"宵礼"之后，再额外多拜两次的做法要废除。

第八条：不可以吃还没有生出来的羊羔（羊胎）。

第九条：不可以吃虾蟹。

第十条："七颗米"都放入亡人的口中，这就是古代"含玉"的意义，但圣人不以有用置无用，所以用米代替玉。【为了防止虫子等生物钻入尸体之中，回民习惯用米裹上棉花浸入樟脑，放到亡人的七窍，俗称"七颗米"】

马永和谆谆教导大家数百言，都针砭时弊，但众人都习以为常，不肯变革，把马永和叫作玩花活的"新兴儿"。

舍公谈性理

山东有伊斯兰教经师常志美，康熙年间人，博通经典，严格遵循教法。在山东济宁开馆授徒，讲授四十多年，很多人从很远的地方赶来跟他学习。常志美去世时，参加葬礼的弟子有一千多人，人们穿着的白色衣衫连成一片如同下了大雪，呜咽声合在一起如同天上打雷，四方人士不管认识还是不认识常志美的，都感到十分叹息，老人家亡故，是中国伊斯兰教的重大损失。常志美受业弟子中很多都学有所成，江淮以北有知名经师王允卿、舍蕴善、安宁宇。王允卿精通典故，舍蕴善熟悉性理，安宁宇擅长文义，其中综合水平最高的，当属舍蕴善。

后来王允卿来到北京，冈儿上居民如获至宝，老少几十人，骑马牵骡赶到良乡迎接王允卿，并且开了牛街礼拜寺的正门请王允卿入寺。王允卿在礼拜寺大殿北侧的廊堂里讲学，穆斯林群众馈赠给他的衣物很多，将其奉若神明。即使是年事已高、德高望重的白养恒掌教，也都屈尊在他座下学习经典。王允卿喜欢讲说典故，演绎天园、火狱的景象，冈儿上的穆斯林更加佩服他。

不久，舍蕴善也来到北京，迎接舍蕴善的排场不如王允卿大，听到舍蕴善只是讲天人性命之理，大家更是兴趣索然。舍蕴善在冈儿上住了一个月，逐渐无人问津，于是移居东城。东城金姓、张姓等几家富豪对舍蕴善礼遇有加。舍蕴善有一卷书，名叫《默格塞德》，认为性分为四等：金石之性、草木之性、血气之性、真常之性。万物各自具有一性，唯独人四性兼而有之。喜欢舍蕴善学说的人，大都跟从他学习。但王允卿一直与舍蕴善关系不好，他跟冈儿上的穆斯林说：我已经去世的老师常志美经师说过，《默格塞德》不是伊斯兰教的典籍，不能传授。现在舍蕴善违背师父的遗命，提倡歪理邪说，将来必然会成为伊斯兰教的心腹大患。况且我们的圣人穆罕默德曾经预言，一千多年后伊斯兰教必然会出现异端，蛊惑人心，现在这个预言就要应验了。冈儿上的穆斯林思想狭隘，听了王允卿的话，信以为真，相对而泣："想不到我们伊斯兰教生出了这样的异端。"大家谋划，不如打死舍蕴善，把邪书《默格塞德》烧了，这样大概可以避免歪理邪说祸害后人，对伊斯兰教也是大功一件。但王允卿不允许这么干。于是大家奔走相告，说舍蕴善在传播邪教。东城的穆斯林不愿意承担信奉邪教的恶名，于是要向官府起诉冈儿上的穆斯林诬陷他们。流言蜚语日多，于是兴起了是非。

冈儿上有居民名叫马次泉，是有口才的人，他把大家召集起来商量说："王允卿和舍蕴善谁正谁邪，我辈不能辨别，《默格塞德》我们又看不明白,但我们冈儿上不是有安宁宇吗?安宁宇也是常志美的高徒,我们为何不去安宁宇那里问问,到底谁是谁非。"大家说:"这个办法好,如果安宁宇不老实告诉我们实情,我们就先捶死他。"安宁宇很害怕,躲在厕所里不敢出来,众人打门说:"老安!你知道底细却不告诉我们,不是陷害我们这些普通老百姓成为异端吗?你再不出来,我们就把你的屋子拆了!"安宁宇这才打开屋门,给众人作揖,请大家进门,哭着说:"先师常志美很早之前就把《默格塞德》封藏起来,说它是外道所写,后人不可学习。"大家说:"这样事情就清楚了!我们要拉舍蕴善和王允卿二人会讲辩论,你要做证人,你到时候一定来!"安宁宇说:"这是我的责任,哪里敢推辞。"

于是,约定日期召集东、西城的穆斯林数十人,簇拥着舍蕴善和王允卿来到琉璃厂巴振宇家。巴家庭院中间供奉三十册《真经》(即《古兰经》,旧时常将《古兰经》称为《保命真经》,阿拉伯文,分三十卷)。王允卿、安宁宇跪在地上发誓:"王允卿等人为严明教法,打击异端,防止邪说疑惑后人,今天沐浴更衣参加辩论,以真经为证,不得颠倒是非、心怀私心、欺骗群众;更不得不遵圣训、党同伐异,否则不得真主怜悯,死后不得入天园。"宣誓之后,各就各位。马次泉坐在紧挨着王允卿左侧的位置上。

王允卿问:"先师常志美活着的时候,我多次请他传授《默格赛德》一书,先师说:'看不得'。学兄你为何违背先师的教训,枉自传授《默格赛德》,祸害后学呢?"

舍蕴善回答说:"《默格赛德》上面讲得都是性命之学,学兄你平日所学的只是赏善罚恶的报应之说。先师知道你的学业尚浅,领会不了《默格赛德》这样高深的经典,所以对你说'看不得'。学兄你看不得,并不是说天下所有人都'看不得'呀!"

冈儿上穆斯林群众说:"应该心平气和地辩论道理,不可以花言巧语挖苦诋毁我们王允卿经师。"

王允卿说:"我的学问好坏深浅,暂且不论,但我读到的经典也不少,都是讲性只是一种,而学兄你说性有四种,岂非严重违背圣人流传下来的经典教说吗?"

舍蕴善说:"学兄你读的经典虽然多,但都不过是讲封斋、礼拜、天课、诵读、饮食禁忌、天园火狱之类的内容,只是教法条文而已,对于性命之理,你哪能明白?性即便为一,但理有精粗,人得其精而兼有其粗,物得其粗但不能兼有其精。所以分而言之,性分高下等级;合而言之,则性为一。石头可以长久保持不变,金属质地坚硬,坚硬持久是金石的本性,更够坚硬持久而无荣枯变化。草木这类物质,可以坚硬持久,而且在一年四季当中有生长发育、繁荣茂盛、枯萎衰败,这是因为草木具有坚长之性外,又有生死;草木虽然有坚长、生死,但无感知。禽兽有强弱,有生死,有气血,有喜怒、好恶等情绪,这是禽兽之性,具坚长生死,又有血气、感知;禽兽之性虽然有感知,但是不能明晓义理。唯独人是万物之灵长,得天地阴阳二气之精华,包括四性全体。人体的骨骼关节,由小而大,自柔而刚,是金石的坚长之性;皮肤毛发,肌肉血脉,少壮时旺盛,年老时谁弱,是草木的荣枯之性;饥来吃饭、渴来喝水,好逸恶劳,喜怒偏狭、贪欲不断,是禽兽的血气之性;至于人的明辨善恶,通晓义理,伦常有序,认知真源,这是真常之性,真常之性唯人才有,金石、草木、禽兽都没有。万物中大的可以包含小的,等级中高贵的可以统摄低下的。性分而言之有四种,合而言之即一性之内有精粗之义。"

王允卿说:"你讲得有道理。"冈儿上穆斯林群众感到很难堪、沮丧。马次泉斜眼给王允卿使眼色,并用脚点他。

舍蕴善说:"学兄读过的教理教法典籍虽多,用来劝导普通人足够,用来探讨高深的性理则不足。我们伊斯兰教道理深奥,哪里仅仅是善恶报应就可以穷尽的。西域各国选拔官吏的考试不止考一个科目,而是包括伊斯兰教教法学、史学、诗词文学、自然科学、医学、数学、军事学、性理哲学,这些科目中唯独性理之学最为高深。自古以来,《古兰经》、圣训,都言之凿凿,历代圣贤都在此指引下而成就正道；不像某些国家的人们对性的讨论，言不及义，不得根本，似是而非，枉自杜撰。学兄觉得我的主张是异端，难道真的是异端吗？"

马予良说："舍蕴善老师请先暂停一下，我们问问安宁宇老师的意见如何？"安宁宇说："舍蕴善学兄说的有道理。"冈儿上穆斯林群众质问安宁宇："你昨天是怎么说的？"安宁宇说："我之前说的不对。"大家又问："王允卿老师，你怎么看？"王允卿说："我之前是说错了。"

巴振宇说："既然这样，我们就不用再辩了。开饭吧。"指挥仆人："快送饭来！"冈儿上的穆斯林群众簇拥着王允卿要离开，东城的穆斯林群众拦住说："你们大老远来一趟，哪有不吃饭就走的道理。"马次泉说："我回家哪里会没有饭吃。"拉着王允卿说："走！"巴振宇等人笑着把他们送出门。

在回去的路上，马次泉问王允卿说："你常常说舍蕴善是异端，今天怎么说他说的对了？"王允卿："这次我算我倒霉，运气不好而已。"马次泉瞪着王允卿说："舍蕴善没有来找你，你自己去找舍蕴善的麻烦。你的学问不如舍蕴善，就应该避开他。既然自不量力，惹出这样的事情来，事已至此就应该强词夺理，没有道理的地方也要尽量无理狡三分。你学问既不精深，又不会辩论，反推托说运气不好，这不是自讨没趣嘛！如果之前不明事理的人听了你的话，把舍蕴善经师打死了，岂不是让舍公冤死，也陷他人于不义！"说罢向王允卿挥了挥拳头："今天真想打死你，但又可怜你年老。你一个人丢脸也就罢了，让我们大家的颜面置于何地？唉！也罢，我从今天开始，再也不去琉璃厂了！"这番话让王允卿清然泪下。众人劝道："马次泉，还是算了吧。不是王老师运气差，是我们运气差！"

第二天，沙介玉在路上遇到马次泉，故意问他："大哥前天保护王老师去东城参加辩论会，胜负如何呀？"马次泉赶紧快步离开，同时用袖子挡着嘴说："别提啦！"

己卯讲班

北京城里十座清真寺，九座都实行"独班"制，只有冈儿上依旧坚持"连班"制。康熙二十三年甲子（1684年），冈儿上的东寺开始实行独班制，有二三十户人参加。冈儿上的居民很讨厌到东寺参加礼拜的人，叫他们"独头蒜"；在东寺参加礼拜的人管依旧实行连班的人是"连络保"。到了康熙三十年（1691年），实行连班的教坊与实行独班的教坊逐渐不和，坐在一起经常引起争论，父子兄弟之间也因为连班、独班的问题而各分各派。等到了康熙三十六年—三十七年（1697—1698年）情况越发严重，即便是妇女之间也会因为连班、独班的事情怄气，甚至街巷中的酒鬼、无赖也会因为连班、独班的问题打架斗殴，但具体一问，这些人又对连班、独班一无所知。于是康熙三十八年己卯（1699年）有"己卯讲班"。现在将"己卯讲班"的问答词，一字不漏地记录在这里，希望后人有目共睹。

康熙三十八年五月初十，连班师白养恒，独班师舍蕴善，分别带着各自的教众来到改家。在桌案上摆放好《古兰经》，焚香立誓。主张连班的人绘制了三幅图，说："这是连班图，这是独班图，这是妇人班图。你们是说我们是妇人班吗？"主张独班的人说："如果妇人也列队参加集体礼拜，你们的班列就是不男不女，哪里还成什么班列呢！"。【因为没有女领拜，所以妇女参加集体礼拜，队列形式类似于连班。因此，主张独班的人嘲笑连班的人是妇女班。为了形象地说明问题，主张连班的人画了三张图，以此表明连班不同于妇人班，连班是领拜人虽然在第一排，但与其他人有一肩之隔；妇人班第一排是完全站齐的。而独班是领拜人站在礼拜队伍前方，与第一排要隔一排的距离（独班、连班，一行之隔与一肩之隔，后文张封翁与马君锡等人有辩论）】

独班师王祥宇说："今天讲经是为了明理，听不听任由各人选择。我读了上百卷经书，没有见到过连班之说。经典上说，教礼上说参加礼拜的人不能跟从四种班列礼拜：跟领拜者隔着河，隔着路，隔着墙，隔着妇人班列。如果不是这四种情况的话的，跟领拜者隔着一百步或一百尺的距离，都可以跟着领拜者礼拜。"

主张连班教坊中的群众有的赞同王祥宇的话，遭到连班师马君锡的呵斥："这哪里说得对？"马君锡问道："你先说说你读了上百部经的经名。"王祥宇目瞪口呆了半天，说道："强词夺理不是教法。"马君锡嘲笑道："我们王允卿老师，也曾经说读了上千卷经也没有看见过关于连班的说法，但他哪里读过上千卷经呢？恐怕连一百卷也没有读过吧。"大家都说："讲会别闲扯别的事情。"

连班师马昆玉诵读《古兰经》注解说："穆罕默德圣人是喜欢去第一排礼拜的，第一排礼拜的人最密集——既然圣人喜欢去第一排礼拜，这还不是连班的主张吗？"独班师回答说："圣人喜欢去第一排礼拜的人，但不是说圣人自己喜欢在第一排礼拜。"马君赐大声说："你们不要以看的书多就来吓唬我们。"舍蕴善说："可以欺瞒今生，但不可以欺瞒后世。你在哪里学得这些主张，还这么冥顽不化。"独班师马心喆说："即便如你们说的，穆罕默德圣人喜欢第一排，也不能成为主张连班的根据。有一个人站在最前面，谁是第一排呢？如果在众人行列中领拜，这不成了妇人班了嘛！如果说圣人站在众人礼拜的行列中，这不恰恰说明了圣人遵守独班制吗？因为圣人常常让他人领拜，自己跟随众人在行列中礼拜，这才是圣人说他喜欢在第一排的意思。这并不能成为主张连班的根据。"

主张连班的人又提出："《默萨璧合》经上说：'圣人在快要礼拜的时候，抚摸一个人的肩膀说：你的身体不要倾斜，如果身体倾斜，心术则不能端正。'圣人在礼拜之中抚摸他人，说明圣人是在众人行列中礼拜，是实行连班的。"主张独班的人说："经文中说快要礼拜的时候，不是说正在礼拜的时候，这只不过是说礼拜之前圣人穆罕默德是在礼拜的队列中的，你们误会了经文的意思。况且礼拜中可以抚摸他人吗？"马君锡说："礼拜中稍微动一下也是可以的。"主张独班的人说:"礼拜中可以说话吗?"马君锡答不上来。

主张连班的人展开《买撒必合》,该经讲圣人说过:"要让善于学习的人靠近我——这不是连班的主张吗?"主张独班的人说:"靠近,是不远离的意思,并不是说胳膊碰胳膊这样才叫近。如果胳膊碰胳膊才算靠近,那么你们连班除了第一排,后面其他排的人也都是远离圣人了。"

主张连班的人又展开《翰格依格》经,朗诵道:"穆罕默德圣人说:礼拜行列中最好的是第一排,第一排最好的是右侧,右侧最好的是靠近领拜的人。这靠近领拜的人又是谁呀?"独班师鲁腾九说:"靠近领拜的人,是在领拜人正后方的。"

连班师马昆如念诵《教款捷要》:礼拜完毕,"穆罕默德圣人向右说色俩目,别人看见他的右腮;向左说色俩目,别人看见他的左腮。这难道不是说明圣人也在人群队伍中礼拜,实行连班吗?"主张独班的人说:"这恰恰是圣人实行独班的根据。"

独班师马心喆拿着《翰格依格》经,诵读道:"如果看见礼拜队伍的第一排有空隙,应该迅速补齐,防止魔鬼趁机加入。"问道:"你们连班第一排(领拜人两旁)有那么大的空隙,是为什么呀?"马君锡侧目而视,说道:"你这不是公认的教法典籍,不可听信。"连班师马昆玉也说:"你说的话不是《古兰经》,不是圣训,不值得信任。"马心喆说:"你们再听听我读下文。穆罕默德圣人说:'礼拜队伍必须严整,这样魔鬼不会窜入,魔鬼如羔羊一样。'圣人的意思就是说,如果礼拜的队伍不严整,魔鬼会乘虚而入,如同羊羔钻入羊群。这就是圣训,你们怎么能不信呢?"马君锡、马昆玉看着房顶不说话。

马心喆接着打开《法他洼则希耳》经说:"从前有人求穆罕默德圣人指点一条正道。圣人说:'你去做赞教;如果做不了,就去做掌教;如果还做不了,就在礼拜队伍第一排正对着掌教的地方礼拜。'话说得这样清楚了,你们还能反驳吗?"马昆如说:"这是圣人专门对那一个人说,我们不必遵从。"主张独班的人说:"圣人教导一个人与教导众人,有什么区别吗?"并接着诵读《启法业》经:"如果只有一个人参加礼拜,就站在掌教的右边。二个人参加礼拜,就都站在掌教的后面,其中一个人站在掌教的正后方,另一个人站在他右侧。你们对此还有什么话说?"主张连班的人都答不上来。

张封翁从怀中拿出一部经书,说道:"这是从西域传来的古经,明末藏在井中,有人找到它,经中说道:礼拜采用连班的方式,这种错误已经沿袭很久了。穆罕默德圣人去世后,四大哈里发继承圣人的事业,传播伊斯兰教真理,到了'尔里'(阿里)的第十一代孙'葛新'【第十二伊玛目马赫迪】即位,教法大乱,异端蜂起,'葛新'就隐遁了。后人思念'葛新'的贤能,虚位以待,所以礼拜时就改为连班制。因为仰慕隐遁的贤人,而废弃穆罕默德圣人规定的制度,这是不守中正之道,不可遵行。"接着又说:"按照圣人制定的教礼,掌教在礼拜队伍的前面,跟礼拜队伍之间有一行的距离就可以了,违反这一条的也是外道。"最后说:"有道之人也可以跟从平常人进行礼拜,只要平常人领拜时齐备各种礼仪、没有外道的行径,就没有问题。"

主张独班的人说:"前面读的那番话,说明两点:一、领拜的人必须跟礼拜的队列间隔一行左右的距离;二、第一排中间不能有空隙。你们主张连班的人既然知道掌教要站在前面是圣人的规定,为什么不做到位呢?不当不正,不男不女的,为什么呢?"【主张独班的人认为男子应该采取领拜人与队伍隔一行的独班方式;妇女是没有领拜人、第一行排齐的方式。而连班人是领拜人在第一行与左右隔着一肩的距离,因此被独班人说成是不男不女】马君锡摇头说道:"隔一个肩膀的距离足够了,隔远了违背教法,何必再多说。"主张独班的人说:"你有什么根据?"马君锡说:"《特尔折默》经就是这样说的,这本经藏在杨茂如家,他不借给人看。"主张独班的人说:"这本经就在这里。"把经书呈上,请马君锡看。马君锡看也不看,说道:"这不是《特尔折默》经,不过是托名的伪书罢了。"张封翁把经书展示给大家看:"这是皮壳上印字的古本经书,哪想到你引用这本书的内容竟然篡改上面的话,真是昧良心的无耻之徒。"

主张连班的刘明亭、马乡老对张封翁说:"承蒙张公美意,真是功德无量,怎奈我们教中经师并非个个都是好人,王允卿是在连班教坊,不指责连班的错误。这回张公您痛斥他们,这个反复无常的小人,何足挂齿。"张封翁说:"我们今天只论道理,不论品德操行。我们尚有三十多本经书,都是主张独班的证据,等都讲完了再定谁正谁邪。"主张连班的马乡老跪在屋檐下说:"各位就到这里吧,不如明日再辩吧。"刘明亭向主张连班的人一挥手,给舍蕴善作了个揖说:"谢谢经师教诲,从今天的辩论来看,独班确有经典依据,我们连班也有经典为证。大家各行其道,井水不犯河水。"说罢大家轰然出屋,快步离开。马心喆大声说:"谁说你们连班有经典为证!连班是真异端、真外道,不要以讹传讹,迷惑他人。"刘明亭边走边回头说道:"噫!马心喆,你真爱搬弄是非,你真爱搬弄是非!"连班人仓皇出走,各自归家。

我们伊斯兰教关于连班、独班的主张,历史久远的情况已经不可确切知道,但就最近一百年前的情况,全中国都是实行连班的。到了万历(1573—1620年)末年,陕西胡、马、海三人第一次提出连班要改独班的倡议,陕西人跟从的、不跟从的,各占一半。【此处应该指的中国经堂教育创始人胡登洲(1522—1597年),及其弟子冯巴巴、海巴巴。"马"应该是"冯"之误。胡登洲在万历二十五年(1597年)去世】即便是父子兄弟,也因为连班、独班的问题,各立门户,宛如仇敌。众人商议在冈儿上的改宅内进行辩论,当天主张连班和主张独班的经师、普通穆斯林群众盛大集会,陈列了数百卷经,还在墙后埋伏了很多青壮年,有识之士都很担心出事情。辩论的头一天,酒徒、屠户、商贩等一百多人聚集在一起谋划说:"我们实行连班已经好几百年了,怎么可以改变呢!这次如果独班取胜,那么我们祖先就都错了。我辈不肖,怎么能表露列祖列宗的过错呀!护教门、攻异端，就在现在！"于是沐浴更衣，给妻子儿女留下遗言嘱托，各拿刀斧棍棒，在改府门外等候，大家约定：如果听到说要改独班的消息，大家就都夺门而入，见到主张独班的人，不论老少，格杀勿论。当时众多经师在改府嘈杂辩论，连班师渐渐理屈词穷；有人把改府门外的埋伏情况告诉里面的人，主张独班的人都很惊讶和后悔，不知所措。连班师马君赐则肆意狡辩，文过饰非。主张独班的人也都谦逊避让，不怎么穷追猛打。主张独班的人准备的经卷虽多，但没有人愿意多说了。辩论稍歇，大家都轰然作鸟兽散。

　　刚刚听到讲会的消息，大家都惴惴不安。白养恒年老体弱，没有对策，为此常常啼哭。经师乡老昼夜不分地在礼拜寺中谋划，十多天也不能商量出办法来，逐渐萌生了投降的意思。在屠户、商贩、无赖中有流言蜚语说："如果改成独班，一定会用石头砸碎五个掌教的头颅。"经师们更加害怕了。把众人都召集到礼拜寺，向老少各位咨询应对之策。众人叫嚣说："掌教如果不坚持住，我们就变成外道了。"有老年人垂泪说："没有想到，老了老了，还遇到这样不幸的事情。"青壮年则挥拳大骂，在礼拜寺内喧哗。其中有一个人叫马君锡，对经义不是很精通，但能高声恶语，在诸位经师中以好辩出名。马君锡挺身而出，说道："事已至此，不参加讲会是不行了，我们有经典依据，不怕他们人多。他们虽然请来了有贤能的经师，但有什么问题，就由我顶着好了，不干其他人的事。"大家都欢心庆幸，说："好！"但也有人提出质疑："经文中没有连班的依据；即便有，也是说得含含糊糊的，对方如果吹毛求疵，你该怎么对付呢？"马昆如站起来说："你们大家不要担心，我会帮助马君锡办好这件事。现在是大家的体面最重要，哪里还顾得上经书。纵然主张独班的人说得有道理，我也说他们讲得不对；即便马君锡说得没有道理，也附和他说对。那些听讲的观众，都不懂经文，哪里能分辨出孰是孰非呀！"大家高兴地说："就这么办了！维护圣教，就全靠两位啦！"大家围着两人下拜，并且许诺，事成之后立他们做掌教。

　　杨玉山夜晚到访马君锡的家，对马君锡说："世人都知道连班是不对的，你勉强偏袒连班，不怕后世有报应嘛！听说独班那边请的经师，都是非常博学的，个个精通教法、明晓经典，他们找出了四十多条支持独班的经典依据，你岂能稳操胜券？你要三思呀，不要将来追悔莫及。"马君锡笑道："《古兰经》、圣训，先暂且束之高阁，全天下实行连班制的清真寺都以我们北京牛街礼拜寺马首是瞻，如果我们一旦失利，岂不是颜面扫地。我所凭借的不是经书，而是自己的三寸不烂之舌。你且拭目以待，到时候恭贺我做新掌教好了，其他的事都不是我关心的。"杨玉山无奈离去。

　　五月初十，张封翁率领众经师赶到改府，并有一车健壮士卒数十人，列队于改家厅堂左侧。白养恒率领主张连班的一行人，列队于厅堂右侧。白养恒体似筛糠、面无人色，马君锡、马昆如则怒气冲天、气势汹汹。等到辩论展开，马君锡不依经文，强词夺理，马昆如又在旁边随声附和。主张独班的人面面相觑，辩不下去。听讲的人，大都是做生意的平庸之辈，完全不知所云，更不知道谁是谁非；而且门外站着数百人，各拿刀斧虎视眈眈，随时可能血流成河。主张独班的人看到这样的阵式，也开始唯唯诺诺，任凭马君锡、马昆如等人信口胡说，只求辩论会能够善始善终。主张连班的阵营中有位叫马秃指的人，也在人群中听辩论，不断挤眉弄眼，等到散会时，他因为走得慌张，一根枣木棒槌从他怀中掉下来，掷地有声，众经师都吓了一大跳。

　　讲班之后，主张连班的人都相互庆贺。凡是婚丧嫁娶，宴会上一定会请马君锡到场上座，来的宾客一定先到马君锡的位置前，作揖问候请安，马君锡不过含糊地点一下头或者抱拳回礼，即便遇到长辈，也不谦让。马君锡常常说："实行连班的牛街礼拜寺，在天下礼拜寺中属第一，我马君锡在天下学者中属第一。"每当有宴会的时候，围坐在一起的人们都会奉承马君锡，马君锡自己说道："早在康熙三十八年己卯五月初十，我已经把生死置之度外，幸亏真主保佑，辩论双方都相安无事。舍蕴善、马心喆刚刚来的时候，大家都胆战心惊，众多经师中有谁能跟他们抗衡？真主降下贤人，成为连班的中流砥柱，你们是何等幸运呀！先知穆罕默德之后是众位列圣，众位列圣之后就是学者了。今天的学者就相当于古代的列圣。"大家都说："没错。"散班阿訇中有眼睛近视的，偶尔在经堂上坐了首座，马君锡就呵斥道："你是什么东西，敢坐在我的上面，你认识己卯讲班的马君锡嘛！舍蕴善尚且不如我，你算老几！"那人赶紧道歉。有人提到某位经师有学问、某位经师有操行，马君锡听见了就不高兴，说道："我真刀真枪豁出性命夺回来的，他们就想捡便宜吃现成饭，学问操行有什么了不得的。"连班经师听后很讨厌他。

康熙三十八年（1699年）之后，马君锡逐渐骄傲起来，遇到遵循连班的人，傲慢无礼，无论老幼都用"尔""汝"等不礼貌的用语来称呼他们。他曾经说："往年若没有我一个人，你们现在都成了外道异端了。"遵从连班的人更加讨厌他了。

教长白养恒，为人谨慎谦和，与世无争，北京的穆斯林，无论是遵从连班的、还是遵从独班的，都像对待圣贤一样敬爱他。但马君锡常常背地里把白养恒骂为"老白"或者"和事佬"。白养恒听说后，在礼拜寺当众说："我是挑苦水为生的苦力吗？叫我老白！我领众四十多年，有什么过失？后生晚辈这么侮辱我，我今天也没脸在寺中立足了，请求辞掉礼拜寺掌教的职务。"遵从连班的人都哭了："老人家您走了，我们该跟随谁呢？"坚决挽留白养恒，大家由此更加讨厌、鄙夷马君锡了。

马君锡争座位

康熙四十一年（1702年）三月，连班师助教马腾云去世，马腾云是马君锡的父亲。四月，遵从连班的教众请马君锡为助教，前后去了七次，马君锡也不答应。五月初一，马君锡赶到礼拜寺对众人说："当年张封翁率领众多学者名师，用车拉着经书，在改府召集会讲。你们这些人都躲起来，不敢触及人家的锋芒。当时,连班已经岌岌可危了。只有我深入虎穴,舌战众经师,维护祖先留下来的规矩,保全了各位的体面,我实在是连班的功臣。诸位当初许愿事成之后让我做掌教,事情才过去四年,你们说过的话就都忘记了吗?今天让可有可无的人居首位,让勇往直前、不怕牺牲的人有了贰心,你们怎么能这么做呀!当时如果我们改成独班,我没有脸面见大家;现在不立我为掌教,你们有什么脸面见我!"连班人答不出来话,马君锡拂袖而去。

六月,连班人再次集会,请了马君锡三次,马君锡都不来。连班人轮番去马君锡家,哀求道:"您暂时先当助教,稍微等二年就让您当掌教啦。"马君锡生气地说:"你们既然不能履行诺言,当初就不应该许诺;既然许诺,哪有再等一二年的道理?"连班人下跪恳求,马君锡再次发怒说:"你们不要再多说了,讲班的时候你们在哪里?今天却喋喋不休。"大家也都生气了,说道:"讲班时,你都是肆意胡说的,幸好独班的人不跟我们计较。哪里是你真能以理服人。你今天不当助教,将来你想当助教恐怕再也当不上了!"大家不欢而散,决定不再提此事,这件事也就没有下文了。

康熙四十三年(1704年)五月,马君锡进入礼拜寺,跟大家说:"当年讲班,你们经师乡老昼夜策划商议,都束手无策,只有投降一条路。我挺身而出,拼下性命立了空前绝后的大功劳。我已经得罪了天下的学者,只能依靠连班的人。近来揣测诸位的意思,是飞鸟尽良弓藏、野兔死走狗烹,把我像旧鞋子一样丢在一旁,首鼠两端的人坐享荣华富贵,立下汗马功劳的人忍受贫困。你们的良心跑到哪里去啦!"说罢哭了起来。连班人可怜马君锡的窘迫,六月,立马君锡为副掌教,马昆如为赞教。

看月聚论

康熙五十五年(1716年)六月初,掌教白养恒告诉众人说:"今年七月初三开始封斋。"马君锡则宣称:"经上说:看见新月封斋,看见新月开斋,不许推测。你现在预订初三开始封斋,是倚重推测之术，而废掉了看月的制度，严重地违背了圣人之道，万万不可以按你的说法办，必须等到看见新月才行。"于是众人议论纷纷，马君锡一派诋毁白养恒是外道。白养恒要辞去掌教的职务，大家坚决挽留。白养恒说："到了初二，上一个月的圆缺周期已经完成，如果不在初三那天开始封斋，仍然固执地坚持看新月的办法，倘若下个月初二又看见新月，那么这个斋月封斋就只有28天了。此事需要坚持原则，也要有变通，看月的方法和推算的方法不能偏废。这样才是善于行圣人之道呀。"大家的议论暂且平息下来。七月初三日大家封斋，八月初三日开斋；唯独马君锡是初四开斋。

康熙五十六年（1717年）五月掌教白养恒去世。六月，大家拥立白养恒之子白元辅和马君锡共同为掌教。

康熙五十七年（1718年）六月下旬，掌教白元辅向众人宣告："七月初二是上一个月最尾，初三是斋月的开始，应该在初三日开始封斋。"

马君锡说："不行。经上说：你们先不要封斋，要看见新月再封斋。这是说在斋月封斋，必须遵循看月之法。现在不看新月的有无，单凭推算就判定斋月的起始时间，是与圣人经训大相径庭的，不仅斋月封斋之功很难获得，就是所行的教法也要沦为异端啦！"

白元辅说："初一日丑时合朔，到初二日傍晚月亮距离太阳已经很远，岂有夜里看不见月亮的道理；况且多年来的实际经验证明，如果上一个月是大月30天，那么合朔早，新月必然在初二出现；如果上一个月是小月29天，那么合朔晚，新月必然在初三出现。后者，初三日见新月是最准的，提早推算的方法，哪里有讹错？"

马君锡说："经文原本说看见新月封斋，看见新月开斋。并未允许掐指推算。按你的说法，是把圣人经训视为废纸，用你们白家的办法就能擅自确定入斋、开斋的日子了。况且西域都是只是以看见新月为斋月始终的。"

白元辅说:"(如果初三还不封斋,还没有进入斋月的话,)那么斋月的前一个月舍尔巴乃月(伊历八月)就有31天了,自古至今伊斯兰教历法中哪里有一个月是31天的道理?"

马君锡说:"事有轻重缓急,教法有原则有变通,唯独斋月一事最大,至于斋月的前一个月有多少天,后一个月有多少天,都是无关紧要的。"

白元辅说:"西域最重视天文历算的学问,但我辈对此并不熟悉。如果按你所说的,斋月前后月份多少天都是无关紧要的,那么西域的天文历算就仅仅关注斋月的天数,其他月份都是混乱的,这样如何考究年月、授民以时呢?圣人设立天文历算不会这样偏颇鄙陋。"

白元辅阐述自己观点的言论很多,但是一般穆斯林群众只能听懂马君锡的话,所以都跟从马君锡的说法。这一年的农历七月是小月,初二那天晚上阴天看不见月亮,等到初三看见的月亮已经很大很亮了,有人说初二应该就有新月了,舆论大哗。

到了农历七月下旬,白元辅告诉众人说:"八月初二看月,如果看见新月,初三开斋;如果初二看不见新月,那么到了初三也不必看新月了,因为这个月的圆缺周期肯定结束了,我们就初四开斋。"

马君锡说:"封斋28天就看新月要开斋,真是前所未闻;封斋29天,晚上不看月就决定第二天开斋,又是何道理?"【康熙五十七年(1718年)牛街地区穆斯林是七月初三晚上看月,从农历七月初四开始封斋,因为这一年的农历七月是小月,只有29天,所以从七月初四到八月初二是28天,到八月初三是29天】

乡老孙四稳厉声说道:"不可以!我今年已经七十多岁了,从来没有听说过斋月封斋只有28天的。八月初二不应该看月,如果看见新月了,我们的斋功不就坏了吗?"【伊历一个月29天或者30天,没有28天一个月的,斋月不可能只有28天,所以孙四稳认为:如果斋月封斋只有28天,就坏了斋功】

白元辅说:"我上个月就说应该从七月初三开始封斋,但你们不听,结果竟然从七月初四才开始封斋。七月初三晚上看见的月亮很高很亮,这显然说明七月初二就有新月了。当初你们执意从七月初四开始封斋,现在又担心只封斋28天又见到新月,你们不后悔晚入斋一天,却担心晚开斋一天,这是何道理?前面入斋就错了,后面开斋还要错,这样谁还能保证斋功的完整美满!如果八月初二晚上有新月,即便我们不去看月,新月当晚就不发光了吗?或者有人为了避免封28天斋,故意挡着眼睛不看新月,这简直就是掩耳盗铃,自作自受,其他清真寺如果知道我们这样干,我们岂不是成了他们的笑柄。"

马君锡说:"我们现在就是要不论封斋的天数,不管大月、小月,只是看见新月就开斋,看不见新月就不开斋,这是圣人的规定,违反的人就是外道。"

白元辅说:"圣人的规定有不能改变的,也有可以变通的,你太固执了。"

孙四稳说:"你们都是读圣人所传经典、教授伊斯兰教教法的人,你们的意见还不能统一,纷纷扰扰,让我们何去何从呢?"

白元辅说:"经典上都记载了圣人勘察月亮的方法。凡是月亮大小如峨眉,在地球大气层的位置上,角度很低,很快消失在地平线下,这是月亮复明后第一天的新月;形状比较大,光亮比较强,在大气之外,角度比较高,比较迟才消失在地平线下,这是月亮复明后第二天的月亮。七月初三晚上的月亮,大家都看到很亮,形状比较大,光亮比较强,在半天上,这明明是告诉我们七月初二月亮肯定已经复明了。我们在前面已经缺了一天的斋,现在初二晚上又不看月,前后都出错,谁应该承担责任?"

马君锡说:"你们白家两代人入斋、开斋都不看月,贻害大家太多了!今天又以推算之说迷惑大家,我马君锡是什么人,怎么能容忍你妖言惑众。"于是大家一哄而散。

八月初二,孙四稳在礼拜寺中扬言:"白养恒老掌教一生讲月没有差错,现在后人不及前人太多了。节外生枝,导致七月初四才开始封斋,害人不浅。今年斋月封斋才28天,说来让人寒心。如果今天看见新月,我们的礼拜斋功尽成罪过,都是马君锡从中作梗导致的。今天没有新月,便是大家的造化,如果有新月,嘿!马君锡!你好好等着,我要捣烂你家!"大家三五成群,议论纷纷,指天说地,有人说有月,有人说没月,有人说看不见最好,彼此的说法都不一样。此时马君锡躲在家中不出屋。幸好初二这天晚上是阴天,大家的议论暂息。

八月初三还是天色阴暗,经师乡老都聚集到礼拜寺中,白元辅说:"现在已经封斋29天了,入斋月实则已经30天。明天早晨开斋,今天晚上也不必看月了。"

马君锡说:"封斋29天看月,30天不看月,这是自古以来的礼制;现在才封斋29天,当然要今晚看月;如果到了八月初四,则不必看月,斋期已满,在八月初五开斋,这才符合圣人的规定。"

大家都喧哗起来了:"哪里有初三还要看月的道理,入斋推后了,开斋还要延迟。白养恒老掌教活着的时候,哪会有这种事!"

张四维说:"老掌教一辈子,专门用拆兑的手段,开斋、入斋都不看月,巧言令色,瞒天过海,致使我们错了50多年。现在马君锡掌教主持教务,一切都严格按照经典规定的条款行事,见月入斋,见月开斋,彻底纠正了以往的错误,你们何必计较是初三还是初四,只要听从马掌教的话就是了;况且你们的见解学问哪里能高过马掌教啊!"

孙四稳说:"你说的不对,我老孙封斋40多年,从来没有见过初五开斋的,明天初四必须开斋。事情就这么定了,你们敢有不听的,就来找我,我已经年纪一大把了,就是现在死了也不算短寿,刀杀拳打还是要打官司告我,我都不怕!"

马君锡说:"孙乡老,你没有读过经书,不知道教法条款,现在讨论的事不是你能参与的了的,你只要等我们的决定,照着去做就可以了，怎么能这么粗鲁呢！"

孙四稳说："我见过经师学者当中嫉妒贪婪、夸夸其谈、刚愎自用的人比比皆是。你马君锡不用跟白元辅掌教理论，你来找我。"说着话就把头巾扔到地下，露出肩膀，站在大殿外面说："来呀！来呀！"

马次泉说："看月之事，关乎典礼制度，不是一家一户的小事。白掌教说初四开斋是很有道理的；马掌教说初五开斋也并非完全不对。我们即便听从了错误的意见，罪过也在掌教身上。还是应该从长计议，你如此举动，不是让外人看笑话嘛！"

王思道说："马君锡是著名学者，说马掌教不对，这是罪过。"

周思恭说："如果初五开斋不是错，天下就没有错事了。"

当时各家观点，都有党羽支持，相互辩论，在邦克楼下吵吵嚷嚷。突然有一个人急急忙忙跑进礼拜寺，说道："现在牛街东寺独班掌教与乡老辩论讲月，事情决定不下来，打算向都察院五城兵马司告状。我们礼拜寺也是如此，不是被教坊之外的人笑话嘛！现在时候尚早，等到晚上天还不放晴，我们再商议，各位觉得怎么样？"大家说好，纷纷走出了礼拜寺。孙四稳也披上衣服走出寺。

到了太阳落山的时候，天色依然阴沉。乡老们在礼拜寺中开会商议："七月初三的月亮，已经比较大、比较亮了，月亮是七月初二复明肯定没有问题。我们虽然没有学问，但因为拘泥于见月之说，已经少了一天的封斋，是大家的大不幸；最近几日战战兢兢，唯恐八月初二见到新月，幸好天公作美，当晚阴天，保全了我们没有封28天斋，这是不幸中的大幸。今天已经八月初三，哪有可能还没有新月？如果还固执于看月的说法，则违背教法教理，前后混乱，不仅违背经训，而且贻笑大方。白掌教一番苦心，我们大家都看得明白；马掌教偏颇固执，丝毫不让步，我们该怎么办呢？"

孙四稳说："实行教法，不能徇私情；马掌教他既然坚持看月,就让他自己看好了,我们自己开斋,也不必理会他,寺里还缺他这一个奇葩不成!"

张四维说:"你说得不对,马老师的本意,也是要严格遵守教法,恐怕有差错,故此才坚持看月之说。其间纵然稍微有些差错,大家也应该包涵,不能对人太苛刻。"

马次泉说:"张四维说得很好。大家不要鄙薄马老师,马老师也是京城有名的学者,又有维护连班的大功绩。今天一旦得罪了他,难免让人觉得我们只看他的过错,不顾忌他的功劳,有兔死狗烹的闲话。马老师的本意,也并非要大家陷入混乱之中。我今天请各位大驾光临马君锡家,恳请马君锡听从大家的意见,明天开斋。这样做,一来是按照教法行事,不要错过开斋的正确日期;二来是保全马老师的脸面;三来是不要让外人笑话我们。大家以为如何?"

孙四稳说:"如果马君锡不答应,该怎么办?"

马次泉说:"如果他不答应,我们也算是仁至义尽,他看他的月,我们开我们的斋,就不要怪我们不理睬他了。"

于是老少一百多人,浩浩荡荡来到马君锡家,马君锡站在屋檐下面,众人跪在地上,齐声说:"求老师明天开斋吧!"马君锡也跪在地上,痛哭流涕。大家都被他搞糊涂了。

马君锡哭了很长时间,一边哭一边说:"真主作证,圣人作证,我这样做都是为了教法,不是为了我的私意。不看月就开斋,违背真主的命令,违背圣人的做法,我哪里敢因私废公,与你们一起下火狱呢!"

大家说:"马老师如果担心明日开斋有罪,在后世遭到审判,没有关系,一切后世惩罚都由我们承担,与老师无关。"

于次吾说:"老师的心意已经尽到了,日期也不会错的,明天姑且开斋吧,免得在大家嘴中名声不好。"

马君锡哭着说:"任凭你们开斋,我是不敢答应的;我即便不当掌教了,也不敢作出违背真主命令和圣人教化之事。"

马次泉急忙用手捂住马君锡的嘴,跺着脚大喊:"我的祖宗啊，你还说不当掌教的话呀！今天列位已经商议确定，你如果不听从大家的意见明天开斋，我们也不愿意让你再做掌教了。你是有力气，能担能挑？还是能写会算？你有什么本事养家糊口，你还动不动就说不当掌教，你傻呀！天下的差事没有好过当掌教的了，不用做工，不用做买卖，不用耕田，不用读书，坐首座，吃香喝辣，人家办丧事也给你钱，办喜事也给你钱。掌教的职位哪一点亏待你了，你费了九牛二虎之力才当上掌教，就为了看月这件事又把掌教丢了。现在独班的人恨你，连班的人又不待见你，大家抛弃你就像丢旧鞋一样，你看看你已经进退失据，困顿而死指日可待。你听我的话，赶紧同意明天开斋，还不耽误正事；你如果不听的话，一会儿大家一散，你追悔莫及。"

马君锡止住泪水，说道："诸位请起，实在没有办法了，明天开斋吧！"大家站了起来，说："色俩目。"马次泉等人离开了马君锡家。

不一会儿，云开气散，快到一更天的时候（19点至21点），西方的天亮了，月亮出来了，是复明后第二天的月亮。【实际上应该是八月初二就可以见到复明后的新月（但因为当时天阴，所以才没有见月）；八月初三看见的月亮已经不是新月了，而是复明第二天的月亮了】

八字匾

康熙五十七年（1718年）四月，一位都察院右副都御史"中丞"大人【原文称"中丞"，即"御史中丞"简称，明代废御史台，改设都察院，御史中丞之官遂废，但因为都察院右副都御史相当于前朝御史中丞，故明清把都察院右副都御史也称中丞。清代都察院右副都御史，常常由地方军政长官"督抚"（巡抚总督）兼任，故清代的"中丞"一般都是一二品的大员】去北京白云观游玩，回家时顺道进入牛街礼拜寺参观。马君锡将中丞请到学馆喝茶。中丞问马君锡伊斯兰教的教理教法，马君锡略叙大意，中丞很高兴，离开时留下自己的名片。第二天，马君锡去中丞府上回访答谢，并带去了纸张，请中丞书写"清真圣教，职司首领"八个字做匾额。中丞笑着答应了。

过了一个月,中丞派兵马司指挥【清代北京有五城兵马司,主管城内水火盗贼等事,东西南北中五城各有一位主官称"指挥",正六品,清代的兵马司隶属于都察院,故都察院御史中丞可以调遣兵马司指挥】敲锣打鼓地把匾额送到礼拜寺。马君锡在庭院里张灯结彩,大宴宾客,穆斯林群众都前来祝贺。

马昆如得知此事后大怒,把人都请到清真寺里,当众说:"圣人立教,首禁音乐,一面锣、两面鼓都是被禁止使用的,违反者绝不宽恕。马君锡是掌教,又是圣裔,门前锣鼓喧天,跟教外人有什么分别!抛弃祖宗之法,违背圣人之律,还配当掌教吗?你们大家还能跟他做礼拜吗?"大家认为马昆如说得有道理,马昆如说:"马君锡如果敢进礼拜寺,我就打他,我打他为的是教规,不是为自己的私心。"

马君锡听说这件事后很害怕,不敢出门,派自己的儿子哀求十多位乡老去找马昆如说情。马昆如答复说:"我知道这件事而不指出来,就是背叛教法。马君锡这样违背教法的人,应该驱逐出去,列位还给他求什么情。"众人说:"您与马君锡亲如兄弟,当年您协助他参加连班独班的讲会,立下大功,名扬天下。今天如果手足相残,恐怕四方学者耻笑。"马昆如低头良久,然后说:"他能认罪忏悔吗?"大家说:"能。"马昆如说:"赶快叫他忏悔。"

大家随即带着马君锡进入礼拜寺,念"讨白"忏悔。马昆如数落马君锡说:"你在中丞那里求匾额,为什么不求两块匾额,你自己想要独吞荣誉呀。之前我管你借袍子,你不答应;今天你差点丢了掌教的职位。你如果失去了掌教的职位,你有什么养家糊口的技能吗?袍子重要?还是掌教的职位重要?你违背祖训,破坏教法,彰显自己的荣耀,断绝朋友之间的义气,你做事有仁义在吗?你以后要好自为之,不然的话我把你之前的丑事都说出去。"【这段话反映出马昆如还是有私心的】马君锡唯唯诺诺,不敢应声。

枷孙四稳

康熙五十九年（1720年）二月，都察院在礼拜寺门前枷孙四稳示众。原来，牛街西寺即礼拜寺，有掌教五人，自从白养恒去世后，连班人拥立白养恒的儿子白元辅，以及马君锡辅助，这样掌教就变为六人。这六个人贪婪鄙陋，懒于礼拜，除了主麻日的聚礼，很少到礼拜寺来。老少穆斯林常常跪在礼拜寺大殿很久，等待有人来领拜，礼拜的时辰都过了，还没有掌教来，于是众人就在来礼拜的人中间推举懂经学的人领拜。但这六个人又讨厌有人夺权，对领拜的人说难听的话、给脸色看；于是平日礼拜，再无人敢领拜，大家多是散拜而已。乡老们当面指责过这些掌教的过失，甚至大声喝骂。但这六个人不思悔改，到后来竟然早睡晚起，在树下聊天，整天不进礼拜寺。遇到有穆斯林家办丧事，这六个人各管一事，就像做生意一样。如果是非常贫穷的家庭，给不了多少衣食供奉，各位掌教就不去经管。乡老们逐渐对掌教们的行为产生不满，孙四稳尤其讨厌他们。孙四稳为人彪悍粗鲁，常常在节庆和主麻日，在大庭广众之下侮辱掌教。六位掌教都很怕孙四稳，不敢出声。

康熙五十八年（1721年），礼拜寺的邦克楼坍塌，张四维发传单摊派募捐。几位乡老和六位掌教把捐款中饱私囊，但孙四稳没有捞到好处，于是在礼拜寺中大骂。乡老们心中有愧，不敢跟孙四稳当面理论，于是与几位掌教合谋驱逐孙四稳。马昆如贿赂都察院书吏，求得告示一张，贴在木牌上公示，上面写有"不得盲流地痞无赖侮辱欺负掌教"等语。孙四稳很讨厌这张告示，但不知道这张告示的由来，暂时也不敢发作。

康熙五十九年（1722年）二月，礼拜寺举办活动，掌教给教众发请柬，但没有请孙四稳，孙四稳大怒，在大路口摩拳擦掌。这一天是改封翁七十大寿，北京城内的九大清真寺掌教，以及近郊的经师都去改府诵经。寿宴刚散，孙四稳突然出现，用手掐住巴文登的喉咙，拳打脚踢，巴文登顿时满脸是血，其他五位掌教也被吓跑了。

马昆如跑到兵马司要鸣冤告状,被守门的人用鞭子赶了出来。马昆如又跑到御史建策的府邸,大喊救命。建策向马昆如询问了事情的原委,批示让兵马司指挥莫梦生拘捕孙四稳。马昆如领着众多衙役来到孙四稳家,把孙四稳锁走。孙四稳大骂掌教玩忽职守,以及侵占贪污建邦克楼财物等事;马昆如等人与孙四稳对骂,丑态百出……当时围观的有差不多 2000 人,占满了街道。乡老马次泉跑到礼拜寺,打碎了告示木牌,与沈次宇等 21 人联名状告是孙四稳所为。

兵马司指挥莫梦生坐堂审案,几位掌教狼狈入衙,向主审官稽首,陈述孙四稳的罪状。莫梦生命 6 人起身,站在桌案一旁。孙四稳喊冤。马次泉诬陷孙四稳侵吞教众布施,住持马豪杰出面作证是孙四稳打碎了官方的告示牌,21 人联名作证孙四稳谩骂殴打掌教。莫梦生才能低劣,不辨是非,下令掌嘴孙四稳十下。孙四稳申诉不被受理,戴上枷锁,第二天由都察院押回礼拜寺门前。孙四稳在礼拜寺前戴枷示众,看热闹的人站满了整条街。孙四稳虽然戴着枷铐,仍然骂不绝口。孙四稳戴枷示众三天后,礼拜寺诸人都后悔这么做了,跟掌教们商议。白元辅说:"礼拜寺前面有这样的事,绝非是好事呀。"打算恳请御史放人。马君锡说:"不可以,如果释放了孙四稳,他能跟我善罢甘休吗?诸位能保证自己的安全吗?"马次泉感叹道:"生死由命,你连这个道理都不明白,真是白读经典了。世界上哪有永远不放人的道理啊!"于是联名给都察院上了三次书,御史把孙四稳放回家。

穆祥甫置办了宴席请双方和好。孙四稳和掌教们都跪地而哭,举手赞圣,摒弃前嫌,并说自己已经没有怨恨了。掌教们都感到自己有对不住孙四稳的地方,让孙四稳在宴席上坐在首座,吃完饭大家都散去了。

康熙五十九年(1722 年)三月,孙四稳脱离了牛街礼拜寺连班教坊,加入了独班教坊。

呜呼!我们伊斯兰教的教法条款虽然繁多,但后人应该知道轻重缓急。遵守重要的条款，对于穆斯林来说是毋庸置疑的：认真主安拉独一，穆罕默德圣人至贵，遵行念礼斋课朝"五功"，敬信《古兰经》，严格实行沐浴大、小净，守七辰之礼【七辰是指日、月，以及金、木、水、火、土五星，这里应该是指伊斯兰教天文历法】，重幼童之制【应是指给婴儿"起经名"的仪式】，不吃不洁净的饮食等禁忌，都是绝对不能违反的。除了这些重要的条款，其他都是小节，比如连班、独班等十余事，议论纷纷，各地教众遵行也不一致。即便把众多经师聚集一堂，彼此也各执一词，公说公有理，婆说婆有理，争论了一百多年，也没有一个肯定的结论。

我曾经对此进行过思考，认为造成这种局面的原因主要有六点：

第一，伊斯兰教自隋代传入中国【应该是自唐代传入中国】，迄今已经一千多年，时间久远，语言隔阂，经师学者的教理教法知识浅薄，见闻不广，只能坚守只言片语，不能博采诸经。

第二，自从伊斯兰教传入中国以来，除了《古兰经》，传入的伊斯兰教文献不过是关于封斋、礼拜、因果、赏罚、劝诫等方面的内容。而自古以来众多圣贤议论伊斯兰教教理教法的典籍，即类似中国《礼记》《檀弓》《廿一史》《文献通考》这类内容详尽的典籍，必然还都藏在西域，没有传入中国。我们今天虽然想参考，但却苦于经典文献不齐备。

第三，纵使议论教法礼仪的诸多文献都传入中国，我也知道经师们必然不会参考，为什么呢？今日的经师，是中国人尚不会使用中国文字，不熟悉中国的礼仪，哪里反而有能议论西域礼仪的道理？况且所议论的西域之事，又是很精细的事情，讨论入斋、开斋，辩论独班、连班，这类事情就类似于中国人讨论天文学上的月朔岁差、大礼的分祀合祀，不是博古通今、融合百家之说的人，都插不上嘴。而现在的经师，不读诗书，不熟悉礼乐，所依仗的是什么样的学问？主张的是怎样的见解？肚子里有什么样的典章故事，能够引经据典，触类旁通吗？况且眼前的三十卷《古兰经》，每天都要诵读，但尚且不能讲其中的任何一章，古圣先贤的其他撰述、礼法名经，即便传入中国，这些经师他们纵然打开书本也不知所云，是绝对不可能参考的。

第四，经师的陋习是以经籍为传家之宝，如果某位经师有某种经书一卷，必然严密珍藏，就像对待丹书铁券一样，即便是骨肉至亲、交情极深的朋友，也不肯拿出来示人。所以几百年来，伊斯兰教的学问越传越狭隘。

第五，中东、中亚诸国，远在两万里之外，山川阻隔，关卡重重，音信不通，我们有疑惑的事情不能前去请教，他们也不能来我们这里纠正我们的错误。

第六，中国的四书五经，都有古文经、今文经的区别，如果没有老师传授，自己按照字面意思去理解，必然会以辞害意。我推测西域经文，也必然存在类似于古文经与今文经之间存在差异的情况。八九百年以来，师徒错误传授，肆意诵读，理解不对的地方肯定不少。

有了以上六种弊端，加之平庸的经师抱残守缺，见识狭隘，坚持谬论，无事生非；又有好事之徒跟着推波助澜，所以一百多年来纷纷扰扰，没有一天安宁之日。明白事理的人，应该求其大同、存其小异，经师、乡老相安无事。如果不分教礼的轻重缓急，执拗己说而不能自拔，那么就是越执拗错得越严重！我要用一句话总结，就是"不争论"。

我本人资质愚钝，不学无术，没有读过西域经书，但常常喜欢思考教义，有时候也向经师请教说："您曾经说过穆撒（摩西）、达渥德（大卫）、尔萨（耶稣）诸位圣人，距离我们的穆罕默德圣人多少代、多少年，他们之间谁先谁后，生平事迹能不能给我讲一下？"经师说："《古兰经》没有记载列位圣人的全部事迹，我也不知道他们的年代次序。"又请教西域有占卜之学吗？经师回答说："这是教法严厉禁止的，不可以问。"又问确定斋月是大月、小月的原理。经师说："西域禁止推算，也不讨论朔望之类问题，只是以看见新月为一月之始，也没有制定闰月。"又问有风水地理之学。经师说："这也是教法严厉禁止的，风水地理不可信。"又问30卷《古兰经》讲的是什么内容，请经师讲一章，让我也顿开茅塞。经师说："议论《古兰经》是很重的罪过，不可以讲。"我当时心中很是疑惑，难道说：伊斯兰教诞生地西域是遥远偏僻的地方，道理简陋，无历史记载，缺乏百家之言，有的仅仅是礼拜、封斋、念经、舍钱而已，探究其教理尚不能自圆其说，其局面也不宏大？于是我心里郁闷，闷闷不乐好几个月。

康熙四十九年庚寅（1710年）我在朋友那里偶然得到了《西域天文稿》，以及《哲罕达尼史》【《哲罕达尼史》即《寰宇述解》，地理学著作】，虽然已经残缺了，但我补缀而读。书稿中讨论了九天七地、日月五星之理，都是真知灼见，发前人所未发，中国流行的天文学书籍远远比不上它。后来我又得到了一卷《乾方秘书》，是明朝洪武年间，学士吴伯宗与回回马沙亦黑奉旨翻译编著的。【洪武二年（1369年），马德鲁丁携马沙亦黑、马哈麻、马哈沙三子来到中国，颇受明太祖朱元璋的器重，马德鲁丁担任回回钦天监监正，洪武七年（1374年）从麦加朝觐回到中国后不久去世。马沙亦黑接任钦天监监正，马德鲁丁曾被授予"回回太师"府爵，马沙亦黑也继承了这个爵位，永乐四年（1406年）由南京迁往北京。《乾方秘书》现今国图还存有抄本，《乾方秘书》即《明译天文书》，又称《天文宝书》，这是中国天文史上的名著，介绍了很多阿拉伯天文知识，译者实际为马哈麻，而非马沙亦黑，书的原作者是阔识牙耳（971—1029年）。马沙亦黑是另一部天文学名著《回回历法》的译者。】该书记载了西域的天文地理、气象预测、行军堪舆等诸多学说，水平高于中国流行的《六壬通书》《武备志》《虎钤经》诸书。

康熙六十年辛丑（1721年），我在乾清宫值班，与值班办公室"值庐"中的西洋人马国贤聊天，马国贤是天方麦加以西的意大利国人。意大利国人信奉天主教，但因其国距离天方麦加不远，所以对伊斯兰教的道理也很了解。

我问："西域信奉伊斯兰教的国家有多少？"

马国贤说："大国十多个，小国上百个。"

我问："大国、小国各有多大？"

马国贤说："大国像中国那么大，小国像朝鲜那么大。"

我问："伊斯兰教有多少经典文献？"

马国贤用手指着保和殿说："小国的伊斯兰教经书，这十个保和殿也装不下。"

我问："西域有圣人吗？"

马国贤说："自从首位圣人即'元圣'阿丹（亚当）以来，著书立说、创立制度的是'钦圣'，依据经典传播正道的是'大圣'。"马国贤如数家珍地说道某位圣人有什么事迹，某位圣人革除了哪些积弊，某位圣人有什么灵异，某位圣人距离另一位圣人有多少代多少年。一直数到穆罕默德圣人，马国贤则摇头道："这位圣人道德高超，文武全才，删除诸家谬说，集伊斯兰教之大成，应验无穷，臣服诸国。啊！我不能说完他的功德！"

我问："你怎么知道得如此详细？"

马国贤说："我们欧洲东边有叙利亚国，是阿拉伯帝国的属国。叙利亚国内有十多所大学，学生上千人，除了伊斯兰教的真经不随便外传以外，其他各种知识技能，领国的人都可以去学习。我早年曾在那里学习过，看见过他们的历代史书《列圣纪》《大圣传道录》《传心录》，所以我能知道个大概。"【马国贤见到的历史书可能是伊本·凯西尔（1302—1373年）所著《吉所安必雅》即《列圣纪录》一类的书】

我问："西域有哪些技能？"

马国贤说："诸子百家之说，无所不备，有《天文经》《地理经》《星宿图》百卷，推演五星凌犯、日月交食，都与实际天象吻合，丝毫不差。有《七洲形胜记》《舆图考》数百卷，记述天下四方的山川、水土、物产，不同国家的风俗喜好。有《算宝经》百卷，推算九天七曜、三角八线，都细致入微。用沙盘来推演计算，虽然极大极繁之数，多年难解之题，广袤的天文、八方的地理，瞬间就可以计算得清清楚楚，比中国的算盘，不知道要强多少倍！欧洲的天文学和数学都学习这种办法。【沙盘也称土盘算法，是一种用印度数码在沙盘（土盘）里演草的算术，土盘算法被阿拉伯天文学家广泛用于天文历法的推算，所以早期回回历法也称土盘历法】有《发历经》十卷，图形符号如同中国周易的卦爻，用来占卜吉凶；有《礼法经》数百卷，辨析教仪；有《医经》数百种，救死扶伤；有《古文稿》和《诗词乐府》数百种，又有《乐经》《选择经》《服食经》《耒耜经》【农书】、《栋宇》【建筑书】、《解梦经》《历代圣王事迹考》《大圣武功录》《升霄纪》【关于公元621年伊历7月27日穆罕默德登霄的记载，回儒刘智提到过《登霄录》即《吉所密迩剌直》】、《廿三年年表》【是穆罕默德从开始传教到去世这23年的大事记】、《群贤传》《圣女传》《教礼因革论》《天方风土记》《异教考源》《古文字海》《今文字正》《文钥》；关于修道的典籍有《性理经》《大观经》《推原经》【恐系《道行推原经》的简称，即《密迩索德》】、《太充经》《寿池经》《成道经》《归真经》《直见本来经》。这些还只是我个人所见到的一个小国所藏的经典。其余我没有见到的大国所藏的经典，还不知道有多少呢！"

我问："西域有兵法吗？"

马国贤皱着眉头说："哎呀！太可怕了！西域的军队都是虎狼之师，骑兵、步兵都是精锐部队，海军尤其厉害，甲胄轻便坚韧，武器锐利，善于埋伏，特别会使用大炮。能够用反间计，诱惑敌兵，神出鬼没，用兵如神。安营扎寨善于选择方位，能够立于不败之地。预先确定交战的时刻，能够抢得先机，乘虚而入。用铜铸的大炮，用四五石的硝石硫磺做火药，大炮一发射，山崩城陷，威力巨大。我的国家意大利虽然跟伊斯兰教国家有深仇大恨，也不敢向其挑战，每年都修书通好、进贡；意大利国王与大臣每月都拜祭东门，唯求与伊斯兰教国家相安无事。"

我恍然大悟道："原来西域的学理渊深，经史齐备，诸子百家、各种技艺全都登峰造极，可惜中国的伊斯兰教经师浅薄，只知道封斋、礼拜、施舍等事，不能够探究精深细致的学问，而又违心背理，反而污蔑说西域没有史传百家之言，说出许多错误的言论来搪塞求教的人，掩盖自己的不足，这真是又可笑又可恨啊！"我自此以后再也不敬仰信任经师了。

灾异

康熙十八年，京师地大震。【康熙十八年七月二十八日（1679年9月2日），北京及周围地区发生8级强烈地震，震中在今北京平谷、河北三河一带，这是有文字记载以来该地区最大的一次地震】

从广宁门（广安门）内东南一带，向南到鱼脊庙，向东到悯忠寺（法源寺），地势高起，土厚泉重，冈儿上西南白纸坊、赵家园有两口水井，虽然味道甘洌，但水质太硬，所以这里的人们多得大脖子病【因为井水中缺碘】，妇女尤其严重。鱼脊庙在牛街南边，地势低洼，是牛街和教子胡同交会的地方，正对着右安门。鱼脊庙中塑着山神、五道神的像，庙上的鸱吻形状是两条鱼尾巴的样子，庙中没有碑刻可以考究历史。现在鱼脊庙连基座都找不见踪影了。

小栅栏胡同中有一口井，传说明朝灭亡时李自成起义军进入北京，很多人害怕兵灾跳井自杀，尤其是妇女跳到这口井里的最多，这口井常常有鬼怪出没，每到夜深人静的时候，有人从井边路过，都会感到毛骨悚然。

糖房胡同中间路西的地方，有"白眚"鬼，每到没有月亮的黑夜就会出现，身高四尺，白如粉絮，斜靠着巷口站着。人们常常见到它，管它叫"面口袋"。

枣林街，在明嘉靖年间修北京外城墙之前，是直接通往芦头桥的大路，也有人说这里在辽代是内城，是当年辽、金打仗的战场。每到夜里就有无头鬼游荡，有提着灯火经过此地的行人，常常遇见有一只车轮般的大手来抓灯。

贞节坊中间向北，通麻刀胡同的一条小巷子中有一口井，每到半夜，井中就有东西往上爬，人能听到井水淅淅沥沥地响。那个东西刚爬到井口，就会再跌落水中。然后再往上爬，接着又跌落下去，反反复复，直到天亮为止。井的北边有土坡，每到半夜三更，有一条黑驴绕着土坡跑，如果有人来追它，就会消失不见。

食物

礼拜时遵从"独班"规矩的老年人，大都不吃糖，因为当时制糖的方法不洁净。但他们又很喜欢吃月饼。于是有奸诈的糕点铺商人，专门制造蜜馅的月饼，高价出售，这些老人争相购买。但他们不知道蜂蜜是液体，实际上并不能做成月饼馅，做馅时还得和上糖，只是称之为蜜馅。老年人愚昧不知，大吃蜜糖馅的月饼。

杂志

冈儿上姓氏

冈儿上土著的大姓有：吴、马、钱、周、穆、白，不过都比不上刘姓人多。刘姓族人祖籍江南，明末，有刘姓叔侄二人来到北京。叔侄二人各生四子，其后人分别被称为"上四户"和"下四户"。刘姓的坟地最大，人称"大地刘家"，又叫"刘半街"。

冈儿上还有河洲（甘肃临夏）马家，大同马家，泊头曹家，韦河刘家，沧州刘家，江南沙家、蔡家，临邑马家，临清王家、陈家，陕西古家，都是迁居冈儿上很久的住户。

还有武平伯陈家，大轿子何家，皇亲马家，谭指挥家，卢指挥家，钦天监吴家、马家，这些都是明朝有一定社会地位的家族。【这些明代贵胄，原本应是住在城内，清初才迁居冈儿上】

武平伯陈友，是全椒（属安徽滁州）人，因征讨蛮夷有功，最后升任都督，封武平伯，赐予诰券，爵位世袭直到明亡为止。

陈友的孙子曾加勋国公衔。【陈友《明史》有传，对北京明代北京官寺的确立，有重要作用】

穆斯林的姓氏，有很多是很罕见的：惠、哈、法、黑、习、笪、萨、蔼、几、折、海、火、花、朵、亚、妥、兰、针、赖、艾、苑、沙、铁、邸、舍、可、福、吉、山、买、来、司、瞿、腊、把、赛、佛、桑。

有姓廉的子弟，到可家做倒插门女婿，人们叫他"可廉"，该人最后果然贫苦终老。【"可廉"与"可怜"谐音】

天坛械斗

康熙三年（1664年），有一位穆斯林在官园洪福寺看戏，因为人群拥挤，不小心踩掉了一位年轻人的鞋。那位年轻人很生气，跟穆斯林殴打对骂，不欢而散。第二天，那位年轻人又纠集了十多位壮汉，手拿棍棒，从牛街北口骂到牛街南口，当时穆斯林群众都出门做生意去了，只有一户姓甄的家中有人，急忙出门对骂。还有一位叫刘青煤的，虽然不是穆斯林，但在牛街已经住了三代了，也愤愤不平，出来对骂。结果甄、刘二人被这伙人抓走了。不一会工夫，穆斯林群众都聚集起来，拿着木棒追到珠市口，边骂边打，在大街上群殴，街上的店铺都没法做生意，关门歇业，往来的行人都走不过去。渐渐的，双方打群架的人越来越多，两边加起来大约有四五百人，一直打到天坛街。西城御史兵马司指挥，率领众衙役也只能远远看着，不敢上前抓人。穆斯林一方的廉大寿、大腔子赵四，身高力大，挥舞着枣木棍子在人群中往来穿梭，棍子和衣服上都被血染得通红。三营的武官率兵也来到珠市口，但也不敢靠近。一直打到下午三四点钟，黄三、黄四、阮二、屠六几个汉人跪地求饶，穆斯林才稍微收敛一下。御史对双方进行了批评教育，指挥官兵把参与打架的人全部逮捕，送刑部司狱司。当场勘验：打死四人，其中一位穆斯林；打伤的不计其数。不久，又有伤重的三人死亡。

刑部官员收了汉人的贿赂，严刑拷打，要污蔑穆斯林造反，逼迫被捕的穆斯林群众招认同党，声称要把主犯斩首，并把所有穆斯林都流放到蛮荒之地去。一时间流言四起，人心惶惶。有位名叫杜大的年轻人，18岁，善拳棒，从天坛逃回家中，他的父亲杜春宇，家中富裕，害怕受到牵连，竟然逼着他的儿子杜大上吊自杀了。其他逃窜各处的穆斯林数不胜数。官兵每天拷打，大堂上的血水都顺着台阶往下流，但被捕的穆斯林群众就是不愿屈打成招。骆思敬，只有17岁，容貌俊美，当堂反驳，被夹棍夹了四次，也不承认造反。被捕的人很多，监狱都装不下了。

这场官司中，汉人凭借自己的财力；而穆斯林则凭借自己的忍受力对抗拷打，始终不给刑部贿赂一文钱。教子胡同和牛街，这东西二街的街口都放了箩筐，穆斯林群众每天做完生意回家，都往里面放钱，用作狱中穆斯林的吃喝费用；每天都准备鸡、鱼、鸭、肉、米面、蔬菜八九担，络绎不绝地抬到监狱中去。这场官司一共持续了五个月，结案时，被斩首三人，其中穆斯林二人，严格说只有一人，另一位是刘青煤。死在狱中六人，双方各流放了二三十人。

赵家井

右安门内有赵家园，井水甘洌，冈儿上的居民都去那里打水。赵家井的主人是公主的家奴，恃强凌弱。井旁边就是菜地，如果打水的人不小心踩了菜地的田垄，赵家的奴才就会蜂拥而至，把打水的人吊到树上毒打。这样的事情发生了不止一次，冈儿上的穆斯林群众对此积怨已久。

康熙二十二年（1683年）营兵马二，是穆斯林，打水时不小心踩了田垄，赵家的奴才把马二抓了起来，打了一整天，马二骂不绝口，到了晚上马二竟然被打死了。马二的弟弟马三到礼拜寺前哭诉，广大穆斯林群众都很气愤，纠集了上百人前往赵家园，跟赵家园的家奴，双方大打出手。打了很久，赵家的家奴大多数都被打跑了，穆斯林群众还不解恨，闯入了赵家的宅子，追打赵家妇女。赵家的妇女都狼狈而逃，在大街上跪地哭诉求饶。穆斯林群众一怒之下还拆了赵家的房子，抢了赵家的财物，把赵家的绸缎衣服被褥扯烂丢到井里。

赵家的家奴跑到官府去鸣冤告状，逮捕了四名穆斯林，刑讯逼供，这四人都只认自己的罪，并不说出其他人的名字。但其中有一位叫甄八钢的人，一贯无赖，最终受不了严刑拷打，供出同案犯四五十人。但甄八钢供出来的人，都是平素跟甄八钢有仇的人，真正参与抢劫的人反而逍遥法外。结案后，三十多位牛街穆斯林被判处流放三千里。流放出发之日，礼拜寺掌教，被流放人员的亲朋好友，都到广宁门外送行，牵手拥抱，哭声震天。

准噶尔奸细案

康熙三十三年（1694年），准噶尔部叛乱，派遣奸细十多人，跟随蒙古进贡的使团混入内地，其中有古尔巴尼、沙革阑德二人，冒充新疆穆斯林，潜入北京，在北京各清真寺流窜。北京的穆斯林不知道他们是逆党，都很尊敬、信任他们。东城人马惠泉把沙革阑德请到家里，奉若神明；牛街礼拜寺教坊的赛一德【即马腾云，赛一德是他的经名】也常把沙革阑德请到家里吃饭。后来古尔巴尼被理藩院的巡卒士兵查获，招供称："准噶尔部共派了十多个奸细来刺探情报，我们两人是哈密的穆斯林，所以寄居在赛一德家中，如果不在赛一德家中，就住在各寺掌教家。"案发后，有旨严查，从重处置。理藩院尚书满丕，命令郎中以及营弁，率领京兵司坊捕役，包围了牛街礼拜寺，用布蒙着古尔巴尼的头，半夜出城。【满丕是理藩院侍郎，当时的理藩院尚书是班迪】

教众很害怕，吓得不敢点灯。改封翁改弼廷、吴玉寰、张东湖、穆祥甫、刘明骇、马次泉都急忙穿衣起身，赶往礼拜寺。郎中在灯光下让古尔巴尼辨认了众人的面庞，说道："这件事不是你们这些人管得了的，赶紧回去，免得招来灭门之祸。今天只是捉拿赛一德一人而已。"改弼廷说："赛一德是我们伊斯兰教的老师，你们不向我要人，你们哪里找的到赛一德呀！"郎中高兴地说："你赶紧把人押解上来。"改弼廷叫礼拜寺住持赶紧开门，请各位差官到堂上落座，派人请老师来。不一会儿工夫衙役就押着白养恒、赛一德即马腾云来了。白、马二人都是须发皆白，吓得不能说话。郎中动了恻隐之心，说道："这哪里是为非作歹的人。"呵斥衙役不要无礼。指着白养恒说："要抓的是赛一德，不关这位老人家的事。"不一会，牛街东寺掌教尹良相也抓到了，牙关紧咬、面无人色，被衙役挟在马背上，营兵簇拥着离去。

改弼廷等人尾随到正阳门，当时刚到五更天。守城的官兵听到马蹄声，打开城门，举着火把点名放人入城，把改弼廷等人喝退。等城门关上了，尹良相回头看见改弼廷等人没有跟上来，随即失声痛哭，马腾云则神情恍惚。等到了理藩院，北京各大清真寺的掌教，以及马惠泉都被抓来了，锁在一间牢房内，有兵丁把守。改弼廷等人，素来结交权贵，家财万贯，他们只在正阳门外简单休息了一下，等城门一开，骑快马赶到城内权贵家中，打点官司，请求主审官开恩，许以重金。天亮过堂时，改弼廷等人在堂外等候，袖子里装着白银，给各位衙役送钱。

尚书满丕亲自审案。掌教们供称：结交古尔巴尼等人，只是因为同为穆斯林，实在不知道他们是奸细。古尔巴尼谎称有书信在赛一德家中，满丕问是否真有？马腾云吓糊涂了，说："有。"随即命郎中、员外等三四名官员，押解赛一德到家中取信，其他人暂且退堂候审。马腾云被押出城，穆斯林群众有一百多人站在门口迎望，看见马腾云大家都流下眼泪，马腾云骑在马上也痛哭。当时官兵已经包围了马腾云的家，官吏进门，把所有的经书文献都搬到院子里，逐篇检查，让翻译官辨认。翻译官说："这些都是伊斯兰教的经咒，不是书信。"于是又把马腾云押回去。

这时兵马司按户登录名单，八旗派禁兵，提督派营兵，包围了各个巷子口，不让做生意的人出入。如果有硬闯的人，兵丁就挥舞廷杖阻拦，呵斥道："就等圣旨一下，把你们都杀光，谁还敢放你们过去。"杨伯林的妻子去世，不让出西便门，只得葬在了枣林街的乱坟岗中。穆斯林群众都关门闭户，彼此不敢往来，在家啼哭，沐浴等死。

第六章 小聚居与处境化:从《冈志》看清代北京牛街地区的回民历史与传说 / 191

康熙皇帝突然派遣太监召见满丕进宫问话。满丕奏称:"北京回民私通外敌,危害国家安全,这是大逆不道的重罪。我们认为应该不分主犯、从犯,一起斩杀,以除去心腹大患。"康熙皇帝说:"不能这样办。北京的回民,也是朕的好子民。他们各自家中都有妻儿老小,怎么可能私通外敌,引火烧身,必定没有这回事。或者有的回民讲义气,因同是穆斯林就彼此亲近,受了连累;如果他们知道是谋反的事情,肯定早就告发了。你只要严查奸细,不要株连好人。"

满丕回到理藩院再次开庭审理,还是找不到北京回民谋反的证据。与侍郎商议,让北京的回民都取保候审。这天午后,一名士卒骑快马赶到牛街,询问改弼廷家在哪里?大家都很害怕,问有什么事情发生?士卒说:"我在满丕尚书府中当差,给你们报喜来了。"众人把士卒领到改弼廷的府邸,恰好改弼廷刚回到家,还没有出门。改弼廷忙问:"有什么急事?"士卒告诉了康熙皇帝晓谕的内容。改弼廷把手放在额上,欢欣庆幸道:"真主大恩,生灵之福!"拿一锭大银给了报信的士卒。改弼廷与吴玉寰、张东湖、穆祥甫几个人,连名写状书,愿以家中百口人的性命担保。满丕说:"现在暂时相安无事,你们先回家,但不能出远门,如果要提审询问你们的时候,找不到你们,那可是非同小可,不要当作儿戏!"改弼廷等人扶着马腾云、尹良相出门,马、尹二人都身体瘫软,不能行走,用车拉着回家。到家,全都痛哭不已。大家都来到他们家中问候,也都掉下眼泪;大家又赶往改弼廷府上道谢。几天后,守在各处的士兵也都撤了。于是北京城内各大清真寺都诵"平安经",答谢真主的恩典。伊斯兰教男女教众纷纷捐款,用来筹备庆贺的宴席之用。穆斯林群众在路上相遇,都相互道贺劫后重生。

逮捕到的奸细有十多人,有的从陕西抓来,有的从山东抓来,远近不一,相继都押解到北京,一并斩首。接待他们的穆斯林群众,虽然不知道他们谋反的事情,但也因招揽陌生可疑之人,被治罪,分别被打一百杖,流放三千里。马惠泉被遣送到杭州，康熙四十年（1701年）赎罪回京。

三里河墓地

回民墓地，都在西便门外的三里河，有数千座坟，高低不等，横竖相连，墓地之间用土埂隔断，看上去就像是豆腐块，也像窗棂眼，坟前没有门墙，坟后没有屏障，其间偶尔会有三五家设围墙、开墓门，也不过是践踏了他人的墓地而为自己行方便。

守坟地的人也是回族，他们大都很凶悍，不从事其他营生，只是盼着城里人前来下葬、修墓墙、游坟时，讨一些赏钱，用来养家糊口。如果有人绝后，流落客居此地的，没儿没女，这些守坟的人，就会挖土刨树、把人家的坟铲平，管这叫"净地"，然后再把这块地转卖给其他人做坟地用。又或者有的人家后代人丁稀少、懦弱，这些守坟地的人就会勾结八旗兵丁中的无赖，下葬时改换文书，敲诈勒索，种种弊端，数不胜数。其惨况尚有不足为外人道的。呜呼！同为穆斯林，竟然危害人家的祖坟，以此敛财，我真不知道将来真主怎样惩罚这些三里河穆斯林中的败类啊！我曾经说过伊斯兰教墓葬有五大遗憾可恨之处：

第一是恨挤。北京东南西北近郊空地很多，藏风聚气、清幽典雅的地方也不少，何处不可以安葬，为何总要拥挤在一个地方？如果说这里有地脉，但光秃秃的，树木稀少，放眼望去都是焦枯的景象。如果说是风水好，三百年来，后代经营宰牛买肉的比比皆是。安葬必须邻近回族聚居地，守墓必须委托回族，我没有看出祖先做这种安排有什么特别好处，让我至今不明白。这是拥挤之恨。

第二是恨密。五丈长的一行横着安放十多座坟。人生在世，父子兄弟，同一个屋檐下吃饭、睡觉，如果家里稍微富裕一些，必然要各自有独立的宅院居住。按照现在的尺寸测量，每两座坟之间也就间隔一尺来宽的距离，如果彼此有棺椁相隔也就罢了，但我们伊斯兰教教法规定不许使用棺椁，也不用砖石修葺墓道。为什么不隔得远一些相距一丈呢？这跟让兄弟妯娌，赤身裸体，同堂而卧，共室而寝，有什么分别呢？而且几年以来，耳闻目睹

第六章　小聚居与处境化：从《冈志》看清代北京牛街地区的回民历史与传说 / 193

了不少惨事：给弟弟挖坟，把哥哥的头颅刨出来；给叔叔挖坟，刨出了婶婶的腿骨。我不知道按照伊斯兰教的教法，远葬有什么不可以的，近葬有什么好处？我真想把祖先从九泉之下请出来质问一下啊！这是密葬之恨。

第三是恨浅。挖坟深不到一丈，只用几把土把坟窑口堵住，回填明坑的土很松弛，就像积灰一样，【回民墓穴，是先挖一明坑，然后从明坑的一侧挖出窑洞，把亡人放入窑洞中，用土坯把洞口封住，再把明坑填满】在坟头上拍土草草了事，视同儿戏。十天半个月后，一下大雨，先是明坑塌陷，然后是墓顶塌陷，塞墓洞口的土坯也涌出。可悲啊！亡人还没有见到天园火狱的赏罚，先遭受房倒屋塌的大祸。即便说是挖洞掏窑，尸体放在窑洞空间中，但真正能够避免"实埋"的又有几人啊！近来办丧事，都不分轻重缓急，弃本逐末，稍微沾亲带故的人，都要担着白布送礼；但亡人的墓穴，反而吝啬花几贯钱，既不垒砖，又不砌石，为什么不把墓挖得深一些，把土夯实，墓穴之外支木板，墓顶上铺青灰；削减几匹白布的费用，就可以让父母永久长眠，让亡人灵魂安宁，也尽生者的孝心。这是浅埋之恨。

第四是恨吝。按照伊斯兰教教法：亡人不穿寿衣，用白布成殓；墓前不设祭祀，惟舍钱币，念经摆席，大宰牛羊，认识的、不认识的都来聚餐，热闹非凡，这也是圣人传下来的规矩，我也提不出什么不同的意见。但现在小人乍富之后，不讲孝顺父母、教育子女这些人伦急务，而是做完生意休息的时候，到处求购宝珠翡翠，裁裙制衣，一掷千金，讨妇人欢心，一百多年来相沿成俗，恬不知耻。到了父母葬礼之时，就随便用粗布成殓，直到父母的亲朋再三吵闹之后，不得已才换成好布。亡后"办七日"时，大摆宴席，食材加上厨师、杂役的人工费用，都要上百两银子。宴请宾客，孝子要亲自加菜劝食，别人赠送礼物礼金，也必然亲自致谢；但沐浴含殓，则叫他人去做。卷席入匣，抬着亡人要快速地走，速定速封，尽快了事。生我养我的父母，竟然要这样的抛弃，即便按照经师所说要做保全人子的孝心，对亡人灵魂大有益处的事情，那也不过是草丛中念半卷经，在乱坟堆里撒数百钱而已。宴请宾客是如此奢华，对待去世的父母却这样节省，没有听过养生之事小、送死之事大的说法嘛！这是吝啬之恨。

第五恨是难移。汉人的坟墓，如果葬地选得不好，下葬的方式不合礼仪规矩，后世子孙肯定会择地迁葬。我们伊斯兰教信徒的坟墓，无棺无椁，每座坟和每座坟紧紧相连，即使是孝子贤孙想要改葬，铁锹、铁铲挖下去，一不留神就很可能伤到亡人的遗骸；而且三百多年来，回民坟墓也都不立墓碑，坟头重重，也搞不清楚哪座究竟是谁的坟墓。这是难移之恨。

真是可悲呀！活人的住宅不过是今世的旅店，亡人的坟墓才是后世永久的家乡，生前既然不能住在冬暖夏凉的高堂广厦之中，死后又不能占地半亩地去听虫鸣。如果要迁移祖先的坟墓，又怕伤及遗体；仍旧埋在这里，我又心有不甘。我好几次想要另选地理位置好的墓地，但又怎么忍心把我的祖先、父母双亲留在混杂之地，自己带着妻子儿女安眠于清爽之所。真是可悲啊！此痛此恨，与天地不朽！

跋文

赵士英，虽然没有专门研究过教义学术，但是天分极高的人，他所撰写的这部《冈志》论述公允，不走极端。每篇文字都是他的真性情的自然流露，洋洋洒洒，读后让人触目惊心，真是一行文字一行血泪啊！字里行间有苦痛、有真情，读之让人涕泪横流，心潮澎湃呀！我希望后人都能认真抄录一篇，作为案头书，欣赏研习，发扬光大。我想这样确实能够有助于世道人心吧？对作者能写出这样的好书，真是钦佩呀！

嘉庆十八年癸酉（1813年）十月三日，大兴金绍纶松溪氏，识于烂面胡同邸第之寒翠斋

道光十一年辛卯（1831年）春二月五日抄录，金台沈凤仪东酋氏

第七章 兴学与启蒙：民国回民新式教育管窥

张子文（1875—1966年），名德纯，字子文，经名艾布·伯克尔。张子文阿訇祖籍河北孟村县东赵河村，族旺河北沧县，为"兆河张氏"十六世，本人出生于辽宁本溪火连寨。其父张才，是农民，为后代排定20字家谱"德巨百万昌，吉庆友余良，祖盛财源广，增兴宇厚祥。"张子文阿訇幼习儒书，在沈阳张子仙门下学习，16岁中秀才，17岁入关在保定"海大爷"（海思福）、"半拉子刘"（即刘二爷刘玉堂）、马玉麟等大阿訇门下习经，"穿衣挂帐"出师后，在保定西、北、东各寺，以及定兴、易县等地任阿訇。张子文阿訇阿、汉两通，除了精通阿拉伯文和波斯文外，还通晓俄、德等多种现代西方语言，尤其擅长德语，教中广为流传"德国张"的美谈：1900年"庚子国变"八国联军占领北京后，英、法、德、意等国军队又以剿灭义和团为名，攻陷保定，当年闰八月二十一日下午，德军进入保定烧杀抢掠，中尉葛里恩尼带兵窜入保定清真西寺，下令焚烧。张子文阿訇临危不惧，用德语怒斥，吓退敌兵，使得这座历史悠久的古清真寺得以保存，张子文阿訇也因此有"德国张"之誉。

张子文阿訇是近代伊斯兰教育史上具有卓越贡献的历史人物，一生主要在华北和东北从事伊斯兰教育活动。改革开放以来，张子文阿訇的生平事迹已经得到初步的研究，[①] 但也有一些

---

① 参见张巨龄《著名伊斯兰学者张子文》，《中国穆斯林》1995年第1期。

问题尚未完全澄清，甚至引起误解和争论。本章并非是对张子文阿訇教育思想与实践活动的全面研究，仅是对学界尚有疑义之处进行重点讨论，大体依据时间线索，分两部分探讨张子文阿訇在北京和沈阳两地的宗教教育活动及其相关史实厘清。

本章第一部分主要依据原始档案，重点探讨"京师清真教育会"的相关情况。庚子国变后晚清政府开始实施"新政"，1902年各省学政改提学使，各府州县设立劝学所，1906年2月学部颁发《教育会章程》，规定教育会为协助官方兴办教育的民办机构。最早成立的伊斯兰教教育会有三所：（1）由童琮在镇江创办"东亚清真教育总会"（原名"东亚穆民教育总会"），1906年开始筹备，1908年秋正式成立。（2）由留日同盟会会员回族留学生在东京上野精养轩创办的"留东清真教育会"，1907年6月正式成立。（3）京师清真教育会。"东亚清真教育总会"与"留东清真教育会"联系颇多，后者发行《醒回篇》刊物，留下文字材料较多，流传较广，史实相对清楚。而京师清真教育会虽然历史评价较高，但历时很短，许多历史过程不甚清晰，现今学者说法分歧较多。张子文阿訇是京师清真教育会的重要参与者，本章主要依据北京市档案馆所藏晚清民国档案对这段历史进行钩沉梳理。

本章第二部分主要探讨张子文阿訇在沈阳创办回教文化师范学院的事迹。1931年"九一八"事变后，日军占领东三省，张子文阿訇在东北的众多教育实践活动是在伪满时期，十分艰苦的条件下进行的，做出了重要的历史贡献。但是由于历史的"误会"，1941年4月延安出版的一本影响甚大的小册子《回回民族问题》将张子文称为"回奸"[①]；1942年10月回族京剧大师马

[①] 《回回民族问题》，民族问题研究会出版，1941年4月，第84页。《回回民族问题》全书八万余字，为便于在国统区传播，中国共产党中央西北工作委员会以"民族问题研究会"署名。该书在1941年于延安出版，1945年山东的鲁南、渤海两地先后翻印，新中国成立后由民族出版社于1958年和1980年两次再版。现经学者考证，《回回民族问题》的作者应该是李维汉、刘春、牙含章（参见白寿彝主编《中国回回民族史》上册，中华书局2003年版，第42—44页）。1958年再版时，刘春做了少量删改。

连良应张子文阿訇邀请到沈阳为文化师范学院筹款义演，抗战胜利后1946年亦被诬为汉奸，马连良在"汉奸案"中蒙冤入狱及软禁在家年余，家财丧尽方无罪释放。① 改革开放后，经张子文阿訇之子张巨龄多年努力，中央有关部门在1989年5月给出明确意见"根据有关当事人提供的材料证实，张子文先生在历史上对传播伊斯兰文化、培养回族人才所起的作用，应予肯定。""组织上从没有给张子文先生定为'回奸'的结论。有人写书说他是'回奸'，不代表组织的意见。"[见1989年（统信发）095号文]②但由于《回回民族问题》影响甚广，学术界常依据固有"成说"③，加之近年来中日关系走入低谷，民族情绪高涨，"回奸张子文"之说在网络上亦多有流传，故今日仍有辨正之需要。

第一节　晚清、北洋政府时期张子文在北京的教育实践活动

1903年，张子文阿訇应王宽阿訇之请，前往北京西单牌楼

---

① 中宁：《马连良汉奸案始末》，《东北之窗》2013年第19期。该文认为马连良去东北义演最先由《三六九》画报朱复昌探知，遂向"华北演艺协会"负责人山家少佐报告，遂有强迫马连良在1942年3月前往东北庆贺伪满国庆的打算。这主要是承继马龙《我的祖父马连良》（团结出版社2006年版）一书中的相关说法。诚然这是华北日伪一方未能得逞的"努力"，但另一方面，马连良一行前往东北伪满洲国，须办理各项手续，日本关东军方面亦派人与汪伪政权在北京的头目王揖唐沟通，本文后详。

② 张巨龄：《读〈伪满洲国统治时期日寇铁蹄下的回族〉一文之补注：兼述"文化学院"发展三阶段》，《宁夏社会科学》1998年第1期。另可参见张巨龄《川村狂堂和"满洲伊斯兰教协会"》（2008年7月·北京），该小册子，包括张巨龄《川村狂堂和"满洲伊斯兰教协会"》《〈问题〉一书之讨论以及关于回族史研究的再思考》、李延弼《文化清真寺开工纪念日小感》、乃兹门迪尼·金镜深《"满洲伊斯兰协会"的回忆片段》四篇文章。

③ 例如孟国祥《日本利用宗教侵华之剖析》，《民国档案》1996年第1期，第102页。亦可参见张巨龄对邱树森主编《中国回族史》、李兴华、秦惠彬等合编《中国伊斯兰教史》等以往研究的一些纠正，见《绿苑钩沉：张巨龄回族史论选》，民族出版社2001年版，第314页。

清真寺（当时俗称"牛街下寺"，今寺已不存）为首任教长，此后在西单牌楼清真寺、牛肉湾清真寺等地任职。1908 年 1 月，牛街清真公立第一两等小学堂①成立，张子文阿訇与达浦生、李云亭等北京多名阿訇共同兼授阿文；此后不久张子文阿訇从牛肉湾清真寺转任马甸清真寺教长。

1912 年中华民国成立。当年 2 月，张子文阿訇携弟子马松亭、杨明远、张鸿韬等赴任北京花市清真寺。7 月 7 日，在花市清真寺，张子文阿訇与王宽、安静轩、王丕谟、穆子光等共同发起创办我国最早的全国性伊斯兰教群众团体——中国回教俱进会，张子文阿訇当选评议部长。② 与此同时，杨敬修、张子文阿訇等人还假北京花市清真寺向当局申请筹备设立"京师清真教育会"。据笔者在北京市档案馆所查，申请成立京师清真教育会代表分为绅界、学界、商界三个界别的代表，学界代表："杨敬修、马云岫、张德纯（张子文）、杨建铭"，绅界代表"丁德恩、古礼图、李鸿勋、吴鸿宾"，商界代表"李凤山、李广珍、金德庆、王臣"。杨敬修当时寄居花市清真寺，并无其他社会职务，

---

① "清真第一两等小学堂"创办人为北京牛街清真寺"札付冠带住持"王宽（字浩然，经名阿布杜·拉合曼）阿訇。1906 年王宽阿訇赴麦加朝觐，并游学埃及、土耳其等国，"乃锐意兴学"，于 1907 年在牛街清真寺内创办回文师范学堂，由其弟子达浦生主持教务，学堂"改良教法增订课本，经学中兼习政文及科学。" 1908 年，王宽阿訇经多方努力，联合了在京的回族开明官员马邻翼等人，在牛街创办"清真第一两等小学堂"。两等小学堂是 7 年一贯制的小学，初小 4 年，高小 3 年。初小课程有修身、国文、算术、格致（自然科学）、体育、图画、手工、音乐等；高小课程有历史、地理、几何、代数等。星期五下午不上课，方便师生到清真寺参加主麻（聚礼），此一做法后在民国时期各回民学校中广泛实行。清真第一两等小学堂每周加授阿拉伯文、伊斯兰教基本教义与"堵阿"共 5 课时。这所学校在"辛亥革命"后于 1912 年改为官办，更名为京师公立第三十一两等国民小学校；1918 年改名为京师公立第二十小学校；1928 年改名为北平市立第二十小学校，1937 年"七七"事变后改名为牛街小学。1946 年到 1948 年间，学校曾改名为北平第十一区第十五保第一国民小学校；1949 年又恢复为牛街小学之名；1987 年牛街小学改名为牛街民族小学，后因生源不足，并入牛街回民小学。

② 《申报》1912 年 7 月 16 日。

第七章　兴学与启蒙：民国回民新式教育管窥 / 199

当时家人生活甚为窘迫。① 筹备中的京师清真教育会即以花市清真寺为办公地点，而张子文为花市清真寺教长，可见民国伊始张子文阿訇在筹组京师清真教育会中的重要作用。

在向民国政府申请成立京师清真教育会的材料中包括《修订会规细则》：

第一条　本会以因就宗教，推广教育，补助国家教育行政为宗旨。

第二条　本会由在京宗教中之绅、学、商界组织之，不论本籍、客籍，凡各界之有资格者，均得入会为会员。

第三条　本会以扭合教民同入教育普及范围为目的，故定名"京师清真教育会"。

第四条　本会暂借崇文门外花市路南清真寺内开办。

第五条　由会员全体公举品学兼优、声誉素著，或于本地教育有功者充为正会长一名及副会长一名。

第六条　由会长、副会长等于会员中择人委派书记员二名、会计员二名、干事员二名、调查员二名，执行其事。

第七条　本会会员须呈具入会愿书，由确实之介绍人加保证书。唯发起人无须另具愿书及保证书，仍有监督、规正、总理一切之权，期达设会目的。

第八条　其品学素优，或以财力赞助，因本人自有职务，不能常川到会者，及非本宗教之人能维持、提倡本会者，得充为本会名誉会员。

---

① 杨敬修是1908年到北京，次年春其家人也来到北京，定居北京花市。"他的夫人马氏带领一双儿女进京时，全部财产只有两个包袱。经人介绍租赁了花市上宝庄胡同内五铺炕胡同2号院两间房居住。现年87岁的杨玉贞老人回忆当时的生活说：我们住的那两间是土房，又矮又小，屋中有一盘土炕，上面满是黄豆粒大的臭虫。我母亲和我为了维持生计，长年做手工活儿。有个卖帽子的商人叫'帽子张'发给我们毛线，织成帽子交给他，按月算钱。每天干活要到半夜。我们怕买煤球贵，就买煤末子，我母亲用手摇成煤球烧。"（杨大业：《杨仲明生平》，《中国穆斯林》1990年第1期）

第九条　会长、副会长，及一切会员，皆不支薪水，甘尽义务，惟书记与会计员须常川在会，承会长及副会长等之指挥办理本会事宜，应视事之繁简，与以相当之报酬。

第十条　会员以品行端正，及能助长教育的进步者充之。故有以下之各项者，不得为本会会员：一、未满十六岁者。二、有精神病及好浮浪者。三、有嫖赌及鸦片、酗酒之嗜好者。四、破产而未偿清债务者。五、受刑事上之裁判而未确定者。六、不通文义者。七、现为学堂之学生者。八、曾经黜退之学生，及游学外国曾被开除者。

第十一条　各会员之职务，悉遵学部定章第九条通融办理。

第十二条　每月由本会全体会员分担会金，其多寡之数，以出款多寡为准，由会计员缮具出款清单，呈交会长、副会长等宣布均摊，且公布之俾众周知。

第十三条　通常于每月开会一次，遇有特别事项，得临时召集之。

第十四条　会中应办之事务如左：一、设教育研究所，以求增进学识。二、立师范传习所，选聘讲师传授师范学科，举、贡生员无论已。其教中阿拉伯文师生，亦可充传习生。卒业时，除考试合格者，得为小学堂副教员外，即在寺院为住持，而心理圆融，则于教育前途赖以推广者，谅必多多。三、设立公立民立各清真小学堂。四、考核京内各清真寺学堂于其管理、教授一切课程是否合法，直接规劝，助其改正。五、于各清真寺内，推辟宣讲所，于宣讲圣谕广训外，仍就宗教习俗，设法劝戒，使化除迷信、增进知识，以谋教育之进步。六、筹设工商学堂及各等实业所、贫民工厂、女工厂类，以谋生计之发达。七、刊行有关教育之杂志书报，以唤醒教民之知识。

第十五条　会中应备后开之簿册文件：一、会籍。列记会员之姓名、籍贯、年龄、职业，及现在住所、到会年月。二、函牍。各省同教关于本会之事项均有投函规正之权，至往来公私函牍，应次检存。三、账簿。会金之收入，会款之支出，皆应特设账簿，并应备财产目录，每四个月榜示一次，每年呈报督学局，以昭公允。四、记录。关于公署之札谕、禀呈，及各学堂之照会、文件，宜有纪录，以备案存查。五、表册。于清真学堂及工厂，除呈报督学局外，每半年应造成绩一览表，备案存查。

第十六条　本会规各条所未备者，确遵学部所颁教育会定章办理。

第十七条　本会规如有不尽不善之处，宜随时补正增入，以期完善。①

张子文阿訇哲嗣张巨龄先生曾经依据《京师清真教育会公报》重新公布过该会规，② 其公布的会规内容，除了个别表述略有差异外（如《京师清真教育会公报》第三条中称"京师清真教育总会"而非原始档案中的"京师清真教育会"），基本内容与上述北京市档案馆所藏原始档案相同。另须注意的是，"京师清真教育会"并非在晚清即胎死腹中，在民国初年发起人还积极向民国政府申请核准，其申请时间与中国回教俱进会的创办时间是基本重叠的，地点均为花市清真寺，故不能将教育会仅仅视为俱进会成立之前做尝试准备的早期结社活动。

实际上，清末杨敬修等人于宣统三年（1911年）即向清政府申请成立"京师清真教育总会"，而张子文阿訇并未参与这次申请，亦未署名。当时清廷学部以一地只应有一所教育会、而牛街礼拜寺王宽等人已经成立清真教育会并在政府备案为由，为避免矛盾，不批准杨敬修等人的申请。杨敬修等人对此的答辩是"为遵设清真教育会肯准立案，以期推广教育、并述非违定章情

---

① 《杨敬修等关于设立清真教育会请立案的呈文及学务局的批文》，民国北平教育局 J004—001—00048 号档案，北京市档案馆藏，第5—17页。

② 见张巨龄《中国回教俱进会初创记评（上）》，《回族研究》1997年第4期。

由事。窃身等前为设立清真教育会禀局立案，蒙批禀及会规均悉。查《奏定教育会章程》第四条载，凡一处地方只许设立教育会一所，京师地面，已于宣统元年（1909年）八月据外城牛街清真第一两等小学堂堂长王宽等公立教育公会一所，呈经本局批准在案。兹据领教等复请设立会，核与定章不符，且该教领等与王宽等既系统教，更毋庸另设机关，致涉纷（分）歧，所请毋庸置疑等因。身等理合谨遵，但身等有不敢壅于上闻者，查身等发起斯会，实在宣统元年三月十九日，尔时王宽等皆在赞成之列，具有左证，嗣经身等出京提倡募化，期成此举，王宽等果呈立教育会，即不知会身等发起人。倘会规已定、机关已立，身等目的既达，夫何敢复行渎请。乃王宽等不明大体，妄行改革宗教小节，致惹全教反对，京师内外，至今指牛街为畏途，相戒不前，且不知设会本意，须就教民习惯，因近利导，促进教育，行机徒用为彩票影射计，迨彩票被抄，而会之名目亦全行注销矣。王宽等自知为全局计非离却牛街不行，去岁五月间，复招致身等回京办理，即在花市清真寺内开会数次，来者甚众，王宽等亦到会，声明公认机关暂立于此，异日另为择地。然一二不逞，从中摇惑，开创伊始，事所难免，身等所以先禀学部者，逼于浮言，且为京津一带计。俟京师办有头绪，乃敢前来上禀，以上所呈，身等发起在前，王宽等未曾定出会规，公举职员，且因教中反对，招身等择地改设在在有证，可供查访面质，是会设牛街概属无效，况其机关并未成立耶。不然因其所呈责其实际，恐伊等无词以对，而身等所禀，实非另设机关，致涉歧，以与定章不符，为此仰肯。局宪大人恩准立案，批示开办，是为公便实行。学界杨敬修、穆文光、丁万钱、安贞；绅界李凤全、丁德恩、古礼图、吴鸿宾；商界王辰、李凤山、金德庆、脱英秀"①。

---

① 《回民教领杨敬修等关于成立清真教会及筹款办学的呈文（附：清真教育会会规细则）及京师督学局的批》，北京市档案馆藏，民国北平教育局 J004—001—00023号档案，第44—50页。

按照上面的叙述，1909年春，杨敬修与牛街礼拜寺王宽阿訇等人一起筹备成立教育会，后杨敬修等人到外地筹款，当年八月王宽即将"教育公会"在清政府"京师督学局"成功立案。王宽等人利用彩票形式筹款助学，引起物议；王宽等人设立在牛街的教育公会未制定会规、更未公举职员。故杨敬修回京后于1910年五月在花市清真寺开会数次，决定正式组建京师教育总会，王宽亦表示赞同。1911年三月杨敬修遂向京师督学局为"京师清真教育总会"申请立案，然未获批准，三月廿七日督学局批复："据禀已悉，前以设立京师清真教育总会禀请立案，本局当以曾准清真小学堂长王宽等设有清真教育公会，虽非正式教育会可拟，然公会既为教育而设，自应比照《教育会章程》第四条内载凡一处地方只许设教育会一所等语办理。兹复禀立案前来查《教育会章程》第六条内载各省教育总会为统筹全省教育而设等语，则京师教育总会之称，自非一小部分之组织所得沿袭。原拟定名京师清真教育总会之处，碍难照准。唯为推广教育起见，则公会之设，未始非公益所资，但仍应查照前批一处只设一所，务合众志以成城，应戒操戈于同室。既据称该绅等发起在前，王宽等曾经赞成公认，其前会并未成立等语，自应协同王宽等禀，将前会先行注销，再将此次会规改订，由在京本教全体执事列名，呈候核夺立案可也。此批。"①

京师督学局1911年三月廿七日的批复，认为王宽等已经将"京师清真教育公会"立案，《教育会章程》第四条规定一处只能有一所教育会，且杨敬修等人申请立案的为"京师清真教育总会"，按照《教育会章程》第六条规定，教育总会为统筹全省教育而设，故若要成立京师清真教育总会，必须整合京师地区所有伊斯兰教教育机构，王宽等人要申请撤销教育公会，而与杨敬修共同申请成立总会，才有可能批准京师清真教育总会的立案申请。这样无疑极大地增加了立案的难度，故此后杨敬修等人多不再称"总会"而只称申请"京师清真教育会"。

---

① 北京市档案馆藏，民国北平教育局J004—001—00023号档案，第2—3页。

为了符合京师督学局"务合众志以成城，应戒操戈于同室""由在京本教全体执事列名"的要求，京师清真教育会在1911年六月初六在花市清真寺召集北京各清真寺首事开会，"公举权代"。京师清真教育会向各寺公开散发了揭帖，但为壮大声势，揭帖广告采用已被清廷学部立案的"京师清真教育公会"名义，对外宣传该会已被政府核准："《京师清真教育公会为招告事》：本会自蒙学部批准，复禀明民政部呈报内外城总厅，刻已经督学局核定矣。凡我教人，务当同赞公益，勿计小嫌"云云。此事引发督学局不满，1911年闰六月初一日，督学局撤销了京师清真教育总会的申请案："据禀已悉，该绅等拟设教育公会，如果素孚物望，自能取信于人，断无执持官署一纸空文，可以强为劝导之理。所请赏给明示及另发执照之处，均未便准行。该绅等迭次禀呈本局，并未批准立案，乃竟擅刊戳记，张贴广告，加入学部批准、督学局核定等字样，殊属不合，所有本年三月二十七日及四月初七日，批令该绅等改定会规、融和办理各案，应即一并注销，无庸来局再渎。此批。"①

公允地说清廷京师督学局未给"京师清真教育（总）会"立案，并非现在通行说法，完全出于故意刁难北京伊斯兰教教育。实际上，督学局已经为王宽阿訇在牛街创办的京师清真教育公会立案；而后杨敬修想在花市清真寺创办京师清真教育总会，督学局希望杨敬修创办的京师清真教育（总）会能改定会规，与王宽业已立案的京师清真教育公会"融和办理"。京师清真教育（总）会为处理"融和"事宜，在花市清真寺召集北京各寺负责人开会时，为壮大声势，宣传该会已被政府核准，遂遭到当局不满，最终导致京师清真教育（总）会申请案被注销。

清廷督学局要求京师清真教育"公会"与"总会"融合，为达此目的召开会议，采取已被立案的"公会"名义，并非完全无中生有。1911年六月初六日，京师清真教育会邀请北京各

---

① 北京市档案馆藏，民国北平教育局 J004—001—00023 号档案，第31页。

清真寺负责人在花市清真寺召开会议,探讨教育会融合一事,虽不被当局理解,但该会议对于整合北京伊斯兰教教育机构还是有成绩的:"具禀京师清真寺教育公会为详复融合情形禀肯给执以促进行事。窃本会自蒙批著合在京本教全体融合共设,即思遵照办理,先于教中各寺院要处粘贴招告,为声明核定指归,劝导教民当同赞公益、勿计小嫌等事。嗣后复向各寺院首事处致贴公请,业于本月初六在本会所在南院清真第五小学堂开会,各处到会者甚众,当场宣布本会只许一所理由,并商计批示融合之法。遂约定按寺公举代表二名以上为会员或扶会办理本方事宜,皆须来本会书名,以备呈上,且符合全体共设之义,具无人可举者,自当合并于他相近处。散归后,举定书名前来者已有多处。"[1]

综上所述,清末王宽、杨敬修等人计划筹建北京地区的伊斯兰教教育机构,后杨敬修离京筹款,王宽依牛街礼拜寺及牛街清真公立第一两等小学堂,组建京师清真教育公会,1909年8月成功向京师督学局立案。杨敬修回京后于1910年5月欲依花市清真寺及清真第五小学堂,创办京师清真教育总会,多次向督学局立案未获通过,督学局要求王宽、杨敬修创办两会融合为一。为降低立案难度,杨敬修不再坚持"总会"名义,而使用"京师清真教育会"的提法;又因督学局要求融合,故京师清真教育会有时亦采用已获政府立案的"京师清真教育公会"名称组织活动。1911年农历六月初六,京师清真教育会用"公会"名义召集北京各清真寺负责人探讨融合事宜,并请每寺推荐两名代表入会。这次会议虽被督学局视为于理不合,但在一定意义上确实推动了北京地区伊斯兰教教育机构的整合。

从现有档案来看,在晚清张子文阿訇并未参与杨敬修依托花市清真寺申请"京师清真教育(总)会"的活动。前述,张子文阿訇晚清在牛街清真公立第一两等小学堂任教,应主要参与的

---

[1] 北京市档案馆藏,民国北平教育局 J004—001—00023 号档案,第 33—34 页。

是王宽等人在牛街礼拜寺组织的"京师清真教育公会"。宣统元年（1909年）当时报纸报道张子文阿訇由牛肉湾清真寺入主马甸清真寺，即由王宽等人组织的清真教育公会会员护送"初一那天，迎送张君（张子文）上任。牛街为北京回教之总机关，王浩然（王宽）阿衡，特派清真教育会会员数人，致送履新……这是近数年来，罕有的盛举，也是牛街、牛肉湾、马甸三寺的荣耀呦！"① 张子文阿訇在牛街礼拜寺参与创办北京清真教育会，该会以"教育为当务之急"，坚持发行"清真助学彩票"，筹措资金创立和发展清真学堂、经儒小学等教育机构，并兼负广筹"各礼拜寺之建设费"，管理教内、族内日常事务；1911年5月又拟定创办《北京民报》《清真白话报》和《清真杂志》，张子文阿訇担任总发行人。

1911年杨敬修申请立案"京师清真教育（总）会"，因清廷督学局要求两会合并，杨敬修积极推动，王宽亦在一定意义上表示赞同，可以认为在1911年后，两会开始尝试融合。故1912年入民国后，张子文阿訇作为花市清真寺的教长，开始积极参与推动"京师清真教育会"在民国政府中立案，积极推动北京伊斯兰教教育机构整合，不计前嫌之举，值得充分肯定。

1912年民国建立，清廷督学局为"京师清真教育公会"的立案，实际上已无形中撤销，这为"京师清真教育（总）会"立案创造了很好的时机，杨敬修、张子文等人遂向民国政府京师学务局为京师清真教育会申请立案。京师清真教育会申请是1912年7月15日（农历六月初二）到"京师学务局"提出，划归"总务科"办理。② 7月18日给出暂不批准的决定："据呈及会规细则均悉，查会则第十一条所称各会员之职务悉遵教育部定

---

① 见张巨龄《著名伊斯兰学者张子文》，《中国穆斯林》1995年第1期，第34页。

② 当时京师学务局下设四科，除总务科外，还有中学教育科、小学教育科、通俗教育科。

章第九条通融办理，又第十六条所称本会规各条所未备者确遵教育部所颁教育会定章办理等语，本局未奉有教育部此项部章所请立案之处，应俟将来部章颁布后，再行核办，此批。"①京师清真教育会《修订会规细则》，仅是把清廷"学部定章"改为民国"教育部定章"，竟将清廷法规照搬到民国时期使用，故民国政府京师学务局遂以"本局未奉有教育部此项部章"为由，拒绝立案，这不得不说是申请者的重大失误！

从京师清真教育会《修订会规细则》来看，筹备京师清真教育会的主要目的是为筹建与管理伊斯兰教各种新式教育机构募集资金。据其第十四条规定，京师教育会要设立教育研究所、师范传习所、各清真小学堂、各清真寺宣讲所、工商学堂，并要监督管理清真小学堂等各教育机构的教务，兴办实业，创刊报纸杂志。应该说这个计划是十分宏大的，需要大量资金支持，而其经费来源，据其十二条规定，则又由会员均摊。《修订会规细则》反映出的教育思想与杨敬修 1909 年撰写的《创建穆民总教院表》②有一致性，反映出近代伊斯兰教有识之士组织办学，弘扬伊斯兰教文化的远见卓识。

虽然创办京师清真教育会的计划最终未能得到民国政府的支持，但建立民国后，国家毕竟出现了新气象，刺激了北京地区伊斯兰教事业的发展。1912 年 9 月 12 日，张子文阿訇参与组织在北京东珠市口织云公所举行的中国回教俱进会欢迎孙中山先生大会，亲聆其关于"五族共和""振兴中华"的讲话，③并受到孙中

---

① 北京市档案馆藏，民国北平教育局 J004—001—00048 号档案，第 20 页。
② 参见钱伯泉《〈创建穆民总教院表〉：一份近代回族新文化运动的倡议书》，《回族研究》1998 年第 1 期。
③ 当时《大自由报》（1912 年 9 月 16 日）、《正宗爱国报》（9 月 17 日）、《申报》（9 月 22 日）等报刊都对孙中山先生的此次讲话有报道，尤以《申报》记录的讲话内容最为详细。

山先生的接见,与马邻翼、王宽等7人同孙中山先生合影。① 不久,张子文阿訇将所任花市清真寺内清真第五小学堂②更名为"清真文化小学校"(现为坐落在北京崇文门外花市大街的"北京市东城区回民实验小学")。实行培养伊斯兰组织会长、清真寺教长、回民学校校长的"三合一"教育体制,马松亭阿訇将这种体制总结概括为新式经院"三长制"的教育体系并积极加以推广:"我们所说的师范教育,是三长教育,就是'教长'、'会长'、'校长',同时我们理想中的阿衡也就是这样三长兼备的阿衡。"③

张子文阿訇是近现代中国伊斯兰教著名教育家,是改革旧经堂教育制度的先行者,清末即在清真寺内开展兼授汉文教学的教育实践活动。马松亭以及马善亭、杨明远、李廷相、赵铭周等一批知名阿訇俱曾在张子文阿訇门下习经,马松亭曾跟从张子文阿訇长达七年之久(1908—1914、1919年)。张子文阿訇提出回民子弟应"多读中外文,将来才能立大事业"的主张:一则倡导,"由各寺阿訇掌教极力倡导";二则强迫,"更宜稍加强迫",所谓强迫即现今所谓强制性义务教育之意。张子文阿訇还身体力行续收马善亭、李廷相、赵铭周、朱开祺、张耀亭、王敬一等十八名弟子,亲授阿、汉两学。张子文阿訇的诸多教育实践活动,对日后马松亭阿訇创办成达师范也有十分重要的示范意义。

1912年底,张子文阿訇与王宽阿訇共同应民国政府之邀,前往蒙藏事务局组织创办《回文白话报》,兼任编辑主任。④《回文白话报》于1913年1月创刊,王宽为主笔,张子文阿訇任编

---

① 据张子文阿訇之子张巨龄回忆,民国时为清真寺筹款,常向募捐对象出示该合影,为顺利募捐发挥了重要作用,张家所藏合影毁于"文化大革命"。
② 在王宽阿訇于牛街创办"清真第一两等小学堂"的感召下,李云亭(宗庆)阿訇、洪阿訇、马梅斋("马四爷")阿訇等先后在三里河、海淀、教子胡同建立学堂,即清真第二、三、四小学堂,这三所学堂在辛亥革命后停办。
③ 马寿龄(马松亭):《宗教师范教育与理想的阿衡》,《月华》2卷20期,1930年。
④ 该报创办过程可参见余振贵《中国历代政权与伊斯兰教》,宁夏人民出版社1996年版,第289—290页。

辑主任。鉴于英俄等列强窥视我国边疆,挑拨分裂言论,该报以"开通边地风气,联络感情""讲解共和之真理,消弭昔日之嫌疑,使其倾向内向,以杜外人觊觎之渐"为宗旨,期望"蒙古、回、藏同胞以中华民国为前提,合力并进。"①

张子文阿訇思想开明,在晚清既已剪去辫子,1912 年以来锐意革新,其主持的新式回民婚礼还引起鲁迅先生的关注,鲁迅先生在 1913 年 11 月 2 日的日记中记录"午后王仲猷在铁门安庆会馆结婚,往观,仪式以新式参回教仪式为之。"而这场新式回民婚礼的主持者正是张子文阿訇。据《爱国文化报》报道,张子文阿訇用阿拉伯语致训词,掷喜果,并实行拿手礼;另外又参照新式婚礼,添加了奏乐仪式,朗读汉文祝词,由两位新人向介绍人、证婚人、主婚人,还有双方父母及有关亲人行鞠躬礼,"此事为清真教改良婚礼之创举,各界男女志士,皆欲望其风采,觇其仪注,是日前往参观者甚多,欢呼赞美,极一时之盛"。鲁迅先生已在参观者之列,"鲁迅很少参加婚礼这类活动,但鉴于王仲猷是回族人,他的婚礼'按着本教教规,参照新式婚礼,制定一完善礼节',所以极有兴趣地'往观'这旨在'为社会之倡'的婚礼,想了解一下究竟是怎么一回事"②。

民国初年,张子文阿訇为代表的北京穆斯林知识分子,常常领时代风气之先。1914 年 1 月,张子文阿訇因《回文白话报》在揭露、宣传抵御英、俄等国的分裂活动中卓有成效,"使边地受到好影响",获七等嘉禾章。"回教大阿衡王浩然(王宽)先生,对于宗教国事,非常热心,以蒙藏事务局聘充《回文报》主笔,自此报出版后,西北边事,颇受好影响。大总统甚为嘉许,特奖给五等嘉禾章,以示优异。又以张子文阿衡,襄助王浩

---

① 《发刊词》,《回文白话报》1913 年 1 月。
② 苏育生:《鲁迅与回族同事王仲猷》,《回族文学》2008 年 3 期,第 23 页。亦可参考张巨龄《〈鲁迅全集〉相关注释史料的新发现》,《光明日报》2006 年 10 月 9 日。

然君，不无微劳，亦蒙奖给七等嘉禾章。按回教阿衡中，素称开通者，固不乏人，然如王、张二君之品学兼优，洵属首屈一指。今承特奖徽章，可为回教前途贺。"① 同年张子文阿訇又兼理《京华新报·附张》的编辑工作。

1915 年张子文阿訇主持北京东四清真寺改建工程，确立了东四清真寺的建筑规模与格局，由此奠定了东寺清真寺在北京穆斯林群众中文化中心、文化摇篮的历史地位，民国时期福德图书馆、成达师范、《月华报》、伊斯兰出版公司、东四牌楼回民小学都依托于东寺清真寺。

民国初年张子文阿訇除了在北京城区内西单牌楼清真寺、牛肉湾清真寺、花市清真寺、东四清真寺活动外，还曾赴任北京北郊马甸清真寺。② 早在 19 世纪末，马甸清真寺内即设有"马甸回民义学"，最初只教授阿拉伯经文，以后增加了国文、大学、珠算等课程。1908—1912 年张子文阿訇主持马甸清真寺期间，进一步扩大了马甸清真寺的办学规模。张子文阿訇初到马甸清真寺，发现周边失学儿童众多："贫寒子弟赴该寺（马甸清真寺）乞讨者，竟有二百余人之多，……张阿衡目睹情形，颇为悯恻，昨向人说：'我看那些孩童，要是多读中外文，将来何尝不能立大事业？……应由各寺阿衡掌教，极力劝导同教子弟读书，更宜稍加强迫。'"③ 张子文阿訇即在义学基础上创办北京第一所经儒学校（"经汉大学"）。但张子文阿訇离开马甸清真寺后学校旋即停办。④ 1915 年当地回族人士开始在清真寺外创办小学，一直延

---

① 《爱国白话报》1914 年 1 月 11 日。
② 张子文阿訇 1903 年来到北京；1903—1908 年在西单牌楼清真寺、牛肉湾清真寺任教长；1908—1912 年在马甸清真寺任教长；1912—1914 年在花市清真寺任教长；1915 年主持北京东四清真寺。
③ 《张阿訇主张强迫教育》，《正宗爱国报》1912 年 3 月 20 日。
④ 继马甸清真寺第一期经汉大学之后，张子文阿訇在 1912 年、1915 年分别在花市清真寺，东四清真寺举办了经汉大学第二、三期，学员达 50 多人。

第七章　兴学与启蒙：民国回民新式教育管窥　/　211

续至今，成为今日北京市海淀区民族小学的前身，① 北京市海淀区民族小学及其前身，对这方面的情况社会上了解得比较多；而马甸清真寺内也延续了新式教育活动，张子文阿訇的得意门生李廷相阿訇在1921年成功立案成立"北郊马甸清真教公立国民学校"，这方面的情况了解的人比较少，本节略作介绍。

李廷相（1884—1937年），河北迁安人，早年在河北、北京等地清真寺任职，是民国时期伊斯兰教重要学者。② 李廷相早年追随张子文阿訇习经，张子文阿訇离开马甸清真寺后，李廷相曾

---

①　1915年马甸本村的丁子瑜（即丁国琛）先生创办"北郊私立广育第二小学"，校址辗转迁到德胜门外25号，25号南墙外的胡同由此得名为"义学胡同"，该小学为四年制初小，回、汉民都收，主要教授国文、算术、常识、修身等课程，1917年在京师学务局立案，有4个班，52个学生。20世纪30年代中期，广育小学由马甸25号迁往后黑寺后院更名为"市立马甸小学"。"北郊私立广育第二小学"在1930年代初，因经费不足停办。1934年薛文波等人在后黑寺（今"北京市海淀区民族小学"校址所在地）建立了小学，当年3月18日建立并开学，校名为"西北小学第四部"。小学设有六个年级。1936年薛文波请丁子瑜任学校主任。1937年，抗日战争爆发，薛文波南下重庆，西北小学第四部停办。1938年2月，丁子瑜将部分失学的低年级学生聚集起来，办起了"马甸短期小学"，据档案记载，当时只设一、二年级，男36人，女5人，共计41名学生。1939年8月1日，丁子瑜在后黑寺内创办北郊西村短期小学，学校共有五个班，学生172人。学校设四门课程：国语、算术、常识、修身。抗战胜利后改名为"北郊西村简易小学"。1946年丁子瑜病逝。1947年，马甸"简易小学"与当时设在马甸清真寺内的"西北四小"合并为"国立成达师范附属小学"，薛文波的弟弟薛文需任校长。新中国成立后，由政府接管，更名为"回民学院第一附属小学"，是一所完全小学，有六个年级六个班。1954年更名为北京市海淀区马甸小学。2004年12月2日，学校再度命名为"北京市海淀区民族小学"，现为海淀区属唯一的民族小学。

②　李廷相1923年在天津光明书社出版《圣谕详解》，1924年在北京牛街清真书报社出版了《天经译解》；南下后，是上海爱俪园广仓学窘版署名姬觉弥总纂的《汉译古兰经》的最重要译者之一。姬觉弥是上海犹太富商哈同夫妇的管家，《古兰经》中译本其只是挂名而已。该版《古兰经》中译本最初找薛天辉商议，薛天辉自认能力不逮，"遂与李阿訇虞辰（李廷相）、樊先生炳清共相研讨，才译念卷，樊君病逝，后经钟仁簉、费恕皆、胡鸿慈、杨瑞麟诸先生继续以竟其事。"在除哈同夫妇、姬觉弥等出资挂名者外，李廷相的署名"李廷相，字虞辰，河北迁安县人"是最靠前的。[参见姬觉弥总纂，李廷相、薛天辉等参证《汉译古兰经》（民国二十年上海爱俪园广仓学窘刊印本），见周燮藩主编《清真大典》第7册，黄山书社2005年版，第770页。]

212　/　有客西来　东渐华风

担任马甸清真寺教长。1921年7月30日马甸清真寺教长李延相阿訇通过郊外北区劝学员向京师学务局呈请北郊马甸清真教公立国民学校立案："呈为呈报北郊马甸清真教长李延相等拟创设京师北郊马甸清真教公立国民学校呈请备案事，窃据北教马甸清真教长李延相等函称：敬启者，同人等以本村缺乏公立学校，失学儿童日见增多，拟于清真寺内设立国民学校，经常费用由清真寺及羊行商会按月补助，自能永久维持，而无有始鲜终之虞。课程规章另表填报，伏希转达学务局，准予备案实缴德便谨启等因到此。查李延相等热心教育，实属难得，呈报各项亦多与法令相合，除将表件附呈外，理应具文呈请贵局鉴核准予立案，谨呈学务局局长。郊外北区劝学员舒庆春。"①

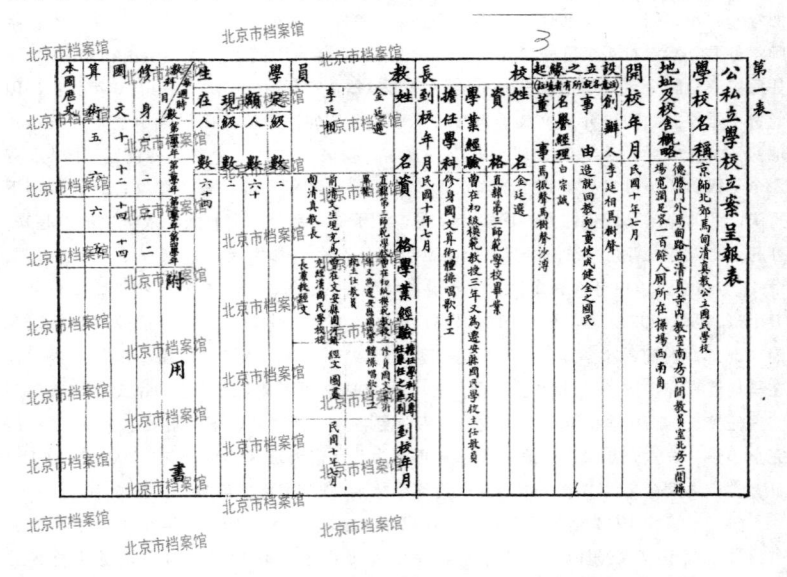

京师北郊马甸清真教公立国民学校立案呈报表

---

① 《外北区劝学员长关于北郊马甸清真教公立国民学校请立案的呈及京师学务局的训令（附：立案表和调查报告）》，北京市档案馆藏，民国北平教育局 J004—003—00080 号档案，第 2—3 页。舒庆春即老舍，根据老舍之子舒乙在《我的父亲老舍》一文中的回忆，老舍是 1920 年秋就任北京北郊德胜门外北郊劝学员，"请求支持北郊马甸清真教在村内办一所公立国民学校"是老舍"新官上任三把火"之一。

京师北郊马甸清真教公立国民学校立案呈报表（续）

同时呈报给教务局的还有《学校规则》：

一、闻上堂号令，学生当即整队，同时授课教员须至整队处照料一切。

二、上堂时队伍及进行之口令由级长司之。

三、教员上讲坛时，学生须按始业敬礼之顺序（起立、敬礼及就座）。

四、上堂时学生须各就定位，非经教员之许可，不得擅自离席。

五、学生有不到者须级长陈明教员，其迟到者须向教员鞠躬，然后就座。

六、在教室不得携带需用外之书物。

七、在教室不得谈笑、喧哗、交头接耳。

八、质问须俟讲毕举手示意，教员指及，然后起立陈白。

九、教员巡视临教或指名考问时，该生应即起立。

十、在教室非有特别事故，并陈经教许可者，不得擅自出室。

十一、来宾参观，非有特别命令，须照常课读，不必行礼。

十二、教室内不得任意唾痰及随手弃字纸。

十三、教室内外责成级长率同值日生逐日轮流洒扫。

十四、教室应用粉笔等物，先时由级长备齐，下堂后须将黑板擦净。

十五、闻下堂号铃，须按终业敬礼之顺序（起立、敬礼及出堂）。

十六、下堂时整队及散队之口令由级长司之。

十七、上下午最后终业时，教员须护送儿童出校，并须伫立校外，监视一切。①

京师学务局要求劝学员将上报材料进行实地调查核实。劝学员舒庆春又上报了《调查京师北郊马甸清真寺公立国民学校报告》："查该校由清真寺教长李延相创办设立之初，即至学区询立案手续，本年八月初旬，呈送立案表件。兹奉训令于九月十二日前往调查，由李延相接见，详询一切，谨陈如左。（一）校址。该校在德胜门关尾路西清真寺内借用清真寺屋十余间，房舍坚固，尚称合用，操场亦甚宽大。学校四周极为清静，无喧嚣之弊。（二）设备。桌凳、讲桌、黑板等项应有尽有，教员宿室亦甚敷用。（三）经费。开办费由清真教捐助三百余元。经常费用由清真教及羊行商会每月捐助十五元，其不足之数仍随时由清真教中捐助。（四）教员。教师金延选系师范毕业，教授方法尚多优点。（五）学生。男生七十余名，均着白色制服，颇为整洁。女生十余名，暂为补习，尚未分定班次。（六）课程。遵照部章。（七）成绩。教室内悬有手工图画、习字等，成绩尚有可观。其他成绩，因设立未久，无从窥见。纵观该校

---

① 北京市档案馆藏，民国北平教育局 J004—003—00080 号档案，第 7—8 页。

一切设备，尚称合法，办事人员均极热心。虽月间经费无多，而措置简当，觉悟虚耗。教师资格及教授方法，亦均合格。将视查情形据实缮具报告，可否准予立案之处敬候鉴核，示遵谨呈学务局局长。郊外北区劝学员舒庆春。中华民国十年（1921年）九月。"[1] 10月19日，学务局批准立案："应即准予立案，完名为'京师北郊公立马甸清真教国民学校。'"[2]

京师北郊公立马甸清真教国民学校，虽然名为"公立"，实则经费都是伊斯兰教教内自筹，开办经费三百余元由马甸清真寺教徒捐助，每月15元经常费用，由回族羊行商会补助8元，马甸清真寺补助7元。京师北郊公立马甸清真教国民学校是民国时期伊斯兰教办学的一个缩影，虽然经费不甚宽裕，但各方面设施符合现代办学标准，为失学贫儿提供了就读机会。以往各界比较关注张子文阿訇对马松亭阿訇及其成达师范的影响，而像张子文阿訇弟子李延相阿訇创办的京师北郊公立马甸清真教国民学校，往往湮没于历史之中，然后者虽然规模小，但更能体现出民国时期普通伊斯兰教教育的普遍情况，亦可看出张子文阿訇对伊斯兰教一般性教育的辐射影响。

第二节　张子文在东北地区的教育活动

张子文阿訇高徒李延相在马甸清真寺创办"京师北郊公立马甸清真教国民学校"之后不久，1922年张子文阿訇离开北京，应邀赴任本溪清真寺；不久又至沈阳清真北寺任职，任内曾参与创建清真女寺和沈阳清真小学扩建工程。1924年12月赴日本参观学校、工厂，次年1月应镰田荣吉之邀在东京交询会宣讲伊斯兰文化。1926年张子文阿訇开始主持沈阳"奉天南满站文化清真寺"第一期工程建设。成达师范从济南迁往北京后，1930年

---

[1] 北京市档案馆藏，民国北平教育局 J004—003—00080号档案，第16—19页。

[2] 同上书，第22页。

张子文阿訇应马邻翼、马福祥、唐柯三、马松亭函邀，短暂返回北京，任成达师范学校教务主任及阿文教授，同时为牛街阿文大学讲师。1931年初张子文阿訇再度回到沈阳，于6月14日文化清真寺二期工程正式举行开工典礼。文化清真寺是沈阳规模较大的一座清真寺，坊内约有教民120户，750人。文化清真寺建成后，张子文阿訇在南京、上海、北京等地募捐，开始筹建文化学院。1936年在文化清真寺创办"奉天私立回教文化学院"（初期称"回教文化师范学院"），最初校址就设在文化清真寺的前楼上。回教文化学院坚持"养成回教教师人才"的宗旨，并设日、俄、阿拉伯、波斯等多种外语课程，以及簿记等专业，收容13—24岁之间初级小学毕业生百余人，办学颇有成绩与特色。[①]

据日本外务省外交史料馆藏档案《第一七号（部外极秘）》（昭和十三年五月九日）记载：1938年5月7日在热河省会承德成立了"防共回教徒同盟"，成立大会上"同盟总裁"花田仲之助与"同盟长"张子文两人联合发表了《伊斯兰教教徒反共同盟宣言》。[②] 在成立大会上发表的《伊斯兰教徒反共同盟宣言》中向"西北五马"（马步芳、马步青、马鸿逵、马鸿宾、马仲英）呼吁："位于支那边境西域的五马联盟应该与南方的土耳其遥相呼应，高举反共运动的烽火，切断苏联对支那的红色通道，击破蒋介石容共政策的最后抗日据点。在此基础上，我等回教徒同志以神国日本为盟主，为了亚细亚文明的复兴，为了全世界被压迫民族的解放，结成伊斯兰教徒反共同盟。"[③] "防共回教徒同盟"确为一日伪汉奸组织，但问题的关键是张子文是否确实参

---

① 参见《满洲国回教概观》，载日本外务省调查部季刊《回教事情》第1卷、第2号，1938年8月，第75—78页；转引自房建昌《伪满洲国统治时期日寇铁蹄下的回族：兼论早期来华日本人在回族中的活动》，《宁夏社会科学》1997年第4期。

② 日本外务省外交史料馆JACAR系统查询编码B04012550300，见王柯《日本侵华战争与"回教工作"》，《历史研究》2009年第5期。

③ 曾凡云：《日本为何对中国少数民族感兴趣：从20世纪上半叶日本对华政策看其分裂中国的阴谋（下）》，《中国民族报》2012年9月28日。

与了"防共回教徒同盟"的活动。

日本外务省档案中的所谓1938年5月7日在承德成立的"防共回教徒同盟",在当时日伪报纸中广为宣传,并发布号外,称"回教徒倒蒋防共运动",① 是当时在东京召开的"世界反共回教徒大会"全部阴谋的组成部分。而张子文阿訇并未参与其中,更没有前往日本或承德发表联合宣言,所谓联合宣言是强加给张子文阿訇的。1941年在延安出版的《回回问题研究》称"九一八"事变后日寇强占东北,川村狂堂率领回奸张子文、张子岐等组织伪"伊斯兰学会"。而村田则率兵强占沈阳清真寺,自为阿訇,派人到西北活动。② 如前所述,亦与事实不符。③ 而且,川村狂堂本人亦未前往承德或日本参会。因川村狂堂的行径被我国广大穆斯林唾弃,其"工作"很难开

---

① 《盛京时报·号外》1938年5月8—9日。
② 《回回民族问题》,第84页。
③ 另可参见张巨龄撰写的《川村狂堂和"满洲伊斯兰协会"》一文的相关论述:"需要指出的是,自上世纪30年代末到40年代初在延安出版的那本《回回民族问题》的书中涉及到这个问题之后,它就成了我国回族伊斯兰历史研究中人云亦云的依据性议题,至今很少有人再去深入探究,甚至怯于探究,更不用说像该书作者所希望的那样'予以指正'和商榷了。即使偶有'探究'与'商榷',也无人敢于呼应,当然更无报刊敢于发表,似乎那书的议论就是'下土'(回回无'棺',所以我不说'盖棺')之论了。其实,根本不是这么一回事。这里,我想再一次提供我在有的地方所说过的一个事实:为了研究这一段历史的真实,我曾于上世纪80年代中找到当年负责执笔《回回民族问题》('民族问题研究会编')中'川村'部分写作的老同志,问他写作的经历。他则亲口告诉我:由于各种各样的原因,当时他们没有条件到伪满当地考察和获取第一手材料,书中所谓'川村狂堂……组织伊斯兰学会'等等的议论,都是听一些去延安的人说的,'有的只是十五六岁'的孩子。资料奇缺,无法考证,不仅那部分的内容,有的只凭道听途说而落成文字,甚至还出现了把'伊斯兰协会',写成'伊斯兰学会';把'刘全信',写成'刘全保'的笔误,以至于拖到今天,除了笔者之外,没有任何人予以纠正。十分遗憾的是,当我拿出了一些原始的报纸材料请他看,并提出可不可以把和我说的这些话跟中央统战部讲讲的时候,他却一面表示'国民党的报纸不可信',一面搪塞道:'算了吧,反正解放以后也没有把他们(指相ducing张冠李戴的人——张注)当敌人嘛'等等。事情,就这样搁置下来了。但,却留下了使有的人后来仍在继续涂鸦,甚至还添油加醋的空子。"

展，1938年5月川村狂堂便以"年老病衰"为由提出辞职，并定居北京不归。此时"世界反共回教徒大会"致信"满洲伊斯兰协会"，川村仅以该会名义发出"贺电"："满洲方面，对反共大会之趣旨，固极赞成，设总裁之指令到来时，如能赶到，必将遣飞东京参加"，并未到会。① 1938年5月2日—28日，作为伪北京中国回族联合会代表团成员前往日本东京的有刘锦标（原为政界人物，译有《克兰经汉译附传》，中国回教联合会资议）、王瑞兰（北京牛街清真寺教长，中国回教联合会委员长）等七人，② 张子文阿訇并未参与。

从1940年开始，日伪政府开始大量插手回教文化学院内部事务，"先后强行塞入一日人平田胜重和日特机关'嘱托'金某，曾设为'副院长'和主管教务的职任，以分散'张子文'的权力"③。1942年，由于奉天私立回教文化学院学生不断增加，学校必须另觅新址扩建。当时，邻近文化学院有一所日本人兴办的专门培养女子学习缝纫技术的锅山女子专业学园，校长锅山一家人已回日本，将学校交给委托人处理。锅山女子专业学园，校园占地面积为6万多平方米，校舍为两层楼砖木结构的日式建筑，建筑面积为2000多平方米，有20个教室（后该楼于1986年拆除）。锅山女子专业学园的校舍、设备都比较理想，张子文阿訇经过考察，决定筹款购买，最后定价是42万元伪满币。为扩建学院，沈阳回民踊跃捐款，但仅得5万元。张子文阿訇在北京时，与京剧大师马连良的父亲马西园是好友。张子文阿訇商请马连良来沈阳义演，为购买新校舍筹款。当时出入东北须办理伪

---

① 《盛京时报》1938年5月10日。
② 兴亚总结协会编：《华北宗教年鉴》，北京，1941年，第246页，见黄夏年主编《民国佛教期刊文献集成》第93卷，全国图书馆文献缩微复制中心，2006年，第294页。
③ 张巨龄：《读〈伪满洲国统治时期日寇铁蹄下的回族〉一文之补注：兼述"文化学院"发展三阶段》，《宁夏社会科学》1998年第1期。引文中的"金某"指金镜华。

满洲国的"出国证""入国证",具体经办马连良来东北手续的是金镜华和左叔伦。日本关东军陆军特务机关司令长官滨田平借办理手续之机,开始插手马连良来沈阳义演筹款之事,力图将其描绘成日本关东军邀请华北文化使节团参加伪满洲国建国十周年的庆典,并通过汪伪政权在北京的头目王揖唐通知马连良去沈阳。①

1942年(伪满康德九年)3月1日是伪满洲国成立十周年"国庆日",而马连良是当年10月来沈阳义演,②绝非庆贺伪满国庆。马连良"扶风社"剧团一行40余人下榻在南市场的鹿鸣春饭店(左叔伦的房产),当时陪马连良先生来沈的还有李玉茹(曹禺先生夫人,新中国成立后曾任上海京剧院院长)等京剧界名家。扶风社在南市场东北大戏院(今辽宁人民艺术剧场)和北市场的中央大戏院(今沈阳大戏院)先后演出了《龙凤呈祥》《群英会》《十老安刘》等剧目。共演出10场,场场爆满,每天票房收入高达数万元伪满币。最后马连良将义演所得共计25万元,全部捐给张子文阿訇用于奉天私立回教文化学院购地扩建之用。马连良回到北京后,又另捐10万元,共计捐款35万元。1943年,张子文买下了锅山女子专业学园校舍,同年8月,文化学院迁至新校址。

马连良来沈阳义演本为助学义演,却受到日伪方面的威胁利用,日伪报纸大肆宣扬,违背了张子文阿訇的本意,张子文阿訇亦非常愤慨。对于此事最为积极撮合的是金镜华和左叔伦(金

---

① 以上主要依据金镜华本人的回忆,"1990年4月30日,金镜华来沈,笔者曾以记者身份采访了住在沈阳第一招待所的他,在座的还有马志咸、马志存和金镜洪等人,采访中谈及当年马连良唱义务戏一事,作为当时募捐主要筹办人之一的金镜华,介绍了当时的具体情况。他的结束语是:'马连良来东北唱义务戏,并非出自本愿'"(《著名回族京剧表演艺术家马连良来东北唱义务戏的前后》,网络版)。

② 马连良是9月6日启程,先后在沈阳、哈尔滨、长春等地公演,10月29日又专程返回沈阳,为回教办学筹款义演,11月3日至12日义演10天,11月中旬返回北京。

镜华还担任了筹办义演董事会董事长），两人携带关东军陆军特务机关的公文，前往北京与王揖唐会面，具体操作"邀请"马连良的工作；有文章说张子文携带关东军公文前往北京邀马连良是不符合事实的。① 奉天私立文化学院迁址扩建后，张子文阿訇被日伪进一步架空，愤然辞职，1943 年冬离校；后金镜华成为校长。回教文化学院在张子文阿訇领导时期，以培养有文化的阿訇为己任，金镜华上台后开始汉回兼收，校名也由"回教文化学院"改为"文化学院"。1945 年 8 月日本投降，金镜华旋即去职；② 而张子文阿訇则受到中国政府的高度评价，1946 年 4—5 月间，杜聿明、白崇禧、蒋介石先后来到沈阳，都接见了张子文阿訇，杜聿明将军盛赞："回教张先生十四年于敌伪压迫之下，不屈不挠，保存国家正气，与敌人奋斗，实为钦佩！"③

　　蒋介石发动内战后，张子文阿訇接受与中共地下党有联系的回教协会理事长铁汉提议，起草了致毛泽东主席的公开信，各报转载，影响很大。1947 年秋，张子文阿訇会同沈阳知名人士五人联合发出公开信，抗议美国特使魏德迈试图前往沈阳"视察"，干涉中国内政。1947 年底，张子文阿訇反对国民党利用宗教联谊会名义鼓动反共内战，愤然辞去会长职务，拒绝联谊会占用文化清真寺，携全家迁往北京，表示与联谊会决裂。

　　新中国成立后，张子文阿訇定居北京，任北京穆德回民学校

---

① 例如有学者称："奉天方面一切准备就绪，张德纯、金镜华和左叙伦就揣着关东军陆军特务机关的公文，去北平进行邀请华北文化使节团的工作。"（黄卫东：《马连良来东北义演的前前后后》，《党史纵横》2011 年第 4 期）

② 金镜华走后，为了庆祝东北光复，校董事会决定把文化学院更名为东北中学，因未获批准，后改名为沈阳市私立伊光中学，为今日沈阳回民中学前身。国民党政府曾派张凌歧短暂接收，旋即被师生赶走；后回族进步人士李学盈任校长。新中国成立后，李学盈将私立伊光中学捐献给国家，改为公办。1954 年更名为沈阳市回民中学，1959 年 8 月改为沈阳市第二十九中学，1981 年 10 月恢复回民中学校名。（参见杨耀恩、王俊主编《沈阳回族志》，辽宁民族出版社 1996 年版，第 265—269 页）

③ 沈阳《前进报》1946 年 5 月 12 日。

校长，禄米仓清真寺阿訇。"反右"运动中，张子文阿訇遭到错误批判，1958年初被解职。此后八十多岁的张子文阿訇继续从事《古兰经》译释工作，1966年4月30日逝世，享年92岁，惜其数百万字的《古兰经》译注稿在"文化大革命"中遗失。

张子文阿訇是我国近代伊斯兰教史上的重要人物，其历史贡献尚未得到充分重视。张子文阿訇一生经历晚清、北洋政府、伪满等多个历史时期，虽处逆境，但仍然坚持弘扬伊斯兰教文化，兴办教育。今天我们研究张子文阿訇生平事迹，有追本穷源的意义，亦可为今后我国伊斯兰教新式教育提供历史的借鉴，有温故知新，继往开来的价值。

第八章　吐故纳新：上海犹太富商
　　　　哈同夫妇办学风波

　　华严大学是中国最早一所以"大学"命名的近代佛教教育机构，本文探讨了华严大学在上海哈同花园创办及其很快被仓圣明智大学取代的历史经过，并从新旧政治角力、社会文化思潮激荡及人事变迁等多角度探讨了其背后蕴含的历史与文化意义。

　　近代新式佛教教育机构，始于清末杨文会居士在南京创办的祗洹精舍，民国年间的新式佛教教育机构，以欧阳竟无居士领导的支那内学院和太虚法师领导的武昌佛学院最具声誉。特别是太虚法师所倡导的"佛学院"这一名称，最终成为后世佛教教育机构最通行的称谓。在中国内地的语言习惯中，"学院"的级别常常被认为低于"大学"，故创办专门的"佛教大学"也成为当今部分佛教界人士的心愿。

　　但"大学"这一西方高等教育机构的称谓用于佛教教育机构其实是很早的，迄今至少有一百年的历史了。1914年农历七月初七，在当时上海最大的地产商人犹太人哈同的妻子罗迦陵生日当天，"华严大学"即在哈同花园（爱俪园）宣告成立。就目前史料来看，华严大学是中国最早一所以"大学"命名的近代佛教教育机构。但时隔不久，华严大学便在哈同花园停办，月霞法师带领师生迁居杭州海潮寺继续兴办佛教教育。1915年冬仓圣明智大学在哈同花园中落成，对外宣称华严大学被仓圣明智大学取而代之，《哈同先生罗迦陵夫人年谱》载：1914年，"始创办华严大学。招集僧侣授以经典，

第八章　吐故纳新：上海犹太富商哈同夫妇办学风波 / 223

设大学于爱俪园内，夫人亲订章程以限制之。次年改为仓圣明智大学"①。华严大学在哈同花园的时间很短，旋即被园内新设的仓圣明智大学取代，但在社会文化史中却是一件值得关注的事情。

19世纪末到20世纪上半叶，上海华洋杂处，外国租界又分为公共租界和法租界，一城三治，社会文化呈现多元样态。哈同本身是犹太教徒，哈同夫人罗迦陵自称是中法混血，并且是虔诚的佛教徒、近代著名革命僧人黄宗仰的皈依弟子。哈同夫人原本是通过哈同花园的设计者黄宗仰资助蔡元培、孙中山等革命党，但进入民国后又通过哈同花园总管姬觉弥与前清皇室进行攀附，同时与北洋历届政府颇多瓜葛。哈同花园中华严大学与仓圣明智大学的交替，恰好发生在袁世凯称帝前夕，中国政治出现保守复辟风潮的背景之下。而黄宗仰、章太炎、康有为、沈曾植、罗振玉、王国维，甚至日后的美术大师徐悲鸿等诸多近代文化名人，多多少少与哈同花园中办学有些关系。

民国初年章太炎在哈同花园中完婚，1931年哈同去世后章太炎为其撰写墓志铭："君本犹太产，处中国久，渐其礼俗，故诸以国学见者，悉敬礼如师友。既以仓颉名校，又数延贤士大夫行投壶，及乡饮酒、乡射礼；其戚婚嫁者，又为行冠笄婚礼，入其室者，几忘为异域人也。"② 哈同花园中，除了哈同信仰的犹太教、哈同夫人信仰的佛教，儒教及其在儒家传统文化基础上姬觉弥自创的"仓颉教"，都发挥了一定的作用。哈同花园内信仰文化十分复杂，各方角力，黄宗仰在哈同夫人的资助下编辑《频伽藏》，姬觉弥则请哈同夫人资助出版王国维主持的《学术丛编》等国学经典，姬觉弥还总纂中译全本《古兰经》，1931年用上海爱俪舍园广仓学宭的名义正式出版时，哈同夫妇均撰写有

---

① 睢宁姬觉弥辑：《哈同先生迦陵夫人年谱》，民国二十四年（1935年）铅印本，见张爱芳选编《历代妇女名人年谱》第二册，北京图书馆出版社2005年版，第364页。

② 章太炎：《二等宝光大绶嘉禾章兼三等文虎章哈同君墓志铭》，《章太炎全集》第5册，上海人民出版社1985年版，第268页。

序言，哈同说："余取穆罕默德·阿里英译本为之校勘之、整理之，而证以夙所诵习者，余妇迦陵夫人更为赞襄，其间期月而译成，是亦吾教之参考书也"，哈同夫人更是说："迦陵循声讽诵，加意校雠，信主宰之清真，识源流之洁净，本来五族同处，旁及二家，不无小变，从此得门"。① 这些话虽然有夸大溢美之词，而且姬觉弥请哈同夫人资助弘扬儒教、仓颉教乃至伊斯兰教文化，也似有与早年黄宗仰编辑出版《频伽藏》争锋的意味，但不管怎样，哈同花园中的宗教信仰文化形态是多元交织的，甚至可以说哈同花园是上海华洋杂处，文化多元的一个缩影。而且单就佛教内部而言，华严大学的主导者黄宗仰等人，多是中国第一份佛教期刊《佛学丛报》的积极参与者，是民国初年佛教的革新人物。黄宗仰虽然积极参与辛亥革命，但在佛教革新问题上相对温和，与力图将镇江金山寺改为佛教丛林大学而酿成1912年"大闹金山寺"事件的太虚、仁山等激进派观点差异较大。② 总之，中国佛教第一所大学在哈同花园诞生始末，其背后的社会文化内容十分丰富，值得我们深入挖掘与反思。

第一节　哈同夫人资助黄宗仰、月霞法师创办华严大学的历史钩沉

华严大学在哈同花园中创立不久，就被仓圣明智大学取代，好似昙花一现，故在一般人看来，哈同花园中所办华严大学乏善可陈，"宗仰还办过一回华严大学，地点就在（哈同花园内）阿

---

① 姬觉弥总纂，李延相、薛大辉等参证：《汉译古兰经》（民国二十年上海爱俪园广仓学宭刊印本），见周燮藩主编《清真大典》第7册，黄山书社2005年版，第533—534、536页。

② 黄宗仰是当时金山寺方丈青权的师兄，青权在金山寺事件中被捕，黄宗仰将其营救出狱。

第八章 吐故纳新：上海犹太富商哈同夫妇办学风波

蓐北舍的更北面，但这事所余留的痕迹很少，没有什么可谈"①。但如果我们深入钩沉历史，就会发现黄宗仰在哈同花园内创办华严大学，在一定程度上体现了他创办僧教育，革新传统佛教的理念，而后月霞法师等人在他处继续兴办华严大学，亦培养了大批僧才，写下了中国近代佛教教育不可忽视的一笔。

黄宗仰与哈同夫人结识很早，19世纪90年代，哈同夫人在镇江金山寺进香时，便认识了当时的知客僧黄宗仰，后在黄宗仰的劝说下，长期资助办学。据蔡元培在1937年回忆："民元前十一年冬，观云与林少泉、陈梦坡、吴彦复诸氏发起爱国女学，上人亦赞同之，商诸罗夫人，助经费，至前四年始截止。前十年，南洋公学学生全体退学，除少数家居上海或有戚族在上海可依止者外，大多数均寓旅馆，推代表向中国教育会求助。教育会开会讨论，上人谓：'一切旅费，可由我担任。'退学生赖以维持，至爱国学社成立而后止。其款亦由罗夫人所出也。"② 1903年5月4日《苏报》刊登了黄宗仰《代罗迦陵女士复浙江退学生书》："然迦陵也，少历艰难，长亦嶔巇，浮尘世界，幻境胥尝。又旷观中外，一一对照。每叹我国之中芸芸学子，沉睡于奴隶界，二千年曾莫之醒，近始放一线光明，有诸君子之组织自治教育，前者方镇，后者继起，其腾奋踔励之志气，有足令人起敬者，是不啻于四万万奴隶之中，突然降生国民也。迦陵之平素节衣损食，是未敢妄费。而遇诸君之举动，关系中国前途，故竭其绵薄，量力赞助。夫迦陵之赞助诸君子，岂赞助诸君子哉？乃赞助国民也。诸君子之受此赞助，奚必感恩于余一人哉？余亦国民一分子，诸君子实受（国）民之惠也。"③ 这篇文章，是黄宗仰借哈同夫人之口，宣扬自己的民主理想。黄宗仰劝说哈同夫人兴

---

① 李恩绩：《爱俪园梦影录》，生活·读书·新知三联书店1984年版，第261页。
② 高平叔编：《蔡元培全集》第7卷，中华书局1989年版，第185页。
③ 沈潜、唐文权编：《宗仰上人集》，华中师范大学出版社2011年版，第18页。

办教育，不是传统的佛教布施功德，而是希望借此培养封建帝国中前所未有之新"国民"，为中国革命培养人才，奠定民主建国之基。蔡元培等革命党人，也长期以哈同夫人资助的教育机构为掩护从事反清活动。

进入民国后，革命党人一度认为政治革命已经成功；此时黄宗仰提倡佛教教育，与其在晚清提倡国民教育有类似之处，也是要为新时代的佛教培养新型僧才，以促进佛教的革新发展。1912年9月，黄宗仰在《佛学丛报》上发表《佛教进行商榷书》，比较系统地阐述了他对在共和制新型国家中，佛教应如何发展以及教育在其中的地位："惟复古清规，兴新教育，为不二之法门。盖清规犹僧界之宪法，宗教所赖以成立也。教育者，尤为培植人才之元素，凡一教之兴衰隆替，胥视乎此，虽大雄复生，必目从事斯语，莫能易也。"黄宗仰认为"古清规"是立教之基，而"新教育"是革新之尤，"近始揭示教育，启发国民，二氏百家，共趋一的。于是我僧界亦鼓舞兴起，设学会，立学校，风从景附，亦既有年。民国肇兴，尤赖共和知识，普被丛林，庶几于天演旋涡，不遭沦溺，是当减衣缩食，筹节财，为广兴教育、储养人才之计。在长老能尽先觉觉后之责，使诸方获免以育育人之讥。内典儒宗，允宜两教，专修补习，皆可分程。即工艺、实业两途，亦不妨量才造就，所谓实际理地，不受一尘，万行门中，无舍一法，何尝非菩萨行愿乎？此当今急务，天职所存，不容因循放弃"[①]。

黄宗仰在民国初年提倡兴办的佛教教育，是宗教与世俗教育平行的，"内典儒宗，允宜两教""即工艺、实业两途，亦不妨量才造就"，并且"专修补习，皆可分程"，吸收了近代分科按不同进度授课的教育理念，而教育的目的则在于引入新的时代精神，与时俱进，"共和知识，普被丛林"，使中国佛教不至于陷入天演进化的旋涡而被历史所淘汰。在哈同花园中创办华严大学，在一定程度上即体现了黄宗仰的佛教教育思想。

---

① 《宗仰上人集》，第41—42、43页。

华严大学学制三年,每半年为一学期,按星期作息放假,"本校依世界通例,六日修业一日休沐,惟不放寒暑等假。"学生入学后,分正班和预班,并允许有旁听走读生,"凡志切研究,势难住堂者,仍许走听作为附学,不定额数。"正班主干课程有7科:"甲、读经:华严教义,并《普贤行愿品》《方等》《维摩经》。乙、讲经:唐译《华严经》。丙、讲论:华严著述。丁、讲戒:《四分》戒本。戊、修观:坐禅习华严宗诸观行。己、作文:发挥《华严》经义。庚、习字:学习大小楷书。"预班主干课程有6科:"甲、读经:同前。乙、讲经:同前。丙、讲论:《大乘起信论》《八识规矩》等,并讲戒律。丁、阅法数:贤首法数等。戊、学观行:坐禅习华严五蕴观及诸观等。己、学文字:《翻译名义集》等。"正班相比预班,增加论文写作"发挥《华严》经义",所讲经论亦较多较深;而预班则更注重基本概念("阅法数")和文字功底的训练。教学方式相比传统讲经有很多革新和进步,而且华严大学还特别强调考试制度,"考试分四种:甲、常考:每星期行之。乙、月考:每月终行之。丙、期考:每半年终行之。丁、大考:三年修业期满行之。"并根据各项考试成绩,给予奖罚。"本校立有各种规则,凡属生徒,理应遵守。如行检纯正,修业精勤者,由各教习记录分数,至月考、期考之日总结分数多寡,以骖进退优者酌予奖励,有过者扣除示罚。甲、奖励分二种。子:语言奖励;丑:实物奖励。乙、惩罚分二种。子:言语惩罚;丑:扣分惩罚。"三年学制期满,考试合格,发与毕业证书,不及格者重修补习一年再与补考。"佛学无有止境,本无毕业可言。今依俗例,定三年为一修业期满,说为毕业。届时考试合格者,发给文凭,荐往诸方教;其不及格者,留堂补习一年,再行试演,仍补给文凭以昭造就。"[①]

[①] 《华严大学简章(十四则)》,《佛学丛报》1914年总第10期,见黄夏年主编《民国佛教期刊文献集成》第4卷,全国图书馆文献微缩复制中心,2006年,第130—133页。

从华严大学的简章来看，华严大学的创建引入了不少近代教育理念，近似于日本近代佛教大学中的"宗学"一类。"本校以提倡佛教研究华严兼学方等经论自利利他为宗旨"，即以华严宗为主要教学指导的近代宗教大学。相比传统佛教教育，华严大学各项校规和教学安排比较缜密，甚至有非常详尽的《华严大学课程时间表》：①

课程	春秋时间（立春起，立夏止；立秋起，立冬止）	夏时间（夏起，秋止）	冬时间（冬起，春止）
坐禅习观	早三时起	早三时起	早四时起
早膳	五时半	五时	六时半
讲论	七时半	七时	八时
读经	八时半	八时	九时
温习	九时半	九时	十时
午膳	十一时	十一时	十一时
坐禅习观	十二时	十二时	十二时
华严（正）	午一时	午一时	午一时
华严（又）	二时	二时	二时
温习	三时	三时	三时
自由运动	四时	四时	/
放养息	五时	五时	四时
晚膳	六时	六时	六时
坐禅习观	七时	七时	七时
读诵温习	八时	八时	八时
读诵温习（又）	九时	九时	九时
放养息	十时	九时半	十时

每逢星期，上午洗衣沐浴，下午作文

---

① 《华严大学课程时间表》，《佛学丛报》1914年总第10期，见《民国佛教期刊文献集成》第4卷，第134页。

第八章 吐故纳新：上海犹太富商哈同夫妇办学风波 / 229

以哈同夫人口吻拟定的《华严大学缘起预白》中说："迦陵讬质女流，生当末世，幸闻大教，志慕圆修，曾以暇日手写是经，香光庄严，朝夕诵读，并重印大藏经典，广为流通，继念欲俾大教旁流，莫如弘讲，故又请月霞法师讲演诸经，兹拟于今年之秋，大阐华严，订期三载。窃念听众虽不乏人，惟向无专门学校提倡，且四众人士大半因经费支绌，以致研究维艰。今欲广益来学，爰就本园讲堂余地，鸠工庀材，增置校舍三十余间，招集法众，安居诵习，凡所须用，一切供给，并添聘教师，分科讲授，三年期满，即分布各地，倡导人民，期于世界同享和平，人心共臻良善。"[①] 哈同夫人信仰佛教，曾手抄《华严经》，"朝夕诵读"，并请黄宗仰编印《频迦大藏经》；又欲弘扬佛教，请月霞法师讲演诸经。但念佛法"向无专门学校提倡"，且欲学佛法者常有经费匮乏之患，故在哈同花园内"增置校舍三十余间"，筹备建立华严大学"添聘教师，分科讲授"。

华严大学带有近代佛教教育理念色彩，但其也是有果有因，是在传统居士布施功德、僧侣讲经法会基础上的近代佛教高等教育机构。华严大学能够在哈同花园中成立，与哈同夫人的布施有着直接的关系。哈同夫人喜为佛教布施，在筹建华严大学之前，就曾花巨资赞助黄宗仰编印《频迦大藏经》。因黄宗仰所选印经机构是唐孜权为经理的中国图书公司，该公司印刷工人多为基督徒，反对印刷佛经，中经更换工人、金融危机及公司人事变动等诸多困扰，[②] 印刷出版时间大大拖延，且印刷经费亦从用洋10万增加到15万元。哈同夫妇为减少损失，曾写信给盛宣怀，希望盛宣怀能够"购请一二百部，分贻名山诸刹，胜利岂等寻

[①] 《华严大学缘起预白待校舍完工再登报招考》，《佛学丛报》1914年总第10期，见《民国佛教期刊文献集成》第4卷，第130页。

[②] 参见黄宗仰《频迦大藏经自序（1913年4月）》，《宗仰上人集》，第49—51页。黄宗仰答应中国图书公司印刷《频迦大藏经》后，商务印书馆又出更低价格希望承印。黄宗仰碍于中国图书公司董事李平书、狄楚青的说情，以及鉴于商务印书馆有外国股份，出于民族主义的考虑，依旧让中国图书公司承印。

常？"每部240元，且可以给盛宣怀八折优惠，"购及百部者，当减收八折，则所费不足两万元"；但遭到盛宣怀婉拒，"上年贵精舍发行预约券时业已购置一部，足备潘阅。尊嘱广购流传，资普及，此等大心宏愿海内当有其人。敝况今昔悬殊，自揣无此余力，徒辜雅望，难结胜缘，唯有惭疚"①。

哈同夫妇资助编印《频迦大藏经》，事先"发行预约券"，事后又约请代购，可谓精明；盛宣怀婉拒邀约，一方面或许出于小气，另一方面也折射出晚清如日中天的盛宣怀到民国时期，其势力已经不能跟上海大地产商哈同夫妇相匹敌。哈同夫妇有财力，有经营头脑，佛教界向哈同夫人募化，亦算是知人善任。

黄宗仰编印《频迦大藏经》，周围聚集了一批佛教界精英，由此黄宗仰积极参与创办中国近代第一份佛教报刊《佛教丛报》，邀请高僧讲经，华严大学也是在讲经基础上发展而来，"校订藏经的地方名义上是频伽精舍，实际却是曼陀罗华室——后来改称阿耨北舍"②，华严大学即选址在阿耨北舍北面。除了黄宗仰，月霞法师在创建华严大学期间也发挥了关键性作用。同黄宗仰经历类似，月霞法师在晚清即与孙中山、黄兴等革命党人有密切接触，"民党领袖孙、黄、章、蒯诸先生，为国事关系，客旅东瀛。日人讥华人不识佛法为革命之精髓。孙先生等激动，遂研究佛学会发起欢迎法师赴东京，讲《楞严》、《维摩》、《圆觉》诸大乘经，启发革命之真谛，期佛教为将来民众之觉场"。辛亥革命后，月霞"法师溯江而上，见黎督，告以佛法真谛。嗣至沪，邀请各报馆主笔为佛教舆论之护持，狄楚青居士，请在时报馆楼上，讲《大乘起信论》。继至哈同花园讲经年余，注有《维摩经讲义》。迦陵氏闻经发心，留法师建华严大学，光（智光法师）亦往学，约两月余。有异教人某，从中作障，遂中止。

---

① 参见承公侠《盛宣怀与哈同》，《书屋》2005年第3期，第74页。原信见上海图书馆历史文献所编《历史文献》第三辑（上海科学技术文献出版社2000年版）。
② 《爱俪园梦影录》，第261页。

法师为法心伤，甚至泪如雨下者不知凡几也。幸沪上护法居士，诸山长老，议迁学于杭州海潮寺，蒙应乾和尚为护持之。法师惨淡经营，得此绪果，应慈法师、陈演生居士，皆当时副教育之人也。周仲良等一时俱为学士"[1]。月霞法师参与《佛教丛报》的编辑，并在哈同花园内讲经。《佛学丛报》重要编辑人员狄楚青、濮一乘等人亦常去哈同花园听月霞法师讲经，并与黄宗仰等人多有诗歌唱和，诗作常发表在《佛教丛报》等刊物上。[2] 后来在黄宗仰的大力协助下，请哈同夫人出资，将哈同花园内的讲经会，固定发展为华严大学。

综上所述，华严大学的创办，（1）首先是由于哈同夫人的资助，哈同夫妇财力雄厚，在黄宗仰的募化下，哈同夫人曾长期资助教育活动和佛教活动。（2）黄宗仰具有革新佛教的理念，认为发展佛教教育是中国传统佛教适应民主共和国的不二法门，民国成立后开始着手付诸实践。（3）《频迦大藏经》的编辑整理，《佛教丛报》的编辑出版，使得上海聚集了一批佛教革新人才，特别是月霞法师在哈同花园中讲法，获得哈同夫人的信任，在月霞法师的具体负责下，华严大学得以创办。

第二节　黄宗仰与姬觉弥在哈同花园办学中的交替

清朝灭亡后，王国维先生侨居日本数年，1916 年农历正月初七回国抵达上海，欲借哈同财力资助进行学术研究，故对哈同花园当时新任主管姬觉弥为人颇多留意。王国维与沈增植、罗振

---

[1] 智光：《月霞法师传略》，《海潮音》第十一卷（1930 年）第三期，见《海潮音》第 21 册，上海古籍出版社 2003 年版，第 323—324 页。

[2] 参见黄宗仰《听月霞法师讲楞严了义，赋呈狄楚青、濮一乘、陈彦通、方重审诸君正和（1912 年 5 月 15 日）》《石芝居士结茅龙华，狄楚青、濮伯忻、陈彦通诸君子邀月霞法师及仆同访丈室，仆以事未获奉陪。越日，伯忻见示佳什，辄次原韵呈政》，濮一乘《爱俪园听月霞法师讲〈楞严经〉，赋呈宗仰上人三律》，见《宗仰上人集》，第 157—160 页。

玉等日常书信往返多涉及此事。

王国维在抵达上海两天后,农历正月初九(1916年2月11日)便在给罗振玉的信中写道:"姬君为人,至沪见敬、抗二公即略闻其不妥,尧香亦知之。及晤乙老,又道其详。外间或云哈同夫人罗女士之干儿,乙老则直云罗氏嬖人也。而罗氏者,或云出于上海娼寮,或云广东咸水妹,其名誉颇不甚佳。姬则本姓潘,后改姓,皆谓系下等人。尧香谓其曾在广学会,与许默斋同事,后入哈处,逐乌目山僧而代之。乙老并言其刻薄倾险……又言僧某(似系乌目山僧。)夙以忍辱著,欲藉哈以行其志,亦卒辞去。乙老谓欲与此种人共事,非与哈同亲立合同不可,又谓其人为善不足,为恶有余。看来此人非可与共事者……而其所办学堂,外间亦均有辞,学生只食蔬菜,又数年不许外出,故二三年后多得脚气病。其人如此,教科可知,故此次无论如何,学堂事决不问,哈君屋决不住。"[①]

姬觉弥的名誉颇不佳,王国维不愿与其共事,故决定"学堂事决不问,哈君屋决不住",王国维数日后便当面婉拒了姬觉弥请其出任仓圣明智大学教务长的请求,"景叔于十二晚到此,十三日早来访,午后复与姬君俱来,即乘其车,同至哈同花园,导观各处,并所谓'仓圣明智大学'者。其中仅有中学二年级并小学也。姬君为人,昨相处数日,已能知其概,大约乙老及诸人之言不谬。其人随处自显势力,一无学术及办事用人方法,而主意绝多,伏随时变易。昨即欲延维为教务长,观其校事绝不合理,即设词谢之"[②]。

按照沈曾植(乙老)的说法,姬觉弥为人刻薄倾险,"逐乌目山僧而代之",乌目山僧即黄宗仰。姬觉弥与黄宗仰在哈同花园中的地位有交替取代的关系,这一说法在很多人的回忆中都可

[①] 谢维扬、房鑫亮主编:《王国维全集》第15卷,浙江教育出版社2009年版,第93页。

[②] 《王国维全集》第15卷,第97页。

第八章　吐故纳新：上海犹太富商哈同夫妇办学风波 / 233

以得到证实，如仓圣明智大学美术教员李汉青之子、本人也是仓圣明智大学毕业生的李恩绩，在20世纪40年代撰写有《爱俪园梦影录》的书稿："倘然把园里比做戏台上。那么宗仰和尚与老姬，是两个艺员连结者扮演同一角色。不过在这个'天演界'，终是免不了'物竞天择，优胜劣败'的。所以老姬是一天一天的长起来，在宗仰和尚是一天一天的矮下去。'势'既如此，事所必然。结果，宗仰和尚终于归于自然淘汰。"① 民国文史掌故大家高拜石先生20世纪60年代在台湾撰文《豪商哈同：爱俪园五十年兴亡记》，描绘得更加传奇："姬觉弥潜逐之计不成，在一不做二不休之下，又采了鬼蜮之术，不惜变本加厉，图逐独占之谋。这话现在说来也许没有人相信，据说那时乌目山僧在园里，一到更深夜静之际，似闻空中有人语隐隐呼其姓名，其声凄而厉，其音窈而长，不由你不停耳一听；即在此刹那间，丈室之中，帷案之侧，陡觉阴风惨惨，灯影无光，毛发悚然，浑身拘挛，神态亦陷于昏聩。他强自镇定，急持'陀罗尼法'，始获能免。最初几回，还以为偶然情况，及其屡屡如是，夜无宁夕，忖知有人暗中加害，又发觉姬觉弥行动诡怪，自家一想：行云流水，去住无心，'泡幻同无碍，如何不了悟'？还起个无明则甚？也就不必道破了，遂托词出外云游，别了哈同夫妇离园而去。"② 另据清亡后躲避在哈同花园中的两湖总督瑞澂少夫人廖克玉在20世纪70年代末回忆，黄宗仰与姬觉弥的矛盾十分公开化，甚至发展到动手打架："那个为僧还俗的黄先生深得哈同信任，后罗迦陵又招进姬觉弥排挤黄先生，经常互相辱骂，下流不堪入耳，还多次动武，四人（罗、姬一方，哈、黄一方）厮打，扭成一团。我曾为之劝架，也遭波及受伤，黄先生被迫深夜越墙逃

---

① 《爱俪园梦影录》，第49页。
② 高拜石：《新编古春风楼琐记》第4册，作家出版社2003年版，第255页。

走,仍往金山做回汤和尚,以后再度来哈同花园做客。"①

沈曾植说姬觉弥是哈同夫人的"嬖人",此种说法流传很广,如曹聚仁先生在1962年为香港《循环日报》写专栏时也认为姬觉弥是"面首"。②廖克玉对此有更为详细的说明:"姬觉弥乃罗迦陵之面首,何以能获得哈同之信任?其中奥秘之一即罗、姬相表里以欺蔽哈同,如姬承办建住房屋计价时,实需一万元,向哈同只报六千,其余四千,则由罗迦陵暗中贴出,哈同以为姬精明干练,经营有术,遂提为哈同洋行之大班,姬对罗则更俯首帖耳,曲意奉承,伪为笃信佛法取悦于罗,吃素吃斋,大谈轮回报应,而背后则花天酒地,狂嫖滥赌,生活极称糜烂。"③

姬觉弥的身世说法很多,李恩绩回忆:"姬觉弥早年的历史,据他自己说:'童年走燕赵,出居庸关,驰骤大戈壁,由土耳其趋欧洲诸国。归而航海,居扶桑三岛,……倦而遄返,息辙海上,年甫逾冠也。'"到上海后,姬觉弥住在一家姓周的人家,"他们是怎么个关系,我不明白。我所知道的是罗迦陵和周家姨太太是朋友",后姬觉弥偶然与罗迦陵认识,他们都是佛门子弟,是有"缘"的,不久姬觉弥就被请到哈同花园去了。④但按照高拜石先生的说法,姬觉弥是徐州睢宁县人,本姓潘,十四五岁时由亲戚带入北京,被清宫一位太监收养为义子,被带入内廷做事,但未净身,触犯宫禁,遂南逃避祸,并请求天主教堂收容,以前在教堂中服务的劳姆斯顿修女正好是哈同夫人的英文教师(一般认为哈同夫人只会说洋泾浜英语,而不能书写阅读);此时哈同夫人又想学北京官话,该修女遂

---

① 廖克玉口述、王铿整理:《哈同夫妇轶事点滴》,《社会科学战线》1979年第3期。

② 曹聚仁:《上海春秋》,生活·读书·新知三联书店2007年版,第268页。姬觉弥新中国成立后也定居在香港,1964年去世。

③ 廖克玉口述、王铿整理:《再谈哈同夫妇轶事》,《社会科学战线》1980年第4期。

④ 参见《爱俪园梦影录》,第265—266页。

第八章 吐故纳新：上海犹太富商哈同夫妇办学风波 / 235

介绍姬觉弥前往任教，姬觉弥遂与哈同夫人结识。

姬觉弥自称由土耳其趋欧洲诸国，旅居日本等辞，显系自夸之词，高拜石先生所述内容翔实，似更可信，前引王国维信中说张尧香"谓其曾在广学会，与许默斋同事，后入哈处"，广学会是与基督新教关系密切的文教机构，也有人认为姬觉弥是先结识了广学会中著名的传教士李提摩太，李提摩太善于结交名流，与哈同相识，后因哈同洋行需要一名会说北方话的职员，李提摩太就把姬觉弥介绍过去。① 总之，姬觉弥进入哈同花园之前，在上海确实一度与"洋教"有些关系，他日后自诩游历海外欧洲等国，涉及的一些地理名目知识，或得知于此时。而姬觉弥到上海之前的经历，从现有各方记述来看，应该是长期生活在北方的，与清朝内廷多少有些瓜葛，故其能热心协助哈同夫妇与清朝皇室建立联系，哈同夫人拜清朝隆裕太后之母老福晋为义母。

从现有回忆史料来看，大多数人对姬觉弥颇有微词，甚至国学大师王国维在提及姬觉弥时都有粗口："姬之办事迥出情理之外，无论何人不能测其是何命意。今日方君言，此人惟浑蛋及骗钱者可与相处，（即被骗亦不知。）稍具人格者与之经手，未有不受其累。诚哉是言也。"② 但也有人得其好处，如徐悲鸿由姬觉弥引荐得以拜康有为为师，后以留学法国为名与仓圣明智大学教员蒋梅笙之女蒋碧薇私奔日本，亦得姬觉弥资助。蒋碧薇回忆，徐悲鸿"正在走投无路，毫无办法的时候，忽然看见哈同花园在报纸上登广告，公开征求画仓颉像，据考证仓颉有六只眼睛，徐先生画了一张去应征，获得录取。哈同花园总管姬觉弥，派周剑云坐汽车去迎访徐先生，把他接到哈同花园。和姬觉弥一谈，深获赏识，就此请他担任园中美术指导一类的工作。当时哈同花园设有仓圣明智大学，以及新式舞台，徐先生

---

① 参见夏伯铭《上海旧事之哈同夫妇》，上海远东出版社2008年版，第102—103页。

② 《王国维全集》第15卷，第126页。

曾经为'文明戏'画过布景。后来姬觉弥知道徐先生有意去法国留学,攻研美术,想先把法文学好。于是姬觉弥答应帮忙,由哈同花园供给一切费用,徐先生因而进入震旦大学法文专修科,生活问题同时也得到解决"。"不久,徐先生便开始积极地准备一切。他通知所有的朋友,说他就要动身到法国去,姬觉弥先生送了两千元的旅费"。①

如果暂且抛开哈同夫人个人喜好、姬觉弥私德等个人恩怨,哈同花园中姬觉弥取代黄宗仰、华严大学与仓圣明智大学前后更迭,也与当时政治社会文化背景有密切关系。

到1914年创办华严大学时,哈同夫人与黄宗仰已结识多年,并在黄宗仰的鼓动下长期资助蔡元培、章太炎、孙中山等革命党人,辛亥革命后南北议和,南北双方代表主要在哈同花园进行磋商;孙中山先生回国,前往南京就任中华民国临时大总统之前,途经上海也是居住在哈同花园。冯自由在《革命逸史》记叙:"辛亥八月武昌革命兴。九月十三日,陈其美率民军敢死队攻上海制造局,不克,乃徒手入制造局劝降,为清军锁禁一夜,李燮和遂令所预约之防营管带陈汉钦督兵乘夜进攻,出其美于险。事后,其美、燮和所部,各欲推戴其首领任沪督军,相持不下。山僧(黄宗仰)绅商各界咸属意其美,乃力劝燮和退让,使率所部退驻吴淞,并愿代筹饷糈以助之。燮和卒从其言。是役,哈同捐金三万版以接济吴淞军政府,从山僧言也。无何,章太炎自日本归国,山僧亲至吴淞迎之,相偕至爱丽园下榻,太炎自是与哈同相交莫逆,善僧之介也。"② 黄宗仰在辛亥革命后,调停陈其美、李燮和的上海督军之争,居功至伟,并介绍哈同结识革命党人,资助革命军粮饷。章太炎在哈同墓志铭中也提到此事:"清宣统三年八月,武昌倡义。其九月,安化李燮和以义从百余人攻

---

① 蒋碧薇:《蒋碧薇回忆录》,江苏文艺出版社1995年版,第26、30页。
② 冯自由:《革命山僧黄宗仰》,《革命逸史》第三集,中华书局1981年版,第168—169页。

第八章 吐故纳新：上海犹太富商哈同夫妇办学风波 / 237

江南制造局，下之。巡防军三千皆来会，需饷数万，燮和卒愕无以应。君闻，立贷银币三万版，饷始得给。是时君年六十，家资甚盛，于远西诸商东来者称冠冕矣。顾事急，诸商皆顾望莫肯为助，独君能任之。后二年，故清两广总督岑春煊与民党结，大总统不怡，春煊急求走海外，道多狙者，亦赖君屏获以免于难。君有声民国，自此二事始。"① 章太炎与孙中山交恶，故"君有声民国，自此二事始"未提哈同在 1911 年底招待孙中山之事，而此事在当时受到中外颇多注明，"十一月初旬，总理自欧洲返国，山僧亦至吴淞，登轮执手话旧，兼代达哈同欢迎意旨。总理登陆，遂首访哈同于爱俪园，哈同大张筵宴以飨之"②。孙中山居住在哈同花园"侍秋吟馆"中，后"侍秋吟馆"改名"仙药窝"，意将孙中山比喻为救国之仙药。从现藏于广东中山翠亨孙中山纪念馆的英文档案看，孙中山在 1912 年初还邀请哈同夫妇前往南京并进行了热情的款待，并希望哈同联系上海洋行，以南京不动产为抵押进行贷款。③ 孙中山卸任临时大总统后，也曾一度居住在哈同花园仙药窝中研究建国方略。无论是章太炎所谓哈同"有声民国"的两件大事，还是哈同与孙中山的密切接触，无疑都得罪了"大总统"袁世凯。

梁启超尝谓"宗仰上人，可谓我国佛教界中第一流人物也；常慕东僧月照之风，欲为祖国有所尽力，海内志士，皆以获闻说法为欣幸"④。日本僧人月照（1813—1858 年）是著名的尊王攘夷派僧侣，杀身殉国。按梁启超的记述，1898 年戊戌变法失败后，八月初六谭嗣同跟梁启超说："程婴、杵臼、月照、西乡，吾与足下分任之。"梁启超说黄宗仰仰慕日僧月

---

① 《章太炎全集》第 5 册，第 267 页。
② 《革命逸史》第三集，第 169 页。
③ 参见邓丽兰编著《临时大总统和他的支持者：孙中山英文档案透视》，中国文史出版社 1996 年版，第 98—99 页。
④ 梁启超：《饮冰室诗话》第 57 条，见沈鹏等主编《梁启超全集》第 18 卷，北京出版社 1999 年版，第 5324 页。

照,似暗示黄宗仰是主张君主立宪之人,但纵观黄宗仰一生言行,特别在针对袁世凯称帝的问题上,他是坚决反对帝制的。1913年3月20日宋教仁在上海被刺,二日后去世,当时人们并不认为凶手与大总统袁世凯有关,宋教仁去世前还请黄兴代笔给袁世凯发去电报,电文在3月22日《民立报》上发表:"今国基未固,民福不增,遽尔撒手,死有余恨。伏冀大总统开诚心,布公道,竭力保障民权,俾国会得确定不拔之先发,则虽死之日,犹生之年。临死哀言,尚祈鉴纳。"① 不久刺杀宋教仁的凶手在上海公共租界被捕,陈其美等上海革命党人声称搜出凶手与国务总理赵秉钧的通讯,孙中山随即散布消息称袁世凯是暗杀背后的策动者。黄宗仰与上海革命党人关系密切,积极参与反袁,1913年5月1日黄宗仰在《民立报》发表《宋案愤言》:"吾人以巨大之眼光观察之,彼元恶非有私于桃源先生(宋教仁),而欲杀之也,恶先生之平民政策,以为不杀先生,即不能尽杀平民,而回复帝制,以遂其称孤道寡之野心也。"黄宗仰已经清楚地认识到刺杀宋教仁是袁世凯为其称帝做准备,遂大声疾呼:"欲雪宋案,非严究元恶不可。不究元恶,无宁仍拥专制之魔而已。"②

"民国既成立,与山僧游者,皆骤贵显"③,哈同夫人自然对黄宗仰青眼有加;但不久孙中山等人以宋教仁案等事为由,领导反对袁世凯的"二次革命",迅速失败。随着袁世凯势力日益做大,哈同夫妇在政治选择上开始出现犹豫。从晚清开始,哈同夫妇即通过黄宗仰资助革命党,但并非完全出于对中国革命的崇高理想;作为精明的商人,哈同在晚清民国年间游走于中国各种政治势力之间,④ 哈同不仅资助革命党人,在辛亥革命后也庇护了

---

① 陈旭麓编:《宋教仁集》下册,中华书局1981年版,第496页。
② 《宗仰上人集》,第59页。
③ 《革命逸史》第三集,第169页。
④ 潘光、王健:《一个半世纪以来的上海犹太人:犹太民族史上的东方一页》,社会科学文献出版社2002年版,第162—168页。

很多前清高官,"清朝覆亡后,许多遗老大官,躲在哈同花园以求庇护,我和前夫瑞澂在辛亥那年(1911年),从两湖总督任所逃到上海时就住在那里。一直到瑞澂病死。军机大臣岑春煊、两广总督袁海观也在哈同公(花)园住过。我们都花了一大笔托庇钱,由哈同贿赂英国领事。我送了三千元银元(这还是最便宜的价钱,因我们早有私交)。其他人花了多少,我不清楚,肯定要多得多"①。随着二次革命失败,哈同夫妇为避袁世凯势力,刻意消除孙中山在哈同花园中的印记,淡化与革命僧人黄宗仰的关系,是理所必然。袁世凯为复辟大造舆论,哈同夫妇主要利用前清遗老、立宪派人士创立仓圣明智大学,取代华严大学,不失为进一步撇清与黄宗仰和革命党人关系的好方法。

"五四"新文化运动之前,袁世凯复辟前后,以"复古读经"为代表的中国传统文化复兴风潮大行其道,仓圣明智大学,在一定意义上说,就是这一文化背景下的产物,"当时的上海人,在光复之后,也有点懂得帝国主义对中国的文化侵略了!但是革命也革不好。知识分子的思想,到(倒)大多数还是反动,主张复古。所以这座乘时崛起,完全中国式的大学,到(倒)也备受欢迎。又是不收学费膳费,原也落得便宜。应考的学生着实不少,一部分还是有面子人特备了介绍信来的"②。仓圣明智大学的文化复古,有王国维先生等国学研究颇具学术价值的一面,但也有姬觉弥自创所谓"仓颉教"者荒诞不经的。王国维在1916年上半年给罗振玉的信中多次提到仓颉教,2月18—19日王国维写道:"哈同花园连往二日,见其办事毫不合法,而某君之言尤散无友纪。其欲刊行月报,曰欲提创仓教也,而所谓仓教(仓颉之教)者,又全为荒谬不经、随口胡诌之说。"数日后王国维又提到此事:"今日往园,

---

① 廖克玉口述、王铿整理:《哈同夫妇轶事点滴》,《社会科学战线》1979年第3期。

② 《爱俪园梦影录》,第53页。

现在已定分三支：一、《学术丛编》，由维任之；二、《艺术丛编》，景叔任之；三、《仓圣大学杂志》，则况夔笙任之。《杂志》中门类与二丛编相出入，但加浅近，凡姬君所发挥之仓教教理皆归入其中。"4月27日王国维又写道："此月廿八，云是仓颉生辰，其日该校行礼尚不足怪，而姬之生日亦即此日，奇效之至！姬今年三十，账房为之醵资，各人自十元至二元分为四等（写字人薪水十元左右者亦令出二元）。闻其洋行中买办有出至百五十元者。须演戏二日，仓颉前行礼，有单来通知，势不能不往，并为之拜寿，其日必有大笑话可观可听。始知外人所言，殆皆有原因也。"[①]姬觉弥本姓潘，但他认为潘姓可以追溯到周文王，周文王姓姬，于是自己改姓了姬；姬觉弥自称农历三月廿八日是其生日，这一天是民间信仰祭祀仓颉圣诞的日子，姬觉弥便以为他与仓颉有特殊的渊源，还鼓动哈同夫人复兴了杭州一所仓颉庙。孔子为至圣先师，民国初年康有为等人大力宣扬孔教；姬觉弥认为仓颉造字，其文化功绩更在孔子之上，故宣扬"仓教"，其中亦有自抬身价的意味，亦有意与黄宗仰争锋。黄宗仰所结交的革命党人，素与康有为、梁启超等保皇党、立宪派不睦，如1903年12月孙中山在给身在日本的黄宗仰的信中，将康、梁称为"康怪""梁酋"，并号召"务望在沪同志，亦遥作声援。如有新书新报，务要设法多寄往美洲及檀香山分售，使人人知所适从，并当竭力大击保皇毒焰于各地也"[②]。而仓圣明智大学的筹建，康有为等人多有参与；哈同花园中又引入多名前清太监，哈同夫人在姬觉弥的奉承下，大有慈禧的做派，同坚决反对帝制的黄宗仰作风迥异。

---

① 《王国维全集》第15卷，第99、105、126页。
② 广东省社会科学院历史研究室、中国社会科学院近代史研究所中华民国史研究室、中山大学历史系孙中山研究室合编：《孙中山全集》第1卷，中华书局1981年版，第230页。

仓圣明智大学标榜中国式大学，迥异于西方教会大学，故其宗教一科"专门指佛教。基督教当然不相与的。这倒恰恰与外面这些靠外国人办的教会学校相反。不但把基督教排外，连礼拜日都不采取。每个月阴历初十、二十，月底三天，做个休息日。这时佛教已不是再弄华严宗，还弄起天台宗来。教本是智者大师的《四教义》和湛然和尚的《止观义例》"①。黄宗仰宣扬佛教建华严大学，而姬觉弥宣扬仓教，所办仓圣明智大学中所讲佛教，也特别用天台宗取代了华严宗。

综上所述，哈同花园中华严大学与仓圣明智大学的交替，其原因有三：（1）从哈同花园内部的人事原因上看，哈同夫人崇信姬觉弥，黄宗仰遭到排挤。（2）从大的政治背景来看，黄宗仰与革命党人关系密切，积极反袁，而"二次革命"失败后，袁世凯势力日大，哈同夫妇急于消除其与孙中山等革命党人的关系；在政治上与前清遗老、立宪派日益密切。（3）从文化背景来看，"二次革命"失败后儒家等传统文化一度热络，仓圣明智大学比华严大学更能适应这一潮流，为哈同夫人带来更多声誉，姬觉弥也借机创立"仓教"自抬身价。

华严大学在哈同花园开办不久，旋即停课，停课的直接原因，各方记述比较一致，都是因为哈同夫人要求华严大学师生每逢初一、十五为其叩头请安。僧人拜俗，为正统佛教不容，但在晚清民国流俗之中，却也常见，例如1918年谛闲法师在北京讲法，碰到过类似情况，据倓虚法师事后回忆："记得有一次，我们几个人，随同谛老，参加某一个送座典礼，特意给预备的素斋。席间还看见出家人，搭着红祖衣与居士去拜座。（此风随了佛学程度刻在北方已息；但在江南一带，尚常见有僧人与在家人顿首为礼的。）这事情在俗家来说，是应当的，在出家人来说，就不应当了。当场弄得一般信佛居士，四座皆惊，举措莫知。谛老因为碍于主人脸面关系，也不好当场去说，只是自己觉得难为

---

① 《爱俪园梦影录》，第53页。

情，脸上红得一阵阵的出火。在北京当时有这么一句话，'在京的和尚出京的官。'这是什么意思呢？就是因为京里的出家人，和权贵们走的太密切。基于这种原因，有的出家人，把自己的身份都失掉了。"①

按照倓虚法师的说法，在民国初年僧人为俗人叩头见礼，北方已不常见，但江南一带却颇为流行。哈同夫人本底层出身，学养欠缺，为流俗所染，加之在姬觉弥等人的奉应下，摆起西太后老佛爷的派头，故要求僧人为其叩头。要求僧人拜俗，本为佛教戒律所禁，加之进入民国，华严大学师生普遍受近代思潮影响，故纷纷抵制，华严大学遂在哈同花园中辍。

黄宗仰在二次革命失败后，开始淡出上海这一是非之地；而月霞法师虽然十分投入华严大学的建设，但对于封建复辟亦难容忍，故在向哈同夫人叩头的问题上坚不妥协。"民四（1915 年）袁世凯总统时，日人有要求来华布教之条，政府发起讲经会，迎法师入京，以作对付之方。孰知袁氏阴谋帝制，法师讲《楞严经》至七处征心，即托病南旋，免受殃及。民五秋初，华严大学告一结束。"华严大学 1914 年农历七月初七日开学，在哈同花园中只办数月，1915 年遂迁杭州海潮寺，同年月霞法师上京讲经，不久因反对袁世凯称帝返回，1916 年秋杭州海潮寺内华严大学期满结业。袁世凯复辟前后，是中国佛教教育的低潮时期，黄宗仰只身离开上海，《佛教丛报》停刊，华严大学停办；甚至连积极的革命僧人太虚也开始在普陀山长期闭关。直到五四新文化运动之后，20 世纪 20 年代初开始，中国佛教教育才再度活跃，支那内学院、武昌佛学院等一批代表民国时期最高水准的佛教教育机构纷纷诞生。此后华严大学师生，还以华严大学名义屡有续办。

---

① 倓虚大师说、大光记述：《影尘回忆录》，香港：法喜精舍 1988 年，第 96—97 页。此段文字亦见于该书宗教文化出版社 2003 年版，第 59 页，但括号中江南一带僧人给在家人顿首等语被删去。

晚清民国时期的上海哈同花园是华洋杂处、新旧政治势力、文化思潮相互激荡之地。哈同花园内的华严大学的诞生及其更迭，都是新旧教育文化思想彼此影响、倾轧的结果。华严大学在中国传统的居士布施功德、讲经说法基础上，适当引入了近代高等教育理念和教学方法，进行了有益的尝试；是进入民主共和时期后，中国僧人创办的第一所佛教高等教育机构，但同时又生不逢时，恰逢袁世凯封建复辟回潮，最终使其夭折。但华严大学毕竟代表了中国近代佛教教育的发展方向，在中国佛教教育史上具有重要的意义。

第九章　国际化与多元性：
玉观彬的多重身份

在 20 世纪 20 年代末 30 年代初，玉观彬（慧观）是太虚大师的重要护法，积极支持太虚大师的佛教革新运动。1933 年玉慧观居士去世次日，"国历八月二号太虚大师在庐山接到上海沈仲钧居士来电，谓'玉慧观居士被暗杀身亡。'噩耗传来，大师悲甚；函本社（海潮音社）、武昌佛学院及汉口正信会念佛超度并追悼之。书横额一幅勉励正信教徒云：'应励勇精进佛教之新事业，以继续慧观居士之愿行，证法身无量寿，常处净土'"[1]

玉观彬（慧观）一生履历十分复杂，1891 年出生于朝鲜平壤，祖籍云南昆明，一般认为祖上为回族。玉观彬早年在韩国为基督徒，在报馆工作，积极反日，宣扬朝鲜独立；因"寺内总督谋杀未遂事件"入狱五年；出狱后开始经商。1919 年"三一"运动后来到中国，定居上海。在上海还参与大韩民国临时政府的活动，后主要经营贸易，成为富商。1924 年在上海入伊斯兰教，撰写《中国回教振兴策》，1926 年皈依太虚大师，积极参与太虚大师领导的各项佛教革新活动，撰写《中国佛教振兴策》，并积极兴办佛化事业，创建佛慈药厂，成为太虚大师的左膀右臂。1933 年在上海被韩国锄奸团暗杀。本章以太虚大师与玉慧观交往为切入点，探讨民国时期玉慧观居士

---

[1] 守志：《追悼玉慧观居士大会纪事》，《海潮音》第十四卷第九号"特载"，第 129 页。

多元身份。

第一节　玉观彬的声明及其相关考证

1931年6月2日，上海《申报》第六版"广告"内刊出一则署名太虚和玉观彬（慧观）宣布退出中国佛教会的声明：

宣布退出中国佛教会

中国佛教会第三届全国佛教徒代表大会，虽通过余之会务提案，而认款才及其半，续任本已勉强。但月余以来，余与各常委尽力执行大会及执委会交下各决议案，并抵销国民会议中之《庙产兴学提案》，提议保护汉藏蒙教寺僧，且接洽党部立案，与筹办养成所，亦悉就绪。为众服劳，不逾不懈。乃各方既鲜遵照决议缴款，以示尊重大会及执委会之决议，且有构散匪语鼓惑破坏者，因特宣布退出中国佛教会，以明今后之责。

民国二十年六月一日　太虚、玉慧观附议退出。

但3日后，6月5日，上海《申报》第五版"广告"内又刊出署名玉慧观的更正负责声明：

玉慧观负责声明

六月一日于上海《申报》上所登之太虚大师《宣布退出中国佛教会》广告，系慧观奉师命代登而未经大师校正者，故其文意有未妥之处，且排印时更多误字，爰特负责，声明取销。

印顺导师的《太虚大师年谱》亦曾提及此事："六月三日，

大师鉴于事之难行，亦于（《申报》）声明辞职（《黄钟》）。"①但太虚大师所发的声明是退出中国佛教会，而非辞去中国佛教会执行委员等领导职务的"声明辞职"，而且《年谱》未提及三日后玉慧观发布"声明取消"之事。另外，该声明撰写于六月一日，在《申报》发表的时间是六月二日，均非"六月三日"。印顺导师依据的《黄钟》，是云南、四川等省佛教会攻击黄健六、挽留太虚大师的函电等相关资料汇编本。声明中"且有构散匪语鼓惑破坏者"即指黄健六等人。1931年第三届中国佛教会新旧派别的激烈斗争，在近代中国佛教史上是重要的历史性事件，其渊源需加以说明。

1928年5月太虚大师倡议成立全国佛教统一机构，并公开发表《发起全国佛教代表会议的提议》，②其中第三章第一条："成立一全国统一永久的法定佛教团体，其会名及大纲，由大会议定。推举起草员起草章程，再经大会通过，呈请国民政府及内政部批准施行。"第十一条："假定全国佛教统一团体，曰'中国信佛民众会'或'中国佛教会'首都设中央部，省设省部，县设县部，以为决议执行一切佛教事业之法团。"

北伐胜利后，国民政府定都南京，太虚大师在南京毗卢寺拟发起成立"中国佛教会"，后因蔡元培等国民党要员认为当时不便提倡佛教，以设立佛学会为宜，在各方协调下，更名为"中国佛学会"。1928年7月3日《申报》以"中国佛教新运动"为题，对此进行报道："中国佛教新运动领袖释太虚，有发起全国佛教代表会议的提议，曾载本报。端午日蒋总司令来沪，邀赴京一游，与党国钜公张静江、蔡子民诸先生，叙谈此事。主张先设中国佛学会筹备处于首都毗卢寺，召集全国佛教代表会议，以统一全国各省佛教寺院僧众及各种佛学团体，集中力量，整理佛教，发扬佛学为宗旨。拟宗大纲，历访国民政府谭主席、省政府

---

① 释印顺：《太虚大师年谱》，中华书局2011年版，第210页。
② 《申报》1928年6月17日第16版。

钮主席、内政部薛部长,皆荷赞同,已由筹备处积极进行。另呈内政部主张,由内政部召开全国宗教会议,今得批云:查关于宗教事项,本部正在拟订办法,所陈各节,极有见地,已饬主管司科留备采择矣。"7月6日《申报》又发表《中国佛学会之筹备》对太虚大师组建中国佛教会的经过、学会章程等各项内容,进行了比较详细的报道。1929年,太虚大师领导的"中国佛学会"与"江浙佛教联合会"共同成立"中国佛教会",并于当年6月,中国佛教会章程经国民政府内政部备案。"六月三日中国佛教会开第一次全体执监委员会于赫德路觉园",推选圆瑛为主席,"圆瑛、太虚、仁山、寂山、惠宗、王一亭、关絅之、钟康侯、谢铸陈等九人为执行委员会常务委员"①。当时在章程中规定全国会址设在南京毗卢寺。但"后来中国佛教会会所是设在南京毗卢寺还是上海赫德路19号的原江浙佛教联合会会址,一直成为教内新旧两派争论的焦点之一"②。

太虚大师《发起全国佛教代表会议的提议》时,原本就设想全国佛教统一的机构,由新旧各派协商产生,其第二章第八条:"推定大会职员,并敦请佛学专家(若竟无居士)、宗义专家(若净土宗印光法师、天台宗谛闲法师等)、僧制专家、法律专家(信佛之法学博士)、政治专家、教育专家等共十人至二十人为指导员。"但此后新旧派系争端日趋激烈。1931年4月,太虚大师在上海出席全国佛教徒会议,会议期间太虚大师发表《告全国佛教徒代表》,对中国佛教会第二届以来的工作提出批评。大会选举执行委员28人,监委3人,推举圆瑛、太虚、台源、诺那呼图克图和王一亭五人为主席团成员,会中太虚大师还发表了《由第二次庙产兴学运动说到第三届全国佛教徒代表大会》。

---

① 《佛教会欲受党化》,《申报》1929年6月5日第24版。
② 邵佳德:《近代佛教改革的地方性实践:以民国南京为中心(1912—1949)》,台北:法鼓文化2017年版,第18页。

玉慧观在中国佛教会第三次代表大会上提案《公募中国佛教会会所建筑费及永久维持基金案》，其具体办法主要有三条：

（1）中央总办事处建筑费及永久维持基金，总以国币壹百万为限，其中三十万为总办事处建筑费，七十万元为永久维持基金，存本取息（如存储银行以年七厘计算，每年可收约五万元之利息）继续维持。

（2）募款方法，须先查明全国各地诸山寺庙之产业程度，按分派定其一定之额数，再举各地佛教徒中有德望者，为募款委员会家喻户晓，广募善款，期达凑到定额。

（3）捐款不拘多寡，必汇送中国佛教会办事处，即登报纸，以作公开的证据，且常兼登总捐数目凑到预定数为止。是否有当，敬请公决。①

玉慧观所说的"中国佛教会会所"即准备在南京毗卢寺筹建的新会所。其募款方式，须有一部分向诸山寺院摊派限额。

在第三届中国佛教会改选中，太虚大师一系获得胜利，沪杭名流失败，安徽代表黄健六、杭州代表钟康侯等人落选执行委员。不久，圆瑛等人宣布辞职，江浙诸山长老对第三届中国佛教会多采取不合作态度，亦拒绝缴纳会费，会务陷于停顿。特别是安徽代表黄健六公开散发《黄健六居士致各方大德书》，其中指出玉慧观是以南洋华侨代表身份出席第三届中国佛教会，并当选执委，程序不合法，建议中国佛教会仍在上海办事。"此事关系国籍问题，不得不加慎重，窃以佛教会与佛学会性质不同，如开佛学会时，为专门研究学理之团体，则全球人士皆应欢迎加入，无所区分。而佛教会则不能不有所区别，盖其责任在管理教务，有处分庙产之权，设使外籍人加入，不特与国家法令抵触，即《监督寺庙条例》，亦明白规定各庙住持以中国人为限。住持尚

---

① 《中国佛教会报》1931年第15—21期，第23—24页。

有限制，况委员乎？"但早在1928年玉慧观（玉观彬）已经完成了恢复中国国籍的各项手续，并缴纳了各项相关费用：

（核转）玉观彬回复国籍（手续各费）

本府据民政厅呈转据上海县呈缴玉观彬回复国籍手续各费前来，当于十一月五日备函（第三二八九号）转送内政部如下：

迳启者：案准大函开：玉观彬所请回复国籍一节，核与《修正国籍法》及《施行细则》尚属相符。照章应缴之手续费及印花税，仍应饬其补缴到部，再行核办等由。当经转饬遵照缴解，并函复在案……

原呈……查商民玉观彬所请回复国籍一节，核与《修正国籍法》第十八条第一项同法《施行规则》第五条之规定，尚属相符……兹据玉观彬将回复国籍手续费六元，执照印花税二元，遵章补缴，呈请解送前来……①

实际上，1931年玉慧观早已具有中国国籍，黄健六的相关指责其实并不成立。从当时太虚大师给黄健六的回信来看，黄健六是先致书太虚大师，随即又将书信公开散发，由此引发教内纷争。《太虚大师复黄健六书》："惠书展悉。虽则溢誉之辞，才追绣虎；其如无悔之意，德跃亢龙。然此个己之间，亦何关于得失！忆前者华札朝至，芜缄夕复。亦既披陈实情，冀祛疑滞。并云：'如有良方，愿承明教；傥求改进，尽可提商。'乃遽尔印刷分发，挑起教内之斗争；报章腾播，引来俗间之非毁。致令已认之半数经费，抗延不缴；议决之会务僧员养成，设办莫从。百事阻挠，群凶肆扰。不惟口吐刀矛，上摇监察院之听；直欲身为屠脍，下挟流氓帮之威。弟兄反目，邪外快心。庙产兴学，虽打销于国民会议而又促成立；佛会许设，虽通过于中央党部而仍莫

---

① 《江苏省政府公报》1928年第60期，第29页。

进行。事至于斯，势安可为！宣布退出，夫岂容已！"按照太虚大师的记述，黄健六的公开信，在当时是影响很大的，直接导致了江浙诸山长老拒缴会费，太虚大师主导的第三届中国佛教会陷入停顿。

就在太虚大师和玉慧观在1931年6月2日《申报》发表声明之后不久，6月14日中国佛教会在上海的部分执行委员，在上海功德林召开了第三届第二次执行委员会会议，"南京设立会所，上海仍应设驻沪办事处"，"上海设驻沪办事处。常会由会召集，或即在上海开会"，"又公推钟康侯居士为本会驻沪办事处秘书长"。这实际上架空了第三届中国佛教会在南京毗卢寺的会所，由此第三届中国佛教会新旧两派矛盾不可调和，直接导致了分裂。太虚大师在6月21日改组中国佛学会，此后太虚大师主要以中国佛学会名义活动，实际上退出了中国佛教会。

太虚大师和玉慧观在6月初宣布退出中国佛教会，由于黄健六等人的攻击，太虚大师主导的第三届中国佛教会的会务工作已经陷入停顿，玉慧观是太虚大师在上海的重要支持者，且受到黄健六等人的直接攻击，"各方既鲜遵照决议缴款，以示尊重大会及执委会之决议，且有构散匪语鼓惑破坏者"，由于上述原因，太虚大师与玉慧观愤而退出中国佛教会。此后，太虚大师等人或认为该事尚有回旋余地，遂由玉慧观再发声明，撤回了退会声明。但不久后第三届第二次执委会在上海召开，新旧两派矛盾不可调和，实际上太虚大师还是退出了中国佛教会。

第二节 玉观彬生平及在华活动丛考

玉观彬（慧观）是20世纪二三十年代太虚大师在上海等地的重要护法，在思想倾向上主张佛教革新的大居士。早在1927年底，玉慧观就在《海潮音》上发表《中国佛教振兴策》，提出要"限制出家""限制传戒",以此作为振兴佛教的策略。①

玉慧观居士本名玉观彬,20世纪二三十年代协助太虚大师创办上海佛法僧苑,担任《海潮音》社董事,积极支持太虚大师兴办的各项佛教革新事业,是太虚大师人间佛教事业的重要资助者。黄心川教授在《民国佛教刊物所见当代韩国佛教史料摭议》中专门辟出一节《沟通中韩两国佛教的重要人物——玉慧观》来介绍玉慧观居士在中韩佛教交流上的贡献,"实际上他仍然把自己看作一名韩国人,即使他在恢复中国国籍之后,心中的韩国情结仍然没有放下,韩国佛教在他的努力宣传与推动下,在中国佛教界里产生了一定的影响,除了太虚大师之外,上海的著名居士领袖王一亭等人,都与玉慧观来往甚密。他遇害以后,上海、武汉等地的佛教界都为他召开了追悼会,对他的评价很高,认为中国佛教界失去了一位正信的佛教徒。但是,他的去世,对韩国的佛教打击更大,在他离世后,中国的佛教刊物从此再也没有韩国佛教的重要消息,仅此一点,就足以说明他在沟通韩中两国佛教的事业中所起的重要作用了"②。

此外,由于玉慧观创办佛慈药厂,该药厂延续至今,亦有较多相关回忆和研究。上海名医陈存仁先生(1908—1990年)晚年在香港回忆:"太虚法师是佛教界的一代宗师,曾游历海外宣扬佛教,回国后曾患高血压,隐居上海玉佛寺。其弟子玉慧观,自日本归来,劝法师进饮海藻水,谓可治高血压。法师饮服半月后,高血压症状消失甚速。玉氏因此设立佛慈药厂,生产'海藻晶',销路甚广。"③ 佛慈药厂正式创办于1929年11月,"该厂创立过程中佛教徒出力甚多,对该厂的影响也比较大。太虚出任名誉董事,并为该厂命名'佛慈',商标'佛光'。佛教界主

---

① 玉慧观:《中国佛教振兴策》,《海潮音》第8卷第11、12期合刊(1927年12月),"特载"第3页。

② 黄心川:《民国佛教刊物所见当代韩国佛教史料摭议》,《世界宗教研究》2007年第2期,第30页。

③ 陈存仁:《津津有味谭》,广西师范大学出版社2006年版,第104页。

办的一些期刊如《海潮音》《正信》《佛学半月刊》《现代佛教》等都曾长期刊登佛慈药厂的广告"[1]。该厂由玉慧观任厂长,[2] 创办初期的实际主持人是玉慧观居士,太虚大师担任名誉董事。1933 年,玉慧观去世前,该厂召开了第一届股东大会:

佛慈大药厂股东会

以应用科学改良国药著名之上海佛慈大药厂有限公司,昨开第一届股东大会于功德林,报告二十一年份帐略,其营业成绩,颇有突飞猛进之概。旋由人会公推我国佛教界领袖太虚、王一亭、黄涵之、胡子笏、王森甫五人为名誉董事,并改选玉慧观、冯明政、陈玉璋、翟大雄、王中林为董事,白纯熊、杨文咏为监察人。闻该药厂拟于本年内,在国内各省及南洋群岛设分发行所二百余处,以资推广销路。[3]

1933 年佛慈药厂在上海设立总发行所,随后还在天津、汉口和香港分别设立了华北、华中、华南的分销机构,同时与泰国国扬药局合作,在曼谷设立了东南亚的总经销处,畅销海内外。[4] 太虚大师在玉慧观去世后,仍然关心佛慈药厂的发展,据苇舫《佛教访问团日记》:1940 年太虚在南亚访问时,发现当地医生的医疗方法"与中国的国医相仿佛,也是切脉、看舌头,药也是用的草药",便告诉他们说:"中国上海的佛慈药厂,将国药用科学方法提制,功效非常好。"玉慧观去世后其妻弟冯明政(1907—1954 年)接手厂务。抗战时期,冯明政等人转赴重庆开

---

[1] 陈丽娟、王传超:《20 世纪 30 年代的佛慈药厂与中药西制》,《中国科技史杂志》2012 年第 33 卷第 1 期。
[2] 民国报刊中,玉慧观有以厂长名义发函,例如《上海佛慈药厂玉厂长慧观来函》(《重庆国粹医馆医务特刊》,出版卷数不详,第 63 页)。
[3] 《申报》1933 年 3 月 29 日第 12 版。
[4] 孔繁荣:《"上海佛慈制药厂"迁兰三十年》,《甘肃文史资料选辑》第 33 辑,甘肃人民出版社 1991 年版,第 168 页。

办新厂；抗战胜利后，上海老厂被发还原主。1955年实行公私合营，次年，佛慈药厂迁往兰州，现为兰州佛慈制药股份有限公司。

中国佛教革新派居士、中韩佛教交流的提倡者、佛慈药厂的创办人，这三重身份都是从近代佛教研究的视角出发来审视玉慧观。不过玉慧观居士的人生履历极为丰富，尚有许多细节需要进一步考证。

20世纪上半叶的上海是国际化大都市，其中不乏韩国籍的富商。"在上海由同胞经营的机关有仁成学校，由金枓奉全面负责经营。同胞的人数大约有六七百名，都拥有职业，与以前一样生活都不困难，据说玉观彬积累了50万元的资金，金枓奉也有数万元。"① 仁成学校是由支持抗日独立运动的韩国侨民团体资助的。玉慧观居士（玉观彬）是旅居上海的韩国人，祖籍云南昆明，后恢复中国国籍。玉慧观被韩国人怀疑其与日本谍报机关过从甚密，被无政府组织"韩人锄奸团"暗杀。玉慧观居士遇刺后不久，1933年8月23日上海《申报》第15版刊登了玉慧观居士的简历：

玉慧观氏略历（王祖勋律师代送）

公讳观彬，号慧观，其先世为中国云南昆明籍，祖宗瑞，侨居高丽平壤府，从事于政。公生于一八九一年一月十八日，生而聪明颖悟，时有神意之誉。及长，好学不倦，且承庭训，早岁即蜚声社会。当韩末政乱，强邻日迫。公时年十六岁，义愤填膺，慨然投入革命党，义勇奋发，巡回各地宣传演讲，口若悬河，听众多为惊服。十九岁时，与英人斐说经营报馆，鼓吹革命，以故日人视若眼中钉。二十岁时，

---

① 柳光烈：《上海和朝鲜人》，《东光》第31期，1932年3月5日，第19页，转引[韩]金仁镐：《自太平洋战争时期朝鲜人资本家的"中国侵略"》，《抗日战争研究》2006年第1期。

竟以革命党事件，案发被逮入狱，束绁五年，手不释卷，研究文学、宗教、政治等学，甚有心得。特赦出狱后，从事经济，设立银行，充副经理职。继复设立林木公司，当总经理。一九一九年，韩民因美总统韦而逊宣言，起大规模独立运动，公即航渡中国至广东，与孙中山总理谈论时政，欲指导回教徒，成一有力国体，使助中国革命。旋因回教社会，泥古不化，绝无政治思想，不得已到上海，拟联络韩侨革命党，终以政见不合，中途易辙，乃与美人经营三德洋行。民国十六年，与太虚大师协议，在上海设立佛法僧苑，改良佛教。民国十七年，呈请国民政府回复国籍，为云南同乡会会员，及华侨联合会会员，遂决心为祖国努力，设国民公论社，发刊政治杂志。一方与佛教居士过从，被举为中国佛教会常务委员。因仰慕孙中山先生之三民主义，加入中国国民党，被选任上海特别市第二区二十一分部常务委员。民国十九年，与陈玉璋、李醒华、扬文咏、冯明政、白纯熊、王中林诸君组织佛慈药厂，应用科学，改良国药，新扩充门市部于西藏路三十九号，且附设诊治所，以惠病者。一方努力于社会事业，任上海第二特区市民联合会执行委员，提倡国货委员会常务委员，闸北保卫团董事，国医公会会员等职。公天性爽直。急公好义。视人不幸如己疾。勤勉好学，东西书史，莫不潜心研究。敏于交际，敬贤好士，出于生性，凡与知莫不交口称誉，此公之略历也。不幸于民国二十二年八月一日遭暴徒狙击殒命，时年四十有二。呜呼！公为热心爱国之一人，其死也，不死于国难，而死于盗贼，可不悲哉！

《玉慧观氏略历》的实际撰写人是玉慧观妻弟冯明政[①]，可信性较高。该简历中提到玉慧观早年参与中国伊斯兰教革新事

---

① 冯明政生平可以参考《"中药西制"思想的倡导者和实践者：佛慈第一任总经理冯明政先生》，《甘肃中医》2010 年第 10 期。

第九章 国际化与多元性：玉观彬的多重身份 / 255

业，回族学者郭成美先生对此有较为深入的研究，撰有《民国韩侨玉观彬之穆斯林身份事迹考》，并与赵学义合著《廿世纪20年代佐久间贞次郎与上海伊斯兰关系考》，① 承蒙郭成美先生惠赐笔者民国年间上海清真董事会会议纪要档案照片，玉观彬（慧观）参与中国伊斯兰教革新活动的事迹已经比较清楚。

1924年4月6日（夏历三月初三）《董事会议案》记："报告：在记仁路廿五号三德洋行人参部经理之韩人玉观彬夫妇由薛子明介绍入教，并有摄影存会。公决：已查明玉观彬夫妇实心入教，又系正当商人，拟择期欢迎。"4月13日（夏历三月初十），"佐久间贞、玉观彬两君入教，拟择期开会欢迎事。公决：定于四月十七日（即夏历三月十四日）午后四时在本寺备点开会欢迎"。4月17日欢迎会上，还宣读了正式的欢迎词：

> 今日欢迎佐久间贞、玉观彬，及其两夫人入教大会，辱承联翩莅止无任荣幸。窃以吾回教为世界之古教，□不劝人入教。然教系公开，如果有慕道来归，并不拒绝。今佐久间贞、玉观彬两君暨其两夫人，未曾受人劝导，先后自动来本寺入教，其信道之心诚笃，实非他人所能企及。况日韩信奉回教者绝鲜。两君不为风气所囿，首行提倡，树东洋回教之先声。尤征觉悟为之强且大也。故同人等于钦佩之下，极表欢迎。但归依志遂，道岸已登，尚希两君持以毅力，运以精

---

① 此外，尚有可供参考的前人研究成果：武井义和《1920年代初在上海的朝鲜人"实业者"：以玉成彬、玉观彬为例》，《爱知大学国际问题研究所纪要》（134）2009年；松本真澄《佐久间贞次郎对中国伊斯兰的"活动"和上海穆斯林：围绕着一个亚洲主义者的考察》，南京大学、哈佛大学哈佛—燕京学社共同主办"文化理解与文化对话的百年进程"第四次文明对话国际学术研讨会，2010年6月11—14日；金光载《从外国侨民到中国国民：以上海韩侨玉观彬的历史为中心》，上海社会科学院历史研究所上海史研究室主办"外侨与近代中国口岸城市"国际学术研讨会，2014年11月29—30日。

心，循道而行，探奥理，使吾教之教旨乃大显于扶桑及三韩之境，是同人等所深切盼望者也。谨具芜词，尚祈赐鉴是幸。民国十三年四月十七日。上海清真董事会蒋辉、马桐、哈麟暨全体会董谨启。①

玉观彬入教后，一度热心中国伊斯兰教事业，参加圣忌活动，印发伊斯兰教传单；介绍韩国人入教，并出资创办回教少年星期学校。1924年5月16日《申报》报道："本月十八日（即夏历四月十五日）为回教教祖穆罕麦德归元之纪念节，上海回教徒于是日下午七时半，在各礼拜寺行圣忌纪念大礼拜式，念经讲教，颇为热闹。礼拜后闻圣忌聚餐会，设筵大饷会众，预计到者约有四五千人，中有韩人回教徒玉观彬君出版《玉圣赞》传单数千张，分送中国各回教徒。玉君乃韩国最初回教信徒者，今春受道于上海清真寺，以热心信教传道为其生命云。"② 1924年6月22日（夏历五月廿一日）《董事会议案》记："由玉观彬君介绍韩人李启商君入教。因见其立意虔诚，慕道来归。当请王裕三大掌教为其入教矣。并取名以思马欧勒事。公决全体欢迎，备案。""玉观彬君报告：发起附设回教少年星期学校，附草章一份。经费由其担任，意在培养教中少年子弟之智识事。公决：应予赞成，允其于星期日午前十一时至十二时演讲一小时。"1924年10月，佐久间贞次郎创办《回光》杂志，玉观彬在创刊号上发表《中国回教振兴策》，文中提道："上海穿心街清真寺同人试办星期学校，业已数月，学生达百二十之多，教员共有十余人。每星期日授课一次，其时间不过一点钟，其功课皆是至圣历史及天经真理。其规模制度与基督教主日学校有大同小异之点。其成绩极优，上海教内父老莫不欣悦赞成之。若各地教门悉以模范，而接踵实行之，则我中华回教根本上之改革，当由此始矣，

---

① 上海清真董事会：《欢迎词》，《回光》1924创刊号。
② 《宗教消息：回教圣忌纪念》，《申报》1924年5月16日第22版。

岂不美哉。"① 当时玉观彬还撰写有《回教革命运动策》，并托人专呈孙中山先生：

> 犹记先总理由沪北上之时，予曾于南昌派李剑鸣同志，奉呈予所著之《回教革命运动策》，并向总理力说回教徒富有革命之能力，可使回民了解"三民主义"与之共同奋斗，为我国革命之重要策略，于时总理亦积极赞成，遂相约于最短时期联络回民，孰意皇天无心，不久，总理竟弃吾人而永眠于九泉之下，是诚所谓"出师未捷身先死，长使英雄泪满襟"也。否则，天假总理以数年，则三千五八十余万我国之回民，必集中青天白日之旗下，坚持三民主义与我党共同奋斗，则我国之革命，其庶几乎！②

孙中山先生在1924年11月10日发表《北上宣言》，11月13日，偕宋庆龄乘船从广州北上，11月17日到上海，11月21日从上海乘船取道日本转赴天津。玉观彬应该是1924年11月在南昌派人到上海向孙中山先生呈上《回教革命运动策》并获得首肯的。

玉观彬在发表《中国佛教振兴策》之前三年，就曾发表过《中国回教振兴策》，全文分三部分：一是统一机关创立之必要；二是维新宗风之商榷；三是清真教育之改革。玉观彬特别强调，"北京的回教俱进会有名无实，不能作为全国的中心机关"，"故余以为中国回教徒之统一机关，必以各省各寺之代表会议组织为宜"。主张一寺（清真寺）一代表，组成"中国回教统一中央最高机关"。可见，玉观彬重视构建全国宗教组织机构，是其一贯

---

① 玉观彬：《中国回教振兴策》，《回光》1924创刊号。
② 玉观彬：《中国回教与中国革命》，《国民公论》第2号，1928年1月15日，第5页。民国期间对中国穆斯林数量的估计普遍偏高，参见刘泳斯、张雪松《近现代中国穆斯林人口数量与分布研究》，《世界宗教文化》2012年第4期。

的主张。但由于佐久间贞次郎与中国伊斯兰教界交恶,不久玉观彬也淡出了伊斯兰教。

玉观彬信仰伊斯兰教之时,日本人田中逸平曾经拜访过他,田中逸平在《白云游记》中提道:"在沪三日……只与朝鲜的玉观彬君相会……玉君夫妻作为回教徒想必在朝鲜人当中是唯一的一员吧。他曾在美国留学受到过基督教的教育,现在又作为一个忠诚的伊斯兰教徒归入到该教之中。就此也应当多做记述,但怕给他增添麻烦,特此不再多言。"① 玉观彬长期在美商三德洋行工作,在信仰伊斯兰教之前,对欧美社会流行的基督教有较多的了解和接触,是人之常情。实则玉观彬在朝鲜期间即为基督徒。玉观彬早在1911年,就作为朝鲜基督徒,因"寺内总督谋杀未遂事件"遭到迫害。该事件中,尹致昊等基督教会人士被指控暗杀朝鲜总督寺内正毅,正式被起诉为123人,其中基督教徒有93人(包括天主教徒2人),一审宣告有罪的人达105名,又称"105人事件",这是"三一"运动前日本殖民者对韩国基督教会进行的最大规模的政治迫害事件。据尹庆老《从基督教史角度理解韩国近代史》,日本统监府为了镇压韩国基督教徒的反日活动,捏造说:"1910年阴历八月期间,寺内总督要西巡视察,尹致昊、梁起铎、安泰国、李升薰、玉观彬等基督教徒多次秘密商讨谋杀总督的必要性和执行计划。"② 寺内正毅在第一次世界大战期间还曾担任日本首相(1916年10月—1918年9月)。日本人田中逸平未提及玉观彬早年在朝鲜信仰基督教之事,"就此也应当多做记述,但怕给他增添麻烦,特此不再多言"或系指"寺内总督谋杀未遂事件"。

---

① 转引自松本真澄《佐久间贞次郎对中国伊斯兰的"活动"和上海穆斯林:围绕着一个亚洲主义者的考察》,南京大学、哈佛大学哈佛—燕京学社共同主办"文化理解与文化对话的百年进程"第四次文明对话国际学术研讨会,2010年6月11—14日。

② 转引自朴英姬《论韩国基督教会在"三一"运动中的作用》,《韩国研究论丛》第四辑,第245页。

第九章　国际化与多元性：玉观彬的多重身份 / 259

1940年"北寺乡老"（上海福佑路清真寺俗称北寺）撰有《记上海前有之东邻同教》回忆玉观彬入伊斯兰教事：

  有韩人玉观彬者，原为基督教徒，经回教某某介绍于民十三年在沪受洗，改奉回教。玉为某洋行人参部经理，奉教之初，似颇诚笃，纠合青年同教组织星期学校，并谋创立回教青年会。乃为时未几，信念已变，足迹不入寺门，而以皈依佛教闻矣。若干年前在沪被刺，闻暗杀者系其同国人，盖有政治背景也。①

除了佛教、伊斯兰教信仰，玉观彬还曾经具有基督徒身份。玉观彬第一次接触太虚大师的上海尚贤堂，实即由西方传教士李佳白主持的致力于宗教对话的基督教机构。太虚大师在他的《自传》中说："因这一日看见报载我讲演，来听讲的也不少，内中即有原籍昆明、生长朝鲜、时在上海为药商的玉观彬。观彬对耶、回、佛教都有相当研究，听我讲后大感动，决心皈依佛教。次日专诚叩谒，即请我为授三皈，作佛弟子，法名慧观，对我的信心非常忠实，后来帮助我作了许多佛事。"文中提到的"看见报载我讲演，来听讲的也不少"，是指该演讲事先在1926年11月10日的《申报》上刊登了广告，"尚贤堂之各教联合会。十一月十四日（星期日即阴历初十日）下午三时，该堂中外各教联合会，订请太虚法师演讲题为《佛法如何》，在霞飞路三百十八号该堂演讲，各界如愿意倾听，法师将在该堂按日讲演云"②。当时尚贤堂正在筹备成立"东方文化研究院"：

---

① 北寺乡老：《记上海前有之东邻同教》，《绿旗》1940年第4—6合刊，第3页。
② 《申报》1926年11月10日第19版。

东方文化研究院之组织

章太炎、释太虚、李佳白、唐大圆、刘灵华、王一亭、张煊、刘仁宣等发此东方文化研究院。昨开筹备会于塘山路雪庐,金以挽救中国及世界战祸之重大事业,须速有此东方最高学府之发起。且闻南洋华侨,与本埠佛教、孔教、道教、耶、回教团体,均有代表参加。当时到会人有章太炎、太虚、王一亭等十余名,后议决:先借尚贤堂为筹备处,推专员起草章程云。①

《太虚大师年谱》亦提及在尚贤堂演讲之事,"十一月十四日,大师应尚贤堂李佳白约,讲'佛法应如何普及今世',李氏译之以载《字林报》。其中论及天神创造说等之谬妄,引起西人之难问,大师复为文答之。韩人玉观彬,因听讲而发心皈信,大师名以'慧观'"②。在宗教对话的背景下,玉观彬在基督教、伊斯兰教"一神教"信仰背景下,接触到佛教亦属顺理成章。

玉观彬还编译过一篇《耶稣之佛教研究》:

日本大阪《每日新闻》,近载纽约电云,著名考古学家,亚美探险队领袖列利西教授,近在西藏某寺院,发现一古代史记,据该古史云,耶稣基督为研究佛教,亲赴印度,巡视各地,二十九岁时,回还犹太国京城耶路撒冷云云。

慧观按,《新约》《旧约》,皆未载基督三十岁以前之历史,仅载幼年时上耶路撒冷,圣殿与祭司长问答之一节,后乃漠然无闻,至三十一岁,忽然出现于犹太旷野,禁食四十日,大胜魔试,乃就约旦河受洗云,今阅此报,则足征彼时之基督,实在印度研究佛教可知也,但基督之教,惜不出乎人天教之范围,且其教理简单,在此二十世纪,人智发达之

---

① 《申报》1926年11月21日第15版。
② 《太虚大师年谱》,第149页。

第九章　国际化与多元性：玉观彬的多重身份　/　261

期间，如来之广大法藏，则不足感化物质科学化下的……若耶稣基督，殆亦知乎者，故预皈依佛法也。①

从上述论述可以看出玉观彬对基督教《圣经》十分熟悉，对相关历史报道也较为留心。玉观彬特别注意当时考古发现西藏有古籍说耶稣曾在印度研究佛法，② 这也成为玉观彬由一神教徒"预皈依佛法"的一个"依据"。

最后，由于玉观彬（慧观）被韩国锄奸团暗杀，所以本文附带论及玉观彬与日本人的关系。玉观彬早年积极参加抗日运动。1904 年 7 月 18 日，英国记者裴说（Ernest Thomas Bethell）与韩国人梁起铎合资创办韩文和英文合刊的《大韩每日申报》，另独立刊行英文版（*The Korea Daily News*），1907 年 5 月 23 日发行韩文版，1910 年 8 月"日韩合并"后，《大韩每日申报》更名为《每日申报》。"裴说为社长，梁起铎任总务兼主笔，重要论说委员与记录有申采浩、朴殷植、玉观彬、卞一、张道斌、安昌浩。"③ 可见，前引《玉慧观氏略历》"十九岁时，与英人斐说经营报馆，鼓吹革命，以故日人视若眼中钉"，并非虚言。

前文已述1911 年玉观彬还因"寺内总督谋杀未遂事件"入狱五年。玉观彬到上海后，仍然参与朝鲜半岛独立运动。"'三一'运动后，流亡到中国上海的韩国独立运动人士于 1919 年 4

---

① 《心灯》1927 年第 27 期，第 9 页。
② 此类古代传说在印度和我国西藏等地颇多，读者可参见霍尔根·凯斯顿，《耶稣在印度》，赵振权、王宽湘译，国际文化出版公司 1987 年版；依丽莎白·克莱尔·普弗特，《耶稣在西藏：耶稣行踪成谜的岁月》，梁永安译，台北：立绪出版公司 2012 年版，特别是《耶稣在西藏》第四章"东方的传说"对玉观彬提到的这次考古发现有较多讨论，玉观彬所谓的"列利西"教授，该书译为"罗耶里奇"，对其生平和探险也有较详细的介绍。
③ 参见金勋顺《旧韩末五大纸研究》，首尔：梨花女子大学校大学院新闻放送学科硕士学位论文，1979 年 11 月，转引自李细珠《韩国报刊媒体对清末新政的观察与反应：以〈皇城新闻〉与〈大韩每日申报〉为例》，《当代韩国》2012 年第 3 期，第 74 页。

月组成了大韩民国临时政府。同年 8 月 21 日临时政府机关报《独立新闻》在上海创刊,以李光洙为主笔,采编人员有赵东祐、车利锡、玉观彬、朴贤焕等。《独立新闻》在创刊辞中阐明该报的使命是'宣传独立思想和统一民心'、'传播独立事业和思想'、'唤起有力的舆论'、'宣传韩国的国史和国民共性'等,报纸的整个版面充满要求独立的气氛,经常刊载鞭策韩胞奋起斗争的评论。"① 另外,"1922 年间,玉观彬在上海创办了第一家由朝鲜人经营的贸易公司——倍达贸易公司,并创办《上海倍达商报》,玉观彬自任编辑和发行人,以广招徕"②。《上海倍达商报》在创刊号中没有发创刊词,只有一份说明创办这家公司的宗旨和营业目的告顾客书:"倍达公司纯粹是我们倍达人经营的。它是倍达民族从事国际直接贸易唯一理想的机关……营业目的有二,一为在外国市场上营利,图谋自体的利益。一为对本国兄弟义务经商,劝奖和指导本国兄弟从事海外贸易的试验。"③ 此时玉观彬似已淡出朝鲜独立运动,开始专心商贸经营。

其后玉观彬在上海三德洋行任经理、经营人参等药材贸易时,特别强调该企业是中美韩合资,与日本无关,所用人参是韩国所产原料白参,而非日本人专营的高丽红参:

三德洋行来函

国民对英日外交大会执事先生台鉴,敬启者,鄙行系中美韩三国人股东合资组织、在上海美国总领事署注册专办进出口货兼独家经理韩国开城高丽参公司,原料高丽白参,在华行销已有年,所查高丽参于采取后,其炮制之法有二,

---

① 郑保勤:《韩国新闻界人士反对日本侵占者的斗争》,《当代韩国》2000 年秋季号,第 33 页。
② 崔相哲:《1919—1937 年朝鲜人在上海办的朝文报》,紫荆译,《新闻研究资料》1988 年第 3 期,第 159 页。
③ 转引自崔相哲《1919—1937 年朝鲜人在上海办的朝文报》,紫荆译,《新闻研究资料》1988 年第 3 期,第 162 页。

(甲)以日光曝干者为原料高丽白参,七色纯白;(乙)以热汽蒸制者曰高丽红参,其色略红,是由高丽白参而蒸制者也。自来韩政府有禁例,独营参政,输出国外,为唯一最大之财源。及韩并于日本后,日政府续颁高丽红参专卖法令,命日商三井洋行在华行销红色高丽参。至于原料高丽白参,在不在日政府专卖之例,韩人得自由采取贸易。故敝行之太极牌原料高丽白参,乃完全韩货,而非日货也。是以贵会机关杂志《五九》纸上敝行之太极牌原料高丽白参之广告。今敝行设一分行于福州城内南街方仰峰君为经理,使推广原料高丽白参。近忽以原料高丽白参被该地学生疑为日货。闻福州政商学界抵制劣货,坚持到底。今对敝行之高丽白参,若误会为日货而抵制之,不分玉石,友邦同志,将不堪矣。①

1926年三德洋行经营高丽白参被福州各界疑为日货,遭到抵制,故玉观彬致函福州学生会、总商会加以解释。不过这也说明,当时确有不少人误会玉观彬经营日货。1928年玉观彬加入中国国籍,同年夫妇二人还曾遭到绑架,"《玉观彬启事》:观彬于二月二十一日遇险,深荷同志亲友纷纷慰问,至深感激。兹幸于三月二日出险,贱驱小有感冒,尚难踵候,特先登报致谢"②。半年后此案公审,"三德洋行经理玉观彬及其夫人被绑一案,社会上甚为注意。玉君夫妇,早已出险。惟查有傅岭豪者,颇有嫌疑,经捕房拘获解案。又因傅而牵涉熊秋宇,熊亦被拘。嗣因领事观审问题,延未解决,该案遂致改期。上月二十五日开庭审理,被告熊秋宇延严荫武律师出庭辩护,经严律师提出各种理由,证明熊秋宇无罪。傅岭豪亦由法庭指定代为辩护,该案业已

---

① 玉观彬:《三德洋行来函》,《五九月刊》第13期,1926年,第166—167页。
② 《申报》1928年3月7日第1版。

昨日审判傅岭豪判徒刑四年,熊秋宇因证据不足,宣告无罪"①。绑架玉观彬的主犯被判处四年徒刑。

众所周知,韩国早期小说家和启蒙思想家、临时政府外务委员、《独立新闻》主笔李光洙在1921年、1937年两次被日本军警逮捕,遂投靠日本。玉观彬之堂兄玉成彬,早年在上海也积极参与朝鲜独立运动,曾任大韩红十字会常议员、大韩侨民团议事员等;1924年,玉成彬被日本驻上海总领事馆逮捕,并押送至日本,后被释放回上海。1929年3月1日"三一"运动10周年纪念日,安昌浩、李东宁、李始荣、金九、赵素昂、赵瑰九、李欲弼、金澈、金甲、玉成彬等临时政府创办者与拥护者组成韩国独立党,成为上海韩国临时政府下民族主义派的领导核心。② 20世纪30年代,韩国独立党与韩国独立运动者同盟经常唱对台戏。1933年12月18日玉成彬在上海被"韩人独立运动者"暗杀。③

玉观彬在1933年8月1日晚11点三刻,在餐馆用餐后乘私家车前往玉成彬在法租界家中,下车时遭到枪杀,当场毙命。死后其子玉仁泰称其父为韩籍,法租界巡捕房照例通知日本领事署;而其妻冯佩兰称其已入中国籍,最终由日本领事署运往北四川路富民医院,检验完成后交家属成殓。枪杀玉观彬的手枪原本为上海市公安局五区一分所长瞿恒庄所有,该枪在1932年"一·二八"淞沪抗战时遗失。

玉观彬、玉成彬堂弟兄二人在1933年先后被视为投靠日本人的韩奸暗杀。不过当时在华韩国独立运动中派系林立,矛盾重重,其具体详情如何,已难详考。玉观彬死后不久,韩人除奸团

---

① 《玉观彬被绑案判决　熊秋宇宣告无罪》,《申报》1928年10月3日第16版。

② 胡春惠:《韩国独立运动在中国》,台北:中华民国史料研究中心,1976年,第222页。

③ 《玉慧观尸骨未寒　乃兄成彬又遭暗杀》,《申报》1933年12月19日第9版。

在报纸宣布的玉观彬罪状：

韩人除奸团宣布罪状

韩人除奸团宣布玉观彬罪状云：玉逆观彬被杀后，惟韩人社会，则早知其罪恶贯盈，必有显戮之一日，然一般中国社会，莫明真相，议论滋甚。吾人为责任攸关，兹以郑重声明之：吾韩不幸，前有李完用、宋秉畯辈，而今又有玉逆观彬，不但为患于吾国，且贻害于中国，实为巨多。此吾人对于吾友爱之中国同胞惭愧万分歉仄万分也。一二八淞沪之役，一时乘机作奸之胡立夫、早已绞刑于苏州，而多年作伥鬼走狗之玉观彬，尚晏居沪滨，其奸险叵测之手段，去益尤甚，由是吾人为正义之使命所在，再不能姑息容忍，故于本月初日刺毙，除此中韩两国之奸逆，并举略历及数其可杀之罪于左：

玉观彬号新岛，韩国平安南道人，即现充上海法捕房包探玉成彬之徒弟也。后入中国籍时，改名慧观。少时性聪慧，善交际，年未弱冠，从事于爱国运动，一时声名颇著，有少年志士之称。因受敌人之注目，暂经狱中生活，中归顺敌方，无事出狱。（一）出狱当时，朝鲜总督密令平安南道长官，令转嘱平南南道镇南浦三和银行长福田仪作，阳任为该银行经理之职，阴使侦探爱国运动之内情。迨己未年韩国独立运动勃发，以韩国革命运动者，多集中上海，于是朝鲜总督府密派玉逆来沪，侦探真相。此事实为其来沪时同行人寅权所觉破，密告于韩国临时政府，政府即拟死刑，而玉逆知之，即避隐于英租界（以后政府累谋执行其死刑，皆未果，乃延至今日。）其罪可杀也。（二）托名贸易，开设丽德洋行，骗取韩国内多数商人之金钱，后商行改为美商三德洋行，直属承命于朝鲜总督府驻沪事务官尾田满、侦探中韩两国事情，其罪可杀也。（三）三德洋行改称之始，与中国人陆某合资为名，骗万余金，但与陆同事，恐泄其秘密侦探工作，故乃逐出陆某，其罪可杀也。（四）受敌方之助资，秘印《革新日报》及其他多数匿名传单，专门挑拨离间韩国各革命运动者，以图破坏吾人运动之进展及对革命者以诱引或威胁等种种手段，使归化敌方，其罪可杀也。（五）侦探来往韩中日各地革命者之行踪，涉及逮捕（儒林逮捕金昌淑等被捕，亦为玉逆所为），其罪可杀也。（六）以韩人身分，领得中国籍时，不曰入籍而曰复籍（诈称云南昆明人），盖为取信于中国人士之意也。又加入中国国民党后运用敌方机密费，动辄以宴客联络感情，襄助公益为名，笼络各界人士，密探中国军政内容，并一二八淞沪战时，专心注力于侦探中国军情，而与敌方，其罪可杀也。（七）供给敌军军用品（堑壕用木材，价值约万余元，及汽车一部）之结果，得敌军部之奖赏，在同济路之玉逆住屋，适在战区，乃高悬敌旗，以保安全，其罪可杀也。（八）至于近闻，受日陆相荒木所办之国粹党使命，买收在虹口方面流浪之不轨分子，组织暴力团，利用吾人自去年虹口炸案以后行动不自由之机会，计划暗杀一切革命运动者，其罪可杀也。（九）受敌方卵翼，安居英界，并佩持敌领事馆所给之手枪，动必以此显耀其身分，而绝不知耻，其罪可杀也。以上所举诸项，不过其大者著者也，虽然有其一，不能赦其罪，况而积至以如是多乎。该逆被杀后，翌日清早，敌领事馆警官多数到法捕房，要求其尸体而去，以此一事亦可知其生时为敌方最重且要之功狗伥鬼也。

一九三三年八月日，韩人锄奸团。[①]

这篇《罪状》对玉观彬生平叙述，不确之处甚多，如玉观彬是玉成彬之堂弟，而非徒弟，两字谐音，或为道听途说之误；

[①]《玉慧观实为韩人所杀》，《申报》1933年8月9日第12版。

"慧观"是玉观彬于1926年皈依太虚大师后的法名,并非1928年入中国籍后新起的中国名字。对这篇《罪状》许多人士进行了辩诬,例如:

为玉慧观先生辩诬

玉君慧观于本月一日在望志路由其兄成彬家走出时,被暴徒开枪击中要害,当即殒命。现在死者家属正在严缉凶手,乃阅八日《申报》忽有韩人除奸围宣布死者罪状一文,殊堪骇异,而罗举各点,均属荒谬绝伦,全非事实,显见捏辞中伤,恐外界不明真相,特为辩白如下:玉君讳观彬,字慧观,其先世为云南昆明籍,祖宗瑞官于高丽因家焉。君生而聪颖有神童之誉,及长好学不倦,且承庭训,早岁即蜚声社会。当韩末政乱,强邻日迫,君义愤填膺,慨然投入革命党,义勇发奋,巡回各地,宣传演讲,口若悬河,听者多为惊服。嗣与英人斐说经营报馆,鼓吹革命。以故日人视若眼中钉,二十岁时竟以革命党事件被逮入狱。束绁五年,手不释卷,研究文学、宗教、政治等学,甚有心得,后经特赦出狱。一九一九年韩民因美总统威尔逊宣言起大规模之独立运动,君即航渡中国至广东,与孙中山先生谈论时政,欲指导回教徒成一有力团体,赞助中国革命。旋又至上海拟联络韩侨革命党,协谋恢复。民国十七年呈请国民政府回复国籍,当曾呈验家谱,由内政部核准给发第三号证书,为云南同乡会会员及华侨联合会员,遂决心为祖国努力,高国民公论社,发刊政治杂志。一方与佛教居士过从,被举为中国佛教会常务委员。因仰慕孙中山先生之三民主义,加入中国国民党,被选为上海特别市第二区二十一分部常务委员。一方努力于社会事业,任上海第二特区市民联合会执行委员第二区第四分会常务委员,提倡国货委员会常务委员,闸北保卫团董事,医药公会会员等职。九一八事起,君愤日人之横暴,加入市民义勇军,受军事之训练。黎明即起,赶至集合地操演，虽大风雪，亦不稍辍。王屏南、邬志豪诸同志见其热心而有毅力，莫不叹服。一二八事起，君适在闸北同济路家中，其地正在火线，枪声密如联珠，君蛰伏家中四昼夜后设法逃出，而其宅即为日军所占，自备之汽车亦为日军夺去，室内所有衣件什物悉被搜劫，损失约二万。玉君天性爽直，急公好义，视人不幸如己疾，勤勉好学，东西书史，莫不潜心研究。敏于交际，敬贤好士，出于生性。凡与知，莫不交口称誉。许为通敌，其谁信之。此次横遭狙击，本属含冤，莫白而死，后复予以不誉之诬蔑，殊可慨叹。虽然，凶手终有就逮之日，将来水落石出，自能大白于天下也。

中国国民党上海市第二区二十一分部启[1]

引文中"与孙中山先生谈论时政，欲指导回教徒成一有力团体，赞助中国革命"不应发生在1919年的广州，前文已述，是发生在1924年11月的上海，且是托人呈书，非是面谈。诸如此类的为玉观彬辩诬的文字甚多，再如：

佛慈药厂董事会公启

本厂玉慧观董事长不幸被刺身故，正深痛悼，乃于八月八日《大晚报》及九日《申报》忽载所谓韩人除奸团宣布各节，尤堪诧异。查玉慧观君本为复韩志士，嗣来中国，回复云南昆明籍，专意工商，容有为故韩同志所不谅。然民十六年安昌浩在辽被捕时之极力营救，去春炸弹案之避敌疑忌离沪多时，此皆同人等深知。其他，沪战时之义愤填膺，身入市民义勇军，及输资捐助，热心社会公益等事，指不胜屈，均彰彰在人耳目。与该宣言所云，适得其反，此必由玉君有私仇或嫉其回复华籍之少数韩人所为，杀其身而复污其

---

[1] 《申报》1933年8月12日第2版。

第九章　国际化与多元性：玉观彬的多重身份 / 269

名，殊使同人等不能不为之伸雪。除呈请党政机关及租界当局密查该团，依法究办外，相应奉达，务希中韩人士共鉴其诬为幸。务本地产公司迁移通告。①

后韩国锄奸团又被报道为"华南韩人青年联盟""黑色恐怖团"："外论社云，日文《上海日日新闻》载称，本埠朝鲜无政府主义者一派组织'华南韩人青年联盟'……一九三二年，彼等组织恐怖团体，号称'黑色恐怖团'，三三年三月企图暗杀当时日本驻华公使有吉明氏，同年八月在法租界暗杀玉观彬氏。"②

玉观彬在上海美商三德洋行从事在华朝鲜人参等贸易，当时朝鲜已完全沦为日本殖民地，需时常与日本人打交道。不可否认，20世纪20年代中期，玉观彬已经跟日本人过从甚密。1924年玉观彬加入伊斯兰教、积极参与中国伊斯兰教革新、主张建立全国统一的伊斯兰教机构时，因与日本人佐久间贞次郎关系密切，并由此引起上海伊斯兰教界的警惕，不久断绝了来往。1926年玉观彬皈依太虚大师，给予太虚大师许多资金支持，次年成为《海潮音》社经理、董事，《海潮音》第八年（1927年）第七期还刊印了"本社经理玉慧观先生玉照"："前曾赞助太虚法师组织法苑于沪上，今复为本社经理。"玉观彬信仰佛教期间，还时常翻译日本报刊对佛教的报道，如常盘大定的观彬《天台山记》、"日本《中外日报》载梅谷、长泽两氏报告略云"《中日佛教史上之一光明》。③ 玉观彬信佛后，亦经常可以见到其与日本人一起出入的报道记载，1927年9月28日《申报》报道《周母八十寿辰庆祝会纪》，农历九月初一周霁光之母八十寿辰，玉观彬与日本人佐佐木三郎等人一起出席；《太虚大师年谱》记载

---

① 《申报》1933年8月20日第7版。
② 《朝鲜无政府主义派　组华南韩人青年联盟》，《申报》1933年3月9日第9版。
③ 《心灯》1926年第22期，第11—12页。

1928年"一月九日,大师一度来沪,与玉慧观、山田谦吉等,作中日佛教徒联谊之聚餐,希予创办中之寰球佛教图书馆以协助"①。1931年,黄健六以玉观彬(慧观)的国籍问题为借口,攻击太虚大师主导的第三届中国佛教会,在一定意义上说也算触到了敏感处。此后不久1931年"九一八"事变爆发,自东北南下上海的韩国侨民明显增长,上海侨民的政治派系斗争也日趋复杂和尖锐。玉观彬(慧观)与日本人交往频繁,引起部分旅居上海的韩人猜忌,或因派系斗争以此为借口,1933年8月1日被韩人锄奸团暗杀。②

1934年夏,太虚大师在庐山避暑,听闻汉口佛教居士王慧力去世。太虚大师以诗悼之曰:"去年今夏庐山上,两度惊看噩电来。沪玉汉王相继逝,化生愿各在莲台。"诗中"沪玉"是指玉观彬(皈依太虚大师后取法名"慧观"),"汉王"是指王慧力,太虚大师在上海的佛化事业多得玉慧观支持,而在武汉的佛化事业则多得王慧力协助。去年即1933年夏玉慧观在上海遇刺身亡,今夏王慧力又去世,太虚大师痛感失去左膀右臂。玉慧观去世一年后,仍引起太虚大师触景生情,可见其在太虚大师心目中的地位。

---

① 《太虚大师年谱》,第161页。

② 玉观彬被暗杀有诸多谜团,当时亦有报道说杀害玉观彬的手枪型号为日本军警特有,不过大多数韩国学者都认为玉观彬是被朝鲜独立运动人士暗杀。有学者认为玉观彬是在上海法租界与兴士团员朝鲜人独立运动者李某的夫人通奸中被杀害的,但玉观彬被暗杀后当时新闻报道基本上都是说玉观彬是访问亲戚家途中被暗杀的(玉观彬兄长玉成彬住在法租界附近),未提到通奸途中被杀之说。玉观彬是否为日本间谍,说法亦多,甚至玉观彬被认为在1911—1915年因"105人事件"入狱五年(实际坐牢时间为四年多)期间,已经投靠日本人,但均无实质性证据。参见金学俊《革命家们的抗日回想》,首尔:民音社,第408—409页;金光载(Kim, Kwang-jae)"A Study on the Activities of Oak Guan-bin after Going to Shanghai as an Exile",《韩国近现代史研究》(*Journal of Korean Modern and Contemporary History*)第59期(2011);"Critical Review of the Ok Guan-bin Secret Spy Suspicion in the Shanghai Era of Independence Movement",《韩国近现代史研究》第63期(2012)。以上韩文文献由东国大学甘沁鑫博士向笔者提供,特此感谢。

太虚大师的重要护法玉慧观居士，本是祖籍云南的穆斯林，出生在朝鲜平壤，早年积极参加朝鲜独立运动，后却被怀疑为日本间谍，在上海遭到无政府主义组织"韩人锄奸团"的暗杀。玉慧观的宗教身份也十分复杂，拥有基督徒、穆斯林、佛教徒的多重身份。以往学界熟悉的民国年间重要居士，多为传统派；相对于太虚大师一系的佛教徒，非传统派的居士个案研究较少，玉慧观具有重要的学术价值，值得学界深入探讨。

附：玉观彬（慧观）简谱

1891年1月18日，生于朝鲜平壤，祖籍云南昆明。

1906年，玉观彬15岁，开始投身革命。

1910年，朝鲜完全沦为日本殖民地。19岁的玉观彬加入裴说（Ernest Thomas Bethell）经营的《每日申报》馆，鼓吹革命。

1911年，日本殖民者迫害韩国基督教会的"寺内总督谋杀未遂事件"（"105人事件"）爆发，年仅20岁的基督徒玉观彬被捕入狱，在狱中大量阅读文学、宗教、政治方面的书籍。

1915年，特赦出狱。开始经商，先后任银行副经理、林木公司总经理。

1919年，3月1日，"三一"运动爆发；4月，流亡上海的韩国人组成大韩民国临时政府。朝鲜半岛爆发独立运动后，玉观彬乘船前往广州，拜会孙中山先生，后又从广州抵达上海。

8月21日，大韩民国临时政府机关刊物《独立新闻》在上海创刊，玉观彬为该报采编人员。

1922年，玉观彬在上海创办第一家由朝鲜人经营的贸易公司——倍达贸易公司，同时创办《上海倍达商报》，玉观彬自任编辑和发行人。

玉观彬在上海任美商三德洋行人参部经理，在华经营朝鲜人参等业务。

1924年4月17日，上海清真董事会举办欢迎会，欢迎玉观彬夫妇与日本人佐久间贞次郎夫妇，由上海著名阿訇薛子明介绍，正式入伊斯兰教。入教后，玉观彬即开始资助兴办回教少年星期学校。

10月，佐久间贞次郎创办《回光》，玉观彬在创刊号上发表《中国回教振兴策》，全文分三部分：一是统一机关创立之必要，二是维新宗风之商榷；三是清真教育之改革。文中还提议创办设立中央清真大学，认为"中国回教之中兴，必俟掌教之人才辈出。而后教中人才当亦可随之辈出。"

11月，在南昌派李剑鸣到上海，向即将北上的孙中山先生呈上《回教革命运动策》，主张联络中国穆斯林共同为三民主义奋斗，获孙中山先生首肯。

1925年4月，《上海清真寺董事会启事》声明："查近年韩日人士崇奉吾教者颇不乏人。敝会推念宗教之发展，自当欢迎，惟某日人在沪所办之《回光》周刊，纯为彼个人主张。敝会从未与闻，海内君子幸共鉴之。"此后，玉慧观与中国伊斯兰教界渐行渐远。

1926年11月14日，应西方基督教传教士李佳白之请，太虚大师在上海尚贤堂演讲《佛法应如何普及今世》，玉观彬聆听了这次演讲，随后皈依太虚大师，取法名"慧观"。

1927年2月2日（农历正月初一），太虚大师为改良僧制，在上海筹建"法苑"，得到玉观彬经济上的大力支持。

10月，佛化青年运动代表人物张宗载在《海潮音》上发表《致玉慧观居士函》。

12月，玉观彬在《海潮音》上发表《中国佛教振兴策》，提出"限制出家""限制传戒"。

1928年1月1日，创办国民公论社，自任社长，发刊《国民公论》杂志，反对专制，提倡民众化、科学化。

1月9日，太虚大师在上海，与玉慧观、山田谦吉等人举行中日佛教徒联谊之聚餐，为筹建中的寰球佛教图书馆谋求协助。

2月21日，玉观彬夫妇遭到绑架，3月2日获释。后主犯傅岭豪被判四年徒刑。

是年，玉观彬呈请国民政府回复中国国籍，成为云南同乡会会员、华侨联合会会员。玉观彬后加入中国国民党，被选任上海特别市第二区二十一分部常务委员。玉观彬担任社会职务多种：上海第二特区市民联合会执行委员，提倡国货委员会常务委员，闸北保卫团董事，国医公会会员等。

1929年4月20日，玉观彬与赵尚燮等组织成立上海高丽商业会议所。

11月，玉观彬等人筹备多时的佛慈药厂正式成立。玉观彬任厂长。

1931年4月，玉观彬在上海出席全国佛教徒会议，当选中国佛教会第三届执行委员。随后因国籍问题，受到黄健六等人的公开质疑和指责。

6月1日，玉观彬在太虚大师授意下撰写《宣布退出中国佛教会》，次日发表于《申报》。

6月5日，《申报》发表《玉慧观负责声明》收回之前所发声明。

9月18日，"九一八"事变后，加入上海市民义勇军，接受军事训练。

1932年1月28日，"一·二八"淞沪抗战爆发，玉观彬在上海闸北同济路住宅适在战区，损失惨重。

10月8日（农历九月初九），太虚大师住持浙江奉化雪窦寺，玉观彬进山观礼，并撰写《浙东名山雪窦寺游记》。

1933年3月28日，上海佛慈大药厂有限公司在功德林召开第一届股东大会，太虚大师等5人当选名誉董事，玉观彬等5人当选董事。

8月1日，玉观彬在上海被刺身亡。

跋　　语

　　现今一般认为汉民族的形成经历了一个漫长的历史过程，始于夏商周三代，成于汉代。从《史记》开始，夏商周三代的始祖便被明确追溯到上古三皇五帝，故"炎黄子孙"也约定俗成为汉民族的一个代名词。

　　近年来，本尼迪克特·安德森的民族理论在学界影响甚大，即认为民族是近代资本主义出现之后的产物，只是"想象的共同体"。[①] 而此前在中国流行甚广的斯大林的民族理论也强调民族是资本主义上升时期的产物。但即便我们承认"炎黄子孙"是一个后世构建出来的概念，它也绝非是近代构建出来的概念，而是经过了一个漫长的历史时期。

　　郑樵在《通志》中的"氏族序"中说：

　　　　自隋、唐而上，官有簿状，官之选举必由簿状，家之婚姻必由于谱牒。历代并有图谱局，置郎、令史以掌之，仍用博古通今之儒知撰谱事。凡百官族姓之有家状者则上之，官为考定详实，藏于秘阁，副在左户。若私书有滥，则纠之以官籍；官籍不及，则稽之以私书。此近古之制，以绳天下，使贵有常尊，贱有等威者也。所以人尚谱系之学，家藏谱系

----

① 参见［美］本尼迪克特·安德森《想象的共同体：民族主义的起源与散布》，吴叡人译，上海世纪出版集团2005年版。

之书。①

唐代之前,谱牒之学主要用于别贵贱,甚至用于选官;科举风行天下之后,特别是宋代以降,家谱编造逐渐变为"敬宗收族",明代以来突破平民祭祀祖先只可四代的限制,为了多收族人,夸耀族源,族谱多以久远之前的历史文化名人为始祖。《史记·五帝本纪》:"黄帝二十五子,其得姓者十四人,"在"别贵贱"的谱学之下,能够成为炎黄子孙的只能是少数贵族世家;而近世以来的族谱编造,则凡有姓氏的中国人都可以追溯到黄帝,都成了"炎黄子孙"。由此可见,炎黄子孙的构建与自我认同,则有数千年的演化历史。

欧亚大陆移民多有一神教信仰,自认为亚当、夏娃(《古兰经》汉译为阿丹、哈娃;天主教《思高圣经》汉译为亚当、厄娃)的子孙,这貌似与汉民族以象征性血缘关系凝聚的"炎黄子孙"观念有隔阂。但实际上两者并不矛盾,一神教信仰源于上帝拣选的民族性宗教,但通过向外邦人传播,突破了狭隘的血缘民族藩篱,而发展出数种遍及世界的人类文明。炎黄子孙的构建,实际上也是不断突破部落氏族、贵族等级的羁绊,成为一种民族文化心理认同。正是中华民族的这种文化开放性和包容性,才能绵延数千年,保持了长久的生命力和文化创新力。本书各章节从不同侧面展现了中国古代欧亚大陆移民及其后代,在千百年来的繁衍生息中、在自身精神家园和文化认同中,不断"渐慕华风",不断演绎着中国化的篇章。

---

① 郑樵撰,王树民点校:《通志》,中华书局1995年版,第1页。

主要参考文献

一 原始文献

《大正藏》

《卍续藏经》

羽田亨编修：《一神论卷第三，序听迷诗所经一卷》，京都：东方文化院京都研究所1931年影印版。

吴湘湘主编：《天主教东传文献续编》，台湾：学生书局1966年版。

《圣经新译本（简体·神字）》，香港：环球圣经公会2002年版。

钟明旦、杜鼎克编：《耶稣会罗马档案馆明清天主教文献》，台北：利氏学社2002年版。

《中国天主教史籍汇编（天主教传行中国考、燕京开教略、正教奉褒）》，台北：辅仁大学出版社2003年版。

李天纲译：《清廷十三年：马国贤在华回忆录》，上海古籍出版社2004年版。

利玛窦、金尼阁：《利玛窦中国札记》，何高济等译，中华书局1983年版。

利玛窦：《耶稣会与天主教进入中国史》，文铮译，商务印书馆2014年版。

朱维铮主编：《利玛窦中文著译集》，复旦大学出版社2001年版。

马注著，余振贵标点：《清真指南》，宁夏人民出版社1988年版。

赵灿著，杨永昌、马继祖标注：《经学系传谱》，青海人民出版社1989年版。

刘东声、刘盛林注释：《北京牛街志书——〈冈志〉》，北京出版社1991年版。

周燮藩主编：《清真大典》，黄山书社2005年版。

陈存仁：《津津有味谭》，广西师范大学出版社2006年版。

陈旭麓编：《宋教仁集》，中华书局1981年版。

《陈垣往来书信集》，上海古籍出版社1990年版。

高拜石：《新编古春风楼琐记》，作家出版社2003年版。

高平叔编：《蔡元培全集》，中华书局1989年版。

顾炎武：《日知录集释》，上海古籍出版社1985年版。

广东省社会科学院历史研究室、中国社会科学院近代史研究所中华民国史研究室、中山大学历史系孙中山研究室合编：《孙中山全集》，中华书局1981年版。

蒋碧薇：《蒋碧薇回忆录》，江苏文艺出版社1995年版。

林登州：《四库明人文集丛刊·林登州集（外四种）》，上海古籍出版社1991年版。

凌礼潮笺校：《梅国桢集》，湖北人民出版社2006年版。

刘若愚：《酌中志》，北京古籍出版社1994年版。

沈潜、唐文权编：《宗仰上人集》，华中师范大学出版社2011年版。

陶望陵（陶石篑）：《歇庵集》卷十五，台北：伟文图书出版社影印本1976年版。

沈德符：《万历野获编》，中华书局1997年版。

沈鹏等主编：《梁启超全集》，北京出版社1999年版。

释印顺：《太虚大师年谱》，中华书局2011年版。

倓虚大师说、大光记述：《影尘回忆录》，香港：法喜精舍，1988年版。

王庆祥、萧文立校注：《罗振玉王国维往来书信》，东方出版社2000年版。

王树民校正：《廿二史札记校证（订补本）》，中华书局 2012 年版。

袁中道：《李温陵外纪》，台北：伟文图书出版社影印本 1977 年版。

张建业主编：《李贽全集注》，社会科学文献出版社 2010 年版。

庄绰撰，萧鲁阳点校：《鸡肋编》，中华书局 1983 年版。

宋濂等撰：《元史》，中华书局 1976 年版。

《大明一统志》，台北：国风出版社 1977 年版。

傅恒等编，吴丰培整理：《（钦定）西域同文志》，中央民族学院出版社 1984 年版。

郭子章：《明州阿育王山志》（中国佛寺志 12），台北：宗青图书出版公司 1994 年版。

苏晋仁等选辑：《历代释道人物志》，巴蜀书社 1998 年版。

翁绍军校勘并注释：《汉语景教文典诠释》，生活·读书·新知三联书店 1996 年版。

余振贵、雷晓静编：《中国回族金石录》，宁夏人民出版社，2001 年。

郑樵撰，王树民点校：《通志》，中华书局 1995 年版。

郑振满、丁荷生汇撰：《福建宗教碑铭汇编（泉州府分册）》，福建人民出版社 2003 年版。

《申报》

《月华》

黄夏年主编：《民国佛教期刊文献集成》，全国图书馆文献缩微复制中心，2006 年。

《回民教领杨敬修等关于成立清真教会及筹款办学的呈文（附：清真教育会会规细则）及京师督学局的批》：北京市档案馆藏，民国北平教育局 J004—001—00023 号档案。

《杨敬修等关于设立清真教育会请立案的呈文及学务局的批文》：北京市档案馆藏，民国北平教育局 J004—001—00048 号档案。

《外北区劝学员长关于北郊马甸清真教公立国民学校请立案的呈及京师学务局的训令（附：立案表和调查报告）》：北京市档案馆藏，民国北平教育局 J004—003—00080 号档案。

二 论文

陈丽娟、王传超：《20 世纪 30 年代的佛慈药厂与中药西制》，《中国科技史杂志》第 33 卷第 1 期（2012 年）。

陈亮：《明朝回回人陈友家族考述》，《回族研究》2012 年第 2 期。

陈亮：《明代回回通事詹升史迹考》，《回族研究》2012 年第 4 期。

陈久金：《马德鲁丁父子和回回天文学》，《自然科学史研究》1989 年第 1 期。

陈丽华：《畏吾儿航海家亦黑迷失与清源盛氏的婚姻：兼释元代泉州盛氏家族三方墓志》，《福建文博》2012 年第 3 期。

陈涛：《日本杏雨书屋〈敦煌秘笈〉目录与〈李（木斋）氏鉴藏敦煌写本目录〉之比较》，《史学史研究》2010 年第 2 期。

陈涛：《日本杏雨书屋藏〈敦煌秘笈〉中李盛铎藏书印管见》，《北京师范大学学报（社会科学版）》2010 年第 4 期。

承公侠：《盛宣怀与哈同》，《书屋》2005 年第 3 期。

崔相哲：《1919—1937 年朝鲜人在上海办的朝文报》，紫荆译，《新闻研究资料》1988 年第 3 期。

房建昌：《伪满洲国统治时期日寇铁蹄下的回族：兼论早期来华日本人在回族中的活动》，《宁夏社会科学》1997 年第 4 期。

冯自由：《革命山僧黄宗仰》，《革命逸史》第三集，中华书局 1981 年版。

高田时雄：《明治四十三年（1911）京都文科大学清国派遣员北京访书始末》，《敦煌吐鲁番研究》第 7 卷，2004 年。

高田时雄：《李滂と白坚——李盛铎旧藏敦煌写本日本流入の背景》，《敦煌写本研究年报》创刊号（2007 年 3 月）。

顾颉刚、王树民：《"夏"和"中国"：祖国古代的称号》，载史念海主编《中国历史地理论丛》第 1 辑，陕西人民出版社 1981 年版。

黄卫东：《马连良来东北义演的前前后后》，《党史纵横》2011 年第 4 期。

黄一农：《清初钦天监中各民族天文家的权力起伏》，《新史学》第 2 卷第 2 期（1991 年）。

黄一农：《吴明炫与吴明烜——清初与西法相抗争的一对回回天文家兄弟?》，《大陆杂志》第 84 卷第 4 期（1992 年）。

黄一农：《清初天主教与回教天文家间的争斗》，《九州学刊》第 5 卷第 3 期（1993 年）。

金光载：《从外国侨民到中国国民：以上海韩侨玉观彬的历史为中心》，上海社会科学院历史研究所上海史研究室主办"外侨与近代中国口岸城市"国际学术研讨会，2014 年 11 月 29—30 日。

金仁镐：《自太平洋战争时期朝鲜人资本家的"中国侵略"》，《抗日战争研究》2006 年第 1 期。

孔繁荣：《"上海佛慈制药厂"迁兰三十年》，《甘肃文史资料选辑》第 33 辑，甘肃人民出版社 1991 年版。

廖克玉口述、王铿整理：《哈同夫妇轶事点滴》，《社会科学战线》1979 年第 3 期。

廖克玉口述、王铿整理：《再谈哈同夫妇轶事》，《社会科学战线》1980 年第 4 期。

李细珠：《韩国报刊媒体对清末新政的观察与反应：以〈皇城新闻〉与〈大韩每日申报〉为例》，《当代韩国》2012 年第 3 期。

刘东声、刘盛林：《关于〈冈志〉》，《回族研究》1992 年第 2 期。

刘泳斯、张雪松：《近现代中国穆斯林人口数量与分布研究》，《世界宗教文化》2012 年第 4 期。

落合俊典：《羽田亨稿〈敦煌秘笈目录〉简介》，《敦煌文献论集：纪念敦煌藏经洞发现一百周年国际学术研讨会论文集》，辽宁人民出版社 2001 年版。

落合俊典：《李盛鐸と敦煌秘笈》，《印度学仏教学研究》通号 104，2004 年 3 月。

孟国祥：《日本利用宗教侵华之剖析》，《民国档案》1996 年第 1 期。

马超：《清代河南伊斯兰教经学研究》，硕士学位论文，陕西师范大学，2015 年。

马景：《经学大师舍蕴善的革新思想及其影响》，西安市伊斯兰文化研究会主办《伊斯兰文化研究》2008 年第 1 期（总 52 期）。

马景：《〈经学系传谱〉中"逸蛮阿訇"考辨》，《中国穆斯林》2011 年第 2 期。

马寿千：《〈李卓吾先生遗言〉中所反映的回族丧葬习俗》，《马寿千回族史志论集》，中央民族大学出版社 2009 年版。

穆卫宾：《汉译〈研真经〉的重新发现及其版本源流考》，载方立天主编《宗教研究》2013 年刊，宗教文化出版社 2013 年版。

钱伯泉：《〈创建穆民总教院表〉：一份近代回族新文化运动的倡议书》，《回族研究》1998 年第 1 期。

朴英姬：《论韩国基督教会在"三一"运动中的作用》，《韩国研究论丛》第四辑。

林金文：《艾儒略与泉州十字架石的发现》，载《泉州港与海上丝绸之路（二）》，中国社会科学出版社 2003 年版。

刘起釪：《由夏族原居地纵论夏文化始于晋南》，载刘起釪《古史续辨》，中国社会科学出版社 1991 年版。

荣新江：《李盛铎藏卷的真与伪》，《敦煌学辑刊》1997 年第 2 期（总第 32 期）。

P. Y. Saeki, "the Ta‐Ch'in Luminous Religion Sutra on the Origin of origins", *Bulletin of the Catholic University of Peking*, 9, 1934.

史玉民：《清钦天监研究》，博士学位论文，中国科学技术大学，2001年。

［日］松本真澄：《佐久间贞次郎对中国伊斯兰的"活动"和上海穆斯林：围绕着一个亚洲主义者的考察》，南京大学、哈佛大学哈佛—燕京学社共同主办"文化理解与文化对话的百年进程"第四次文明对话国际学术研讨会，2010年6月11—14日。

苏育生：《鲁迅与回族同事王仲猷》，《回族文学》2008年3期。

孙智伟：《从刁沟看回族伊斯兰教经堂教育的早期发展》，《中国穆斯林》2011年第5期。

谭蝉雪：《我国最早的楹联》，《文史知识》1994年4期。

王建平：《论十八世纪初的云南格兰岱教案》，《世界宗教研究》1998年第3期。

王建平：《从阿拉伯到中国：清代画家改琦的家世和信仰综合主义现象探讨》，《世界宗教研究》2010年第3期。

王校阑：《〈元史·亦黑迷失传〉三国笺证》，《学术论坛》1986年第3期。

王柯：《日本侵华战争与"回教工作"》，《历史研究》2009年第5期。

吴其昱：《唐代景教之法王与尊经考》，《敦煌吐鲁番研究》第5卷，2001年。

吴幼雄：《古代泉州佛教五方石刻》，载《面向新世纪初的福建佛教》，宗教文化出版社2003年版。

［日］武井义和：《1920年代初在上海的朝鲜人"实业者"：以玉成彬、玉观彬为例》，《爱知大学国际问题研究所纪要》(134)，2009年。

辛德勇：《述石印明万历刻本〈观世音感应灵课〉》，《中国典籍与文化》2004年第3期。

薛文波:《什叶派对中国伊斯兰教逊尼派的影响》,载《清代中国伊斯兰教论集》,宁夏人民出版社 1981 年版。

杨大业:《杨仲明生平》,《中国穆斯林》1990 年第 1 期。

杨大业:《清代北京牛街志书〈冈志〉研究》,载中国社会科学院历史研究所清史研究室编《清史论丛(1993)》,辽宁古籍出版社 1993 年版。

杨大业:《对〈经学系传谱〉的几点参证》,《世界宗教研究》2000 年第 2 期。

叶国庆:《李贽先世考》,《历史研究》1958 年第 2 期。

[日]羽田亨:《景教经典一神论解说》,《艺文》第 9 卷第 1 号,1918 年 1 月,收入《羽田博士史学论文集》下卷。

[日]羽田亨:《景教經典序聽迷詩所經に就いて》,《内藤博士还历祝贺支那学论丛》,1926 年 5 月;钱稻孙译本:《北平北海图书馆月刊》第 1 卷第 6 号,1929 年。

[日]羽田亨:《景教經典经志玄安樂經に就いて》,《东洋学报》18—1,1929 年 8 月;钱稻孙节译本,载《清华周刊》第 32 卷第 10 期,1929 年。

曾凡云:《日本为何对中国少数民族感兴趣:从 20 世纪上半叶日本对华政策看其分裂中国的阴谋(下)》,《中国民族报》2012 年 9 月 28 日。

张巨龄:《著名伊斯兰学者张子文》,《中国穆斯林》1995 年第 1 期。

张巨龄:《读〈伪满洲国统治时期日寇铁蹄下的回族〉一文之补注:兼述"文化学院"发展三阶段》,《宁夏社会科学》1998 年第 1 期。

张巨龄:《中国回教俱进会初创记评(上)》,《回族研究》1997 年第 4 期。

张巨龄:《〈鲁迅全集〉相关注释史料的新发现》,《光明日报》2006 年 10 月 9 日。

张雪松:《再述石印明万历刻本〈观世音感应灵课〉》,《中国典

籍与文化》2009年第4期

赵承中：《〈万历三十一年癸卯楚事妖书始末〉作者考》，《寻根》2008年第4期。

郑保勤：《韩国新闻界人士反对日本侵占者的斗争》，《当代韩国》2000年秋季号。

中宁：《马连良汉奸案始末》，《东北之窗》2013年第19期。

《"中药西制"思想的倡导者和实践者：佛慈第一任总经理冯明政先生》，《甘肃中医》2010年第10期。

周传斌：《经学大师常志美与回族伊斯兰教的第一次革新运动浅识》，《回族研究》2009年第2期。

卓鸿泽：《正德的番、回倾向：大明皇帝对异族宗教的追求》，载林富士主编《中国史新论：宗教史分册》，台北：联经出版公司2010年版。

三 专著

白寿彝主编：《中国回回民族史》，中华书局2003年版。

[美] 本尼迪克特·安德森：《想象的共同体：民族主义的起源与散布》，吴叡人译，上海世纪出版集团2005年版。

曹聚仁：《上海春秋》，生活·读书·新知三联书店2007年版。

邓丽兰编著：《临时大总统和他的支持者：孙中山英文档案透视》，中国文史出版社1996年版。

葛承雍主编：《景教遗珍：洛阳新出唐代景教经幢研究》，文物出版社2009年版。

胡春惠：《韩国独立运动在中国》，台北：中华民国史料研究中心1976年。

胡鸿：《能夏则大与渐慕华风：政治体视角下的华夏与华夏化》，北京师范大学出版社2017年版。

黄一农：《两头蛇：明末清初的第一代天主教徒》，上海古籍出版社2006年版。

黄征：《敦煌俗字典》，上海教育出版社2005年版。

［德］霍尔根·凯斯顿：《耶稣在印度》，赵振权、王宽湘译，国际文化出版公司1987年版。

江文汉：《中国古代基督教及开封犹太人》，知识出版社1982年版。

李恩绩：《爱俪园梦影录》，生活·读书·新知三联书店1984年版。

李康华、夏秀瑞、顾若增编著：《中国对外贸易史简论》，对外贸易出版社1981年版。

李圣华、刘楚堂：《耶稣基督在中国古籍中之发现》，春秋杂志社1960年版。

林悟殊：《唐代景教再研究》，中国社会科学出版社2003年版。

林悟殊：《中古三夷教辨证》，中华书局2005年版。

刘文英：《梦的迷信与梦的探索》，中国社会科学出版社2000年版。

刘子健：《中国转向内在：两宋之际的文化内向》，赵冬梅译，江苏人民出版社2002年版。

鲁迅：《中国小说史略》（民国学术经典文库26），东方出版社1996年版。

马通：《中国伊斯兰教派与门宦制度史略》（修订本），宁夏人民出版社2000年版。

［美］米尔沃德（米华健）：《嘉峪关外：1759—1864年新疆的经济、民族和清帝国》，贾建飞译，香港：香港中文大学出版社2017年版。

牟复礼、崔瑞德编：《剑桥中国明代史1368—1644年》，张书生等译，中国社会科学出版社2006年版。

［美］莫菲特：《亚洲基督教会史》，中国神学研究院中国文化研究中心编译，香港：基督教文艺出版社2000年版。

潘光、王健：《一个半世纪以来的上海犹太人：犹太民族史上的东方一页》，社会科学文献出版社2002年版。

Martin Palmer, *The Jesus Sutras: Rediscovering the Lost Scrolls of Ta-*

oist Christianity, NY: Wellspring/Ballantine, 2001.

邵佳德:《近代佛教改革的地方性实践:以民国南京为中心(1912—1949)》,台北:法鼓文化2017年版。

宋黎明:《神父的新装:利玛窦在中国(1582—1610)》,南京大学出版社2011年版。

王国维:《观堂书札》,《中国历史文献研究集刊》第1集,湖南人民出版社1980年版。

王治心:《中国基督教史纲》,上海古籍出版社2004年版。

卫聚贤:《中国古史中的上帝观》,香港:基督教文艺出版社1971年版。

卫聚贤:《十字架在中国》,台北:石室出版社1975年版。

[美]沃尔克:《基督教会史》,孙善玲等译,中国社会科学出版社1991年版。

吴文良:《泉州宗教石刻》,科学出版社1957年版。

吴文良原著,吴幼雄增订:《泉州宗教石刻(增订本)》,科学出版社2005年版。

吴震:《明代知识界讲学活动系年:1522—1602》,学林出版社2004年版。

萧萐夫主编:《熊十力全集》,湖北教育出版社2001年版。

谢维扬、房鑫亮主编:《王国维全集》第15卷,浙江教育出版社2009年版。

夏伯铭:《上海旧事之哈同夫妇》,上海远东出版社2008年版。

杨庆球:《成圣与自由:王阳明与西方基督教思想的比较》,香港:建道神学院基督教与中国文化研究中心1996年版。

杨耀恩、王俊主编:《沈阳回族志》,辽宁民族出版社1996年版。

[美]侬丽莎白·克莱尔·普弗特:《耶稣在西藏:耶稣行踪成谜的岁月》,梁永安译,台北:立绪出版公司2012年版。

余振贵、杨怀中:《中国伊斯兰文献著译提要》,宁夏人民出版社1993年版。

余振贵：《中国历代政权与伊斯兰教》，宁夏人民出版社 1996 年版。

张巨龄：《绿苑钩沉：张巨龄回族史论选》，民族出版社 2001 年版。

章太炎：《章太炎全集》，上海人民出版社 1985 年版。

庄为玑：《古刺桐港》，厦门大学出版社 1989 年版。

周珏良：《周珏良文集》，外语教学与研究出版社 1994 年版。

［日］佐伯好郎：《清朝基督教的研究》，东京：春秋社 1949 年版。